本书是2016年马克思主义理论研究和建设工程重大课题《推进党内监督制度化、规范化、程序化研究》（2016MZD015）的阶段性成果，也获得北京市教委中央高校重大成果转化项目“北京城市管理法治化的研究成果运用——以特大城市管理为背景”、中央高校基本科研业务费专项资金资助。

法治政府系列丛书

The Study on Law of Asset Declaration
for Public Officials

公职人员财产申报法的理论展开

林 华 / 著

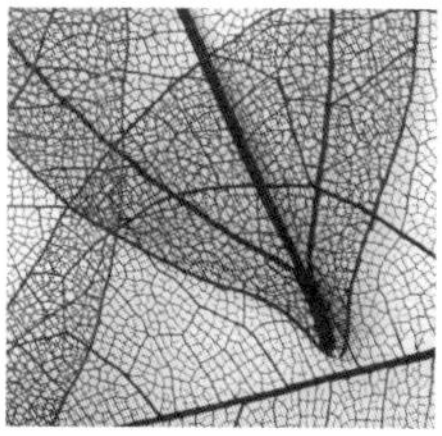

中国法制出版社
CHINA LEGAL PUBLISHING HOUSE

序

腐败是人类社会的公敌，是经济凋敝、政治动乱和社会失序的根源。如何反腐败则是人类社会持续探索的经典命题。改革开放以来，随着我国经济社会快速发展，与此同时腐败问题也日趋严重。虽然其间也采取过一些措施，做出过反腐败的努力，但是，反腐败效果不彰，更没有持续的制度保障。党的十八以来，党中央将全面从严治党纳入“四个全面”战略布局，把党风廉政建设和反腐败斗争提到前所未有的新高度。深化纪检监察体制改革，严肃查处腐败案件，深入落实中央“八项规定”精神，驰而不息纠正“四风”，强化党内法规和反腐败法治建设，加强纪检监察队伍自身建设、促进反腐败国际合作等一系列“组合拳”，有效遏制了腐败蔓延势头，反腐败斗争压倒性态势已经形成并巩固发展。在取得反腐败成就时，如何长期巩固反腐败成果，标本兼治，一体构建不敢腐、不能腐、不想腐的长效机制，依然需要我们不断地探索与思考。

我国反腐败的经验告诉我们，运动式、风暴式的反腐败往往是虎头蛇尾，有头无尾，并不能从根本上解决问题。真正科学有效并且可持续的反腐策略是法治反腐，通过制定相关法律制度并且严格执行的方式，在法治轨道上推进反腐败。从目前我国的反腐败法律制度看，我们先后制定了刑法、招标投标法、政府采购法、监察法等一系列法律法规，还有大量的反腐倡廉的政策文件，基本上涵盖了可能产生腐败的方方面面，数量不可谓不多。但是，为数众多的法律制度没有有效遏制腐败高发多发的势头，原因是我们还缺少几部关键的法律，而关键性的法律制度对于反腐倡廉具有决定性意义。其中，公职人员财产申报法就是这样一部关键性法律，我国需要在完善领导干部报告个人有关事项制度基础上，加快推进公职人员财产申报立法进程，制定国家层面的统一法律。

从国际视野来看，法治反腐也是多数国家行之有效的做法。很多国家制定了大量的反腐败法律，逐渐形成预防惩治腐败行为的法律体系，收到良好效果。从各国反腐败立法的特点看，普遍注重预防腐败立法、注重将公务员的道德义务上升为法律规范、注重制定综合性的反腐败法律，形成了健全完善的反腐败法律体系。如美国有《政府行为道德法》，英国有《荣誉法典》《防腐化法》，新加坡有《防止贪污法》《公务员惩戒规则》，德国有《利益法》《回扣法》《反腐败法》等。在各国制定的预防腐败和惩治腐败法律体系中，公职人员财产申报法就是最重要的法律之一。各国的公职人员财产申报法虽然名称各异，但主要内容大体一致。此类法律在预防和惩治腐败、构筑不能腐的制度之笼方面，收到良好效果。在我国全面推进依法治国的大背景下，法治反腐渐成共识。加强反腐败立法，需要结合我国立法实际和反腐败需要，借鉴国外有益经验，制定包括公职人员财产申报法在内的系列法律法规，形成比较完善的预防和惩治腐败法律体系。

林华是我指导的博士生，读博期间就对法治反腐的选题怀有浓厚兴趣，也撰写了相关学术论文。尽管该领域前期研究成果十分有限，又无太多实践经验可循，但他最终还是选择了公职人员财产申报立法研究作为学位论文，勇气可嘉。本书是在学位论文基础上修改完善而成的，对我国腐败和反腐败的现状、公职人员财产申报法的基础范畴、公职人员财产申报的立法模式和策略、公职人员财产申报重点问题的立法考量等问题进行了系统性思考，提出了自己独到的见解，填补了我国法学研究领域的空白，对于公职人员财产申报立法研究具有重要的参考价值。同时，也期待林华与学界同仁能够继续关注和研究法治反腐的命题，为推进公职人员财产申报立法进程，完善我国反腐败法律体系继续努力。

是为序。

马怀德

中国政法大学副校长

中国法学会行政法学研究会会长

前言

党的十八大以来，我国腐败治理取得了伟大胜利，也获得了人民群众的普遍拥护，但如何实现腐败治理的法治化、规范化依然需要我们进一步思考和探索。2014年，党的十八届四中全会通过的《中共中央关于全面推进依法治国若干重大问题的决定》提出："加快推进反腐败国家立法，完善惩治和预防腐败体系，形成不敢腐、不能腐、不想腐的有效机制，坚决遏制和预防腐败现象。"加快公职人员财产申报立法、实现公职人员财产申报制度的法治化就是推进反腐败国家立法的重要内容。20世纪90年代以来，无论是在中央层面还是地方层面，我国相关部门都出台了若干有关公职人员财产申报（我国官方称之为个人事项报告）的政策文件，各地、各部门也都在进行相关制度实践。然而，由于政策性公职人员财产申报制度自身的局限性以及在执行中所遭遇的实施困境，在面对腐败蔓延的严峻趋势时，社会民众普遍希望能够加快公职人员财产申报立法的步伐，建立和完善公职人员财产申报法律制度，并期待能够通过该法律的有效实施去突破当前腐败治理的困境，从而真正遏制腐败蔓延。作为腐败治理的终端机制，公职人员财产申报制度的价值也得到国际组织和主要国家的普遍认可。《联合国反腐败公约》将建立公职人员财产申报制度作为缔约国的一项基本义务，域外主要国家和地区一般也通过专门性财产申报立法或者综合性腐败治理立法，以法律的形式建立公职人员财产申报制度。可以说，公职人员财产申报立法已成为透明政府时代背景下域外国家和地区寻求有效腐败治理的共同选择。

公职人员财产申报立法至少需要回应和解决以下基础理论问题：（1）中国当前的腐败及腐败治理形势如何？公职人员财产申报法律制度在腐败治理坐标系中处于什么位置？它对于遏制当前腐败蔓延以及治理腐败到底有何特殊价值和意义？（2）公职人员财产申报是一项怎样的制度？它的制度功能如何，有何理念支撑，与宪法、行政法等法律部门又是什么关系？（3）公职人员财产申报制度在中国的历史渊源如何？既有的相关规范遭遇了怎样的困境？为什么需要制定法律？而立法又会面临哪些阻力和困难？当前的立法模式是应当果断地进行中央立法还是继续开展地方试点？中央层面出台的既有公职人员财产申报制度规范与将来的立法是什么关系？我们是应该采取另起炉灶还是延续历史传统的立法策略？（4）公职人员财产申报与公职人员隐私权如何平衡？作为公职人员财产申报制度核心的财产申报公开制度应怎样设计？如何解决公职人员财产申报法的溯及力问题？怎样应对法律出台后可能出现的实施阻力？

以上问题正是本书所试图回答的。本书共分为六个部分，即导论、正文四章和结语。

导论是文章的开篇，首先指出腐败治理和公务伦理法制化是本书的研究背景，接着分析当前国内对于公职人员财产申报的研究繁荣与贫瘠并存的研究现状，然后以行政法为学科视角分析公职人员财产申报立法研究对于行政法学理研究和制度建构的意义，进而阐述以问题为中心的研究思路，最后就文章所运用的研究方法做交代和说明。

第一章以“腐败治理的中国语境”为题。腐败治理是个系统工程，公职人员财产申报作为腐败治理的一种手段，首先需要寻找自己在腐败治理体系中的位置与定位。只有将公职人员财产申报制度放置于腐败治理的整体背景下，才能更加清晰地认识到推进公职人员财产申报立法对于中国腐败治理的特殊价值和意义，因此本书单列一章描述立法背景，对中国的腐败及腐败治理进行整体性、背景式的梳理与解读。本章首先勾勒中国腐败的现状与特征，指出腐败依然在蔓延的趋势，并探讨新的时代背景下腐败发展的若干特征；进而分析中国腐败治理的策略与困境，在提炼中国腐败治理基本特征的基础上，基于历史视角对新中国成立以后各时期的腐败治理策略进行研究，并重点阐明我国当前腐败治理所面临的困境与尴尬；然后从科层制下的腐败治理困境出发，论证公职人员财产申报作为一种技术改良型的腐败治理手段，可以成为突破当前中国腐败治理困境的有效手段；最后说明腐败治理是个系统工程，并从民主政治、机构完善、制度建设、廉政教育、监督网络和合理薪俸六个方面提出迈向良性循环的腐败治理之道。

第二章题为“公职人员财产申报法的基础理论”。公职人员财产申报立法侧重于立法制度、立法策略、立法技术等方面的内容，但是形而下的立法研究需要有形而上的基础理论支撑，需要理论为公职人员财产申报立法建构提供扎实、厚重的智识依托。于是文章从公职人员与相关概念的区分入手，首先界定公职人员、公职人员财产申报等基本范畴；接着探讨公职人员财产申报的价值与功能，在分析其监督与预防腐败功能的同时着重阐述制度的保护功能，从而试图还原制度经常容易被人片面化解读的本来面目，也指出应该以一种理性的视角来看待公职人员财产申报的制度功能；然后阐述公职人员财产申报制度所赖以支撑的基础理念，从公民知情权与透明政府、公众参与和参与式民主、权力异化和权力监督、公务伦理法制建构四个方面进行重点探究，试图在一个更高的理念层次来展示公职人员财产申报的制度图景；最后，基于公职人员财产申报立法是一个涉及行政法、宪法、刑法等学科的跨学科法学主题，于是以行政法为基本立足点，分别梳理公职人员财产申报法与行政法、宪法、刑法、国际法、公务员法、信息公开等相关领域法律的关系，从而尝试呈现一个更为宏大的公职人员财产申报制度视野。

第三章的题目是“公职人员财产申报的立法模式与策略”。作为一项具体制度的立法研究，梳理并论证制度的历史渊源、现实立法困境、未来立法模式、立法策略以及立法后的施行策略等带有方向性的宏观立法问题是立法研究的基础性工作。本章首先描绘公职人员财产申报制度在中国的历史发展，分别介绍中央层面和地方层面的不同实践以及各自存在的问题；接着梳理政策性财产申报制度所面临的问题，论证公职人员财产申报立法的必要性，并分析当前立法所面临的问题并对这些问题进行剖析；然后探讨公职人员财产申报的立法模式，在对现行立法模式进行观察的基础上，对地方试点的立法模式予以批判，并结合制度的特殊性质，提出立法模式的未来展望；进而研究公职人员财产申报的立法策略，对当前公务员队伍和学界否认中国已建立公职人员财产申报制度、混淆公职人员财产申报法和公职人员财产申报制度的错误认识进行批判，提出要重新审视现行立法策略，寻求制度传统的延续性；最后思考政府高层和立法者最为关注的公职人员财产申报法的施行策略问题，提出要客观面对和理性分析公职人员财产申报立法所可能带来的政治风险，分析实践中已经存在和理论上可行的施行策略可能选项，详细阐述中国语境下的理性选择和具体操作。

“公职人员财产申报的立法考量”是第四章的题目。本章介于第三章宏观的“立法模式和策略”和微观的“法制建构”（具体的制度建构留待另一本书专门予以介绍）之间，主要讨论从公职人员财产申报微观制度中提炼出来的带有一定抽象性、融合性和辐射性的中观问题，就社会普遍关注的公职人员财产申报与隐私权关系、财产申报公开制度的建构、公职人员财产申报配套制度等立法需要重点考量的问题进行专门研究。本部分的单独成章也是本书以问题为中心这一研究思路的集中体现。文章首先分析公职人员财产申报与隐私权之间的关系，在揭示两者表面上存在冲突的同时，基于公共利益优先原则、权利义务相统一原则和比例原则，从实质层面对两者进行调和与平衡；其次讨论社会最为关注的财产申报公开制度的抉择与建构，在论证财产申报公开必要性的同时，对中国某些地方以及域外财产申报公开制度的模式进行梳理，并就我国未来财产申报公开法律制度建构进行展望；

最后通过对公职人员财产申报配套制度的梳理，一方面肯定配套制度对财产申报制度实施的价值和意义，另一方面也指出配套制度的不完善不应成为公职人员财产申报立法条件不成熟的借口。

结语是对本书的总结，提出应该理性看待三个基本问题。一是对腐败的理性认识，应理性审视腐败的存在和腐败在中国当前的形势，不能被各种误导性观念所束缚或者麻痹；二是寻求腐败治理的理性，应理性看待我国的腐败治理策略、腐败治理手段、腐败治理成效，寻求一种理性、良性循环的腐败治理之道；三是对公职人员财产申报立法的理性认识，应理性思考公职人员财产申报的立法困境、立法策略、施行策略、配套制度、制度建构和制度功能等，在肯定公职人员财产申报立法是当前中国腐败治理的必然选择和根本突破的基础上，对它的制度功能成效和功能发挥时间也应持一种理性的态度。

目　录 *CONTENTS*

导　论……1
一、研究背景：腐败治理与公务伦理法制化……1
二、研究现状：表面的繁荣和内在的贫瘠……5
三、研究意义：行政法视角的学理研究与制度建构……10
四、研究思路：以问题为中心……14
五、研究方法：法学方法与社会科学方法的融合……15

第一章　腐败治理的中国语境……20

第一节　中国腐败的现状与特征……21
一、腐败的普遍蔓延到相对遏制……22
二、民众对于腐败的纠结心理……26
三、互联网社会中的腐败发酵……28
四、群体性事件中的腐败因子……31
五、腐败形式的新发展……33
第二节　中国腐败治理的策略与困境……37
一、中国腐败治理的基本特征……38
二、中国腐败治理的策略：一种历史视角……46
三、中国腐败治理的困境与尴尬……52
第三节　通过公职人员财产申报的腐败治理……59
一、科层制下的腐败治理……59

二、两种形式的腐败治理制度……63
三、公职人员财产申报作为腐败治理困境的突破……66
四、寻求一种良性循环的腐败治理之道……68

第二章 公职人员财产申报法的基础理论……80

第一节 基本范畴的界定……80
一、申报义务主体的称谓选择……81
二、公职人员财产申报的界定与特征……92
第二节 公职人员财产申报的价值与功能……97
一、公职人员财产申报的积极功能……98
二、公职人员财产申报功能的理性审视……107
第三节 公职人员财产申报的理念支撑……110
一、公民知情权与腐败治理……111
二、公众参与和参与式民主的勃兴……113
三、权力异化与权力监督的制度化……117
四、公务伦理的法制建构……118
第四节 公职人员财产申报法与其他法律的衔接……122
一、公职人员财产申报法与宪法……123
二、公职人员财产申报法与行政法……125
三、公职人员财产申报法与刑法……127
四、公职人员财产申报法与国际法……129
五、公职人员财产申报法与公务员法……131
六、公职人员财产申报法与信息公开法……133

第三章 公职人员财产申报的立法模式与策略……135

第一节 历史溯源与现状梳理……135
一、中央层面制度建设的尝试及问题……136

二、地方层面制度建设的努力及困境——以财产申报公开为视角……159
第二节 公职人员财产申报的立法必要性与立法难度……164
一、公职人员财产申报立法的必要性……165
二、公职人员财产申报的立法难度……171
三、对公职人员财产申报立法难度的分析……175
第三节 立法模式：中央立法抑或地方试点……178
一、现有立法模式的考察……179
二、地方试点模式的质疑……180
三、立法模式的未来展望——基于当前中国腐败治理语境之展开……183
第四节 立法策略：另起炉灶还是传承历史……186
一、在制度与法律制度之间：概念的界分与厘清……187
二、现有立法策略勾勒——以领导人的讲话为中心……189
三、现有立法策略的解读及其弊端……191
四、立法策略的重新审视：寻求制度传统的延续性……193
第五节 施行策略：一种平衡的政治决断……195
一、财产申报法实施的政治风险考量……196
二、施行策略的可能选项及其解读……202
三、在原则与妥协之间：中国语境下的施行策略……209

第四章 公职人员财产申报的立法考量……217

第一节 财产申报、隐私权与权利平衡……217
一、表面上的冲突……219
二、实质上的平衡……223
第二节 财产申报公开：立法抉择与制度建构……229
一、申报行为与公开行为的区分……229
二、财产申报公开的必要性与立法抉择……231

三、我国财产申报公开的制度模式归纳——对地方制度试点的考察……240
四、域外财产申报公开制度的规定……245
五、中国语境下财产申报公开法律制度的建构……252
第三节　公职人员财产申报的配套制度……259
一、财产申报配套制度的界定与内容……259
二、财产申报法视角下的配套制度：价值与意义……263
三、我国财产申报配套制度的现状与问题……266
四、配套制度与财产申报立法时机——以立法为中心……274

结　语：腐败的理性认识与腐败治理的理性……279

一、腐败的理性认识……280
二、腐败治理的理性……282
三、公职人员财产申报立法的理性……285

参考文献……288

后　记……318

导 论

一、研究背景：腐败治理与公务伦理法制化

腐败与权力相伴随，只要存在权力，就可能会有权力的私利化，就可能会产生权力的腐败。[①] 即使在人类的原始社会时期，事实上也存在着腐败现象。“在任何一种社会中，都存在着腐败和贿赂问题，并非中国所特有，亦非外国所独占；既非资本主义的产物，也非社会主义的必然。”[②] 由于人性使然，腐败的存在可能是人类永恒的宿命。在任何有人的社会里，腐败或许不是一个有无存在的问题，而是一个程度轻重的问题。腐败是全人类所面对的相同境遇和共同挑战。

改革开放以来，随着计划经济体制向市场经济体制的转型，由于社会转型期所存在的制度真空或制度滞后、市场经济所迸发的人的内在逐利欲望、权力监督网络的残缺与乏力、腐败成本收益的明显不均衡以及腐败的相互模仿与传染效应等因素，新中国成立后一度被政治运动所掩盖和遮蔽的腐败开始急剧蔓延。“反对腐败、建设廉洁政治，是党一贯

---

① “似乎腐败与年龄无关，但确实与权力相关。”卓泽渊：《权力与腐败》，载《人民法治》2018 年第 3 期。

② 郑利平：《腐败成因的经济理性与预期效用的论析》，载《中国社会科学》2001 年第 1 期。

坚持的鲜明政治立场。”[①] 然而不无尴尬的是，尽管中国共产党的腐败治理理念经历了从思想治腐到制度治腐、从治标到治本的变迁，也采取了思想教育、制度建设、专项运动、查办案件等多种腐败治理手段，但是在很长的时期内社会公众所普遍感知的事实是腐败在中国似乎还远未得到有效遏制。党的十八大以来，全面从严治党成为“四个全面”战略布局的重要内容，我国腐败治理出现了一些新气象，反腐败斗争取得重大胜利，[②] 领导人的腐败治理决心日益坚定，党的腐败治理体制不断优化，国家的腐败治理制度趋于完善。“坚持反腐败无禁区、全覆盖、零容忍，坚定不移‘打虎’、‘拍蝇’、‘猎狐’，不敢腐的目标初步实现，不能腐的笼子越扎越牢，不想腐的堤坝正在构筑，反腐败斗争压倒性态势已经形成并巩固发展。”[③] 尽管如此，仍有人对当前腐败治理效果的长期性、稳定性和可持续性持有怀疑态度。如何使国家的腐败治理迈向法治化、制度化、规范化的良性轨道，这依然需要我们无尽的探索与深入的思考。其中，被其他国家或地区作为治理腐败有效手段、同时也被誉为是终端反腐机制[④]的公职人员财产申报[⑤]法律制度尤其应引起我们足够的重视和

---

① 胡锦涛：《坚定不移沿着中国特色社会主义道路前进　为全面建成小康社会而奋斗——在中国共产党第十八次全国代表大会上的报告》（2012 年 11 月 8 日）。

② 根据中纪委副书记杨晓渡同志介绍：“十八大以来，全国纪检监察机关共处置问题线索 267.4 万件，立案 154.5 万件，处分 153.7 万人，涉嫌犯罪被移送司法机关处理 5.8 万人。五年间，共立案审查省军级以上党员干部及其他中管干部 440 人，其中十八届中央委员、候补中央委员 43 人，中央纪委委员 9 人；纪律处分厅局级干部 8900 余人，县处级干部 6.3 万余人；处分基层党员干部 27.8 万人；追回外逃人员 3453 名，‘百名红通人员’中已有 48 人落网；共修订颁布 90 余部党内法规，依规治党和依法治国相互促进、相得益彰。”《党的十九大举行第一场记者招待会介绍加强党建工作和全面从严治党有关情况》，载新华网，http：//www.xinhuanet.com/2017-10/19/c_1121828330.htm，2018 年 6 月 18 日最后访问。

③ 习近平：《决胜全面建成小康社会　夺取新时代中国特色社会主义伟大胜利——在中国共产党第十九次全国代表大会上的报告》（2017 年 10 月 18 日）。

④ 参见黄百炼、杨小云：《西方国家预防腐败的程序和制度评析》，载《政治学研究》1996 年第 4 期；汪玉凯：《深化改革要敢于触动既得利益——建立官员财产申报制度的几点思考》，载《中共中央党校学报》2009 年第 2 期；李一帆：《析财产申报制度》，载《中国监察》2004 年第 4 期；等等。

⑤ 若无特别说明或者引用需要，为了叙述简便，本书以下的“公职人员财产申报”一般都简称为“财产申报”。

研究。

现代国家所建立的政府一般是以形式理性为基础、以上下级之间的“命令—服从”关系为权力运行基本规则的科层制组织。科层制政府实现了社会的秩序化管理，保障了法律的程序化运作，但是实践也证明，科层制的一个严重缺陷就是忽视公职人员的内在伦理建设。由于人类理性的有限性以及由此导致的法律或政策建构天然的非完美性，同时法律规范一般都带有一定的弹性，执法人员由此也享有一定的自由裁量权，因此，尝试完全通过形式理性的法律来实现国家和社会的善治注定只是一个幻想。此外，由于科层制组织的上下级之间存在绝对的“命令—服从”关系，一旦缺乏有效的权力监督机制，极易导致上下合谋的集体腐败。于是，许多国家和地区开始着手公职人员在公务活动中的伦理规范建设，并尝试将一些基础性、底线化的公务伦理规范加以法制化，用法律的形式加以确定，从而实现形式理性与实质理性的融合，塑造规范意识和公共精神兼具的公务人员。“行政伦理规范的法制化是世界各国行政伦理建设的重要发展趋势。为了确保公职人员在公共行政过程中能够严格遵守各项行政规范，保证具体行政行为的正当性，许多国家将行政伦理规范法律化，使行政伦理要求变得具体可行、易于操作，并且便于监督检查。”[①] 公职人员财产申报是公务伦理法制建构的重要组成部分，建立和完善财产申报法律制度也是世界主要国家和地区推进公务伦理建设、预防腐败和实现国家善治的共同选择。

中共中央办公厅和国务院办公厅于 1995 年 4 月 30 日颁布的《关于党政机关县（处）级以上领导干部收入申报的规定》是我国建立财产申报制度的最早尝试。此后，中国共产党陆续颁布相关政策文件并不断完善执政党内部的财产申报制度。新疆阿勒泰地区发布的《关于县（处）级领导干部财产申报的规定（试行）》是我国首个建立财产申

---

① 蒲志强：《公职人员财产申报制度的行政伦理研究》，载《政治学研究》2010 年第 5 期。

报社会公开制度的文件，在我国廉政法制历史上具有里程碑式的意义，此后，浙江慈溪、湖南湘乡等地也陆续发布有关财产申报公开制度的文件。可以说，无论是在中央层面还是地方层面，财产申报制度都不再是一个新鲜事物。然而，在我国进一步推进财产申报公开、加快财产申报立法依然面临诸多阻力和挑战，也亟须我们在理论上进行认真总结并加以回应。

2011 年 9 月 14 日，时任国务院总理温家宝同志在出席第五届夏季达沃斯论坛开幕式并回答有关提问时表示，要逐步推进财产申报和公开制度，并将其视为对干部手中权力的一个最重要的监督。[①] 中国共产党第十八次全国代表大会期间，财产申报公开再次成为全社会关注的焦点，尤其是时任中共中央政治局委员兼上海市委书记的俞正声同志、中共中央政治局委员兼广东省委书记的汪洋同志和国家知识产权局局长的田力普同志关于财产申报公开的发言引起社会的广泛关注。如果再联想到 2012 年“表哥”杨达才事件和“房叔”蔡彬事件带给社会的强烈震撼以及由此所引发的社会公众对于财产申报公开制度的再度热烈讨论，那么可以说，加快推进涵盖财产申报公开在内的财产申报立法已是一个我们无法回避且必须要及时加以认真对待并落实的重大理论和实践问题。特别是党的十八大以来，党中央全面加强从严治党、依规治党、制度反腐、法治反腐，加快制定财产申报法是全面从严治党的必然要求，是推进反腐败法治的重要内容，也是巩固腐败治理成果的制度基础。

---

① 《温家宝在达沃斯论坛上答问：推进官员财产申报和公开制度》，载人民网，http://politics.people.com.cn/GB/1024/15661054.html，2018 年 7 月 2 日最后访问。

二、研究现状：表面的繁荣和内在的贫瘠

客观而言，我国[1]对于财产申报制度的研究并非不予关注，至少从表面上看，在文献数量上还呈现出一派繁荣的景象：根据笔者的不完全收集与梳理，目前有几本专门探讨财产申报的著作，几百篇的期刊论文和学位论文，几百篇的报纸，此外，还有一些以腐败或廉政建设为主题的书籍中也涉及财产申报制度的研究，[2]一些以腐败或廉政建设为主题的论文中也涉及对财产申报制度的探讨。然而，通过对这些文献的仔细阅读与思考，我们便会发现，在文献数量繁荣和光鲜的背后所掩盖的却是财产申报制度研究的内在贫瘠。具体而言，财产申报研究现状的内在贫瘠主要表现在以下几个方面。

（一）制度介绍的常识性矛盾与错误

当前国内的财产申报研究侧重于国内外的制度介绍和完善制度的对策建议，然而，即使是在国内外制度介绍这一最低层次的研究层面上，一个尴尬的研究现状是各种文献充斥着制度介绍的常识性矛盾和错误。“正如经常所发生的，人们在表达着完全对立的观点，肯定性观点和否定性观点都依赖着相似的文字去表述不同的事情，而结果就是对立的当事人在自说自话。”[3]下面仅举两例，分别属于国内制度领域和

---

① 需要说明的是，本书的财产申报立法针对的是我国大陆地区的财产申报立法。在“一国两制”原则指导下，我国台湾地区、香港特别行政区和澳门特别行政区都属于单独的法域，拥有自己独立的法律体系和财产申报立法。为了叙述和研究的方便，若无特别指出，本书此处以及接下来述及的“我国”“国内”等词语一般都指我国大陆地区。

② 例如田禾主编：《亚洲反腐败法律机制比较研究》，中国人民公安大学出版社 2009 年版；何增科著：《反腐新路：转型期中国腐败问题研究》，中央编译出版社 2002 年版；胡鞍钢主编：《中国：挑战腐败》，浙江人民出版社 2001 年版；周琪、袁征著：《美国的政治腐败与反腐败——对美国反腐败机制的研究》，中国社会科学出版社 2009 年版；等等。

③ Eugen Ehrlich and Nathan Isaacs，The Sociology of Law，Harvard Law Review，Vol. 36，No. 2（1922），p.131.

国外制度领域。

就国内制度领域而言，以我国财产申报制度的政策依据为例加以简述：有学者认为我国财产申报制度的政策依据为1995年中共中央办公厅、国务院办公厅发布的《关于党政机关县（处）级以上领导干部收入申报的规定》和2001年中纪委、中组部发布的《关于省部级现职领导干部报告家庭财产的规定（试行）》[①]；有学者认为是中共中央办公厅、国务院办公厅分别于1995年和1997年颁布的《关于党政机关县（处）级以上领导干部收入申报的规定》和《关于领导干部报告个人重大事项的规定》[②]；也有学者认为目前涉及财产申报制度的主要有三个规定，1995年中共中央办公厅、国务院办公厅印发的《关于党政机关县（处）级以上领导干部收入申报的规定》，1997年中共中央办公厅、国务院办公厅印发的《关于领导干部报告个人重大事项的规定》，2001年中纪委、中组部印发的《关于省部级现职领导干部报告家庭财产的规定（试行）》[③]；还有学者认为应该是1995年中共中央办公厅、国务院办公厅发布的《关于党政机关县（处）级以上领导干部收入申报的规定》，2006年中共中央办公厅发布的《关于党员领导干部报告个人有关事项的规定》以及2010年中共中央办公厅、国务院办公厅发布的《关于领导干部报告个人有关事项的规定》[④]；此外，还有一些其他的说法[⑤]。考虑到一些文献的发表时间早于某些制度规范的制定时间，因此它们没有将相关发布较晚的文件或已被废止的文件纳入其中，这固然是情有可原，但是，更多的文献却是在没有认真梳理财产申报规范依据的基础

---

① 王和君：《财产申报制度的伦理考量》，载《伦理学研究》2009年第3期；黄岩：《财产申报主体界定：原则与范围》，载《中州学刊》2010年第3期；叶晓辉：《初探我国财产申报制度与预防职务犯罪》，载《西部法学评论》2008年第1期；江正平、冯洁：《腐败的经济学分析与我国财产申报制度的法律完善》，载《甘肃社会科学》2010年第3期；都玉霞：《公务人员财产申报制度法制化的思考》，载《政法论丛》2009年第3期；等等。

② 袁峰：《公职人员财产申报信息公示机制探析》，载《江苏行政学院学报》2010年第3期。

③ 孙国祥：《财产申报制度建构中的相关问题》，载《江海学刊》2010年第2期。

④ 屠振宇：《财产申报制度中的隐私权保护》，载《法商研究》2011年第1期。

⑤ 王瑞娟：《官员财产申报：制度反腐的必然选择》，载《理论探索》2011年第2期。

上就提出自己的对策建议，而且很多文献在规范依据的梳理上存在简单“拿来主义”的嫌疑。

就国外制度领域而言，以法国财产申报的公开制度为例加以简述：针对法国财产申报是否实行公开制度这一问题上，有人认为法国采取的是保密原则，“和美国的无限制公开原则相反，法国于1988年颁布的《关于政治生活财务透明度法》对此在总体上采取的是保密原则”①。同时，也有人认为法国采取的是有限制的公开原则，《关于政治生活财务透明度法》要求一定级别的公职人员应通过《政府公报》向公众公布其财产状况。② 国外制度介绍的常识性矛盾和错误会给读者带来知识上的困惑，同时也不利于我国财产申报立法的域外借鉴与比较。

（二）单刀直入式的对策建议研究

中国的法学研究至今还有浓厚的对策法学传统，学者们依然习惯于在缺乏对中国国情进行全面、深入分析，对域外相关制度进行细致梳理和比较的情况下，就急于主观、武断地提出制度建构建议。对域外制度的忽视和对中国国情的漠视，这种现象在财产申报研究中表现得尤为突出。学者们虽然提出各种各样的对策建议，但是由于缺少严肃、细致的理论论证，事实上这些对策缺乏学术生命力。如果立法者不采纳这些建议，那么，在缺乏域外比较分析和现实理论论证基础上的相关财产申报对策研究也将失去学术意义。此外，在财产申报研究领域，单刀直入式的对策建议研究还突出表现在：学者们大多是在缺乏比较分析和现实梳理的基础上，极个别篇幅有限的文章就对财产申报制度进行整体、表面和笼统的介绍与分析，对制度的各个核心部分则缺少专门、细致的论证与分析。单刀直入式的对策建议研究无法为财产申报的理论研究增添学术积淀，对我国财产申报立法的贡献也极其有限。

---

① 王士伟、王鸿鳞：《对我国〈财产申报法〉的构想》，载《法律科学》1998年第3期。

② 王明高、胡祥勇：《中国家庭财产申报制的建立与健全》，载《湖南社会科学》2004年第1期。

（三）研究内容的片面与缺失

如前述及，当前我国学者大多是在整体意义上笼统地介绍与阐述财产申报制度，对制度的各个部分则缺少专门、细致的梳理与论证。而且，由于我国仅有几本关于财产申报制度的著作，剩余的学术文献主要是期刊文章或硕士论文，或许是由于期刊文章篇幅的限制以及研究主题的宏观（大多是以财产申报制度的建构或完善以及相类似的主题作为题目），或许是研究者视角的局限，这些文献多少都存在研究内容片面与缺失的问题。比如，学者们对财产申报制度功能的介绍多偏重于制度的惩治功能，而缺乏对制度保护功能的介绍。有学者写道："公职人员财产申报制度的实施，对官员来说不仅是一种刮骨疗疮之痛，是一把悬在其头顶上的达摩克利斯剑，而且对官场带来的影响不啻为一场地震海啸。"[①] 如此渲染式的制度功能描述，若没有制度保护功能的全面介绍，无疑会加重公职人员的心理负担，无形增加本已举步维艰的财产申报立法的阻力。再如，学者们在分析财产申报制度的责任机制时，一般仅针对申报义务主体的责任追究进行介绍，而忽视申报主管机关、核查合作义务人、申报材料使用人的责任承担。[②] 财产申报研究内容的片面与缺失，一方面影响财产申报理论研究自身的深度，另一方面也会给立法者以理论研究肤浅与幼稚的印象，使得立法者感觉目前出台财产申报立法的理论支撑还不足，从而推迟立法的出台，或者成为某些既得利益者反对或无限期推迟财产申报立法的绝佳借口。

（四）域外制度介绍的简单化和笼统化

尽管早在1987年，时任全国人大常委会秘书长、法制工作委员会

① 沈瑞英：《财产申报制度的经验借鉴与有效构建》，载《探索与争鸣》2010年第4期。

② 周佑勇、刘艳红：《我国公职人员财产申报制度探讨》，载《社会科学研究》1997年第6期。

主任的王汉斌同志在第六届全国人大常委会第二十三次会议上，对提交审议的《关于惩治贪污罪贿赂罪的补充规定》作出说明时，就曾明确提出："一些国家规定公务员应当申报财产收入，我国对国家工作人员是否建立申报财产制度问题，需在其他有关法律中研究解决。"[①]但是，严格来说，我国关于财产申报制度的研究是在1994年官员财产申报法正式列入全国人大常委会"八五"立法规划项目后才开始兴起的。[②]1994年以前关于财产申报的文章几乎不涉及域外制度的介绍，1994年以后的文献才陆续对域外的相关制度进行介绍和比较。然而，这些文献在对域外财产申报制度作分析和比较时都面临着简单化和笼统化的问题，即都笼统、抽象地提到国外的相关做法，但是对这些制度缺少具体、详细的介绍、说明与比较。此外，学者们对国外制度的介绍多是来源于二手资料，缺乏对外文资料和域外法条的直接引用。域外制度介绍的简单化、笼统化直接影响研究的深度，也导致一些前已述及的常识性矛盾和错误频繁出现。

（五）研究模式的路径依赖

在浏览和阅读国内关于财产申报的学术文献时，我们还会发现这些文献大多存在一个共同、重复式的研究模式：首先是概念的提出，其次是说明制度的意义，再次是简要的国内制度历史梳理，然后是简单的域外制度做法介绍，最后是提出自己的制度建议。[③]这种研究模式已经形成"概念—意义—历史—域外—建议"的线性化路径依赖。如前述及，由于缺乏对我国现实国情的深入探究和我国既有政策规范所存在问题的深刻剖析，缺少对域外制度内容全面、深度的介绍与比

① 王汉斌著：《社会主义民主法制文集》，中国民主法制出版社2012年版，第297页。

② 1994年以前，关于公职人员财产申报的期刊文章仅有12篇，分别是1988年1篇，1989年1篇，1991年1篇，1992年3篇，1993篇6篇。参见中国知网，http：//epub.cnki.net/kns/brief/result.aspx?dbPrefix=CJFQ，2012年10月15日最后访问。

③ 有些文献可能会缺少其中的一项或者两项内容，但是整体的研究模式还是大同小异。

较，忽视对一些基础性理论问题的挖掘与深究，这些都导致这种研究模式对一些重要理论问题的轻描淡写以及对诸多重大制度内容的避重就轻。“依赖程式化公式是一种意味死亡的睡眠。”① 尽管在文献数量上存在巨大优势，但是它们无法转化为智识上的增量和立法技艺上的贡献。

国外学者对财产申报制度进行多角度的研究，② 但是由于财产申报制度与一国的政治状况、社会情形紧密相关，国外的研究成果对我国的财产申报立法有借鉴意义，但是需要我们认真地加以分析和梳理，才可以作为我们制度设计的参考与借鉴，而不能采取简单的“拿来主义”。

三、研究意义：行政法视角的学理研究与制度建构

若以通常的理论与实践二分法来说，财产申报立法研究无疑兼具理论意义和实践意义。以行政法作为基本的学科立足点，下面简要分析选题的理论意义和实践意义。

（一）选题的理论意义

1. 就研究内容而言：（1）行政法学界一般认为行政法体系主要由三部分组成：调整有关行使行政权力的组织和机构的行政组织法，调整有关行政权力行使的内容及形式的行政行为法和调整有关国家为那

① Oliver W. Holmes，Ideals and Doubts，Illinois Law Review，Vol.10，No.1（1915），p.3.

② See，e.g. Richard W. Painter，President Obama's Progress in Government Ethics，Constitutional Commentary，Vol.26（2009-2010）；Louis Bernard Jack，Constitutional Aspects of Financial Disclosure under the Ethics in Government Act，Catholic University Law Review，Vol.30（1981）；Vincent R. Johnson，Ethics in Government at the Local Level，Seton Hall Law Review，Vol. 36（2006）；Warren Francke，The Evolving Watchdogs：The Media's Role in Government Ethics，Annals of the American Academy of Political and Social Science，Vol.537（1995）.

些合法权益受到行政权力侵害的个人或组织提供补救的行政救济法。[1]财产申报往往会涉及依法行政原则、比例原则、行政公开原则等行政法基本原则的适用，行使行政权的行政人员无疑是财产申报主体中数量最多、最需要加以制度化监督和约束的群体，而且财产申报也关系到公务员的权利义务，同时行政人员的财产申报程序作为内部行政程序也应该是行政程序法的重要调整对象，此外，如果财产申报主管机构的行政权行使不当也会涉及行政人员的行政救济问题。因此，行政人员财产申报涉及行政法体系中的行政组织法、行政行为法（主要是行政程序法）和行政救济法，从这个意义上讲，行政人员的财产申报自应属于行政法的调整范围。那么立法人员和司法人员的财产申报制度是不是属于行政法的范围呢？行政法是以公共行政为调整对象的法律部门。公共行政可以分为形式意义上的行政和实质意义上的行政，以机关性质作为区分标准的行政一般称为形式意义上的行政，以职能性质作为区分标准的行政一般称为实质意义上的行政。[2]公职人员的财产申报、受理、核查、公开等活动实质上属于国家机关内部的管理活动，属于实质意义上的行政范畴。[3]“在过去，行政机关以外的其他国家机关的活动，不受行政法的支配和行政法院管辖；而现在其他国家机关的活动，如果在实质上属于行政职能，也逐渐适用行政法的规定。”[4]立法人员和司法人员的财产申报属于实质意义上的行政职能，应适用或至少参照适用行政组织法、行政程序法、行政救济法的相关规定，也应纳入行政法的调整范围。因此，作为行政法特殊领域的财产申报制度，对其进行专门研究有助于扩展和丰富行政法的学理研究与制度建构，深化行政组织法、行政行为法（特别是行政程序法）、行政

---

① 参见罗豪才：《行政法的核心与理论模式》，载罗豪才等著：《现代行政法的平衡理论》（第二辑），北京大学出版社 2003 年版，第 1 页。

② 王名扬著：《法国行政法》，中国政法大学出版社 1988 年版，第 4 页。

③ 公职人员财产申报不涉及权力分立意义上的立法权、司法权运作，是一种为了加强公职人员廉洁行为而进行的行政意义上的管理活动。

④ 王名扬著：《法国行政法》，中国政法大学出版社 1988 年版，第 10 页。

救济法的研究。

（2）从深层次角度来看，财产申报制度属于公务伦理法制建构的核心范畴和重要组成部分，研究财产申报立法也意味着从侧面对公务伦理法制建构的一些基础性问题进行梳理和探讨，这有助于扩展行政法的疆域，深化行政法的研究内容。传统行政法包括行政组织法、行政行为法（包括行政程序法）和行政救济法，追求的是一种以单纯的公权力行为作为观察视角的形式理性，过于关注客观的公权力行为以及以行政行为为基石的行政法体系建构，缺乏对公职人员主体性道德伦理的关注，缺乏对公务伦理转化为法律规范的运作机制的关注，即使存在些许的关注，也要么是支离破碎、碎片化的关注，要么是政策层面的关注而缺乏法律化建构。因此，行政法学研究呈现极端的客观化和形式化，这突出表现在行政组织法特别是公务员法、有关公务员廉洁从政的廉政法律[①]等可能涉及公务员内在伦理规范的法律研究的极度匮乏和薄弱。财产申报立法研究，或者是更广泛意义上的公务伦理法制建构研究，是推进行政法从单纯着眼于行政法的客观化迈向行政法的客观化与行政法的主体性相结合的一种尝试，在某种意义上也是行政法学理念的一次重大革新。

（3）尽管财产申报立法研究对于行政法学理研究和理论建构、公务伦理法制建构的基础理论研究、行政法学理念的革新等有重要研究意义，但是其最直接的研究意义是通过对腐败及腐败治理的立法背景阐述，对财产申报立法的基础理论、宏观进路、立法考量等问题的分析和探究，为回应财产申报立法现实问题、完善财产申报法律制度提供理论支撑，并尝试建构一个以行政法学理念为引导的财产申报法律理论体系，不断扩展和深化对财产申报相关立法问题的理论研究。

2. 就研究方法来说，传统上对于财产申报的研究，要么是在腐败治理的整体框架中将财产申报作为腐败治理的一个手段加以简单描述和

① 比如公职人员财产申报法、有关任职限制和离职后从业限制的法律、规制礼品收受的法律、防止利益冲突的法律以及统一的腐败治理法律等。

分析，缺乏对财产申报制度本身的全面、系统梳理，要么虽然是对财产申报进行专门介绍，但是如前所述的那样，可能囿于期刊文章篇幅的限制、研究主题的宏观或者研究者视野关注等，这种研究仍然是大杂烩式和粗糙的。上述研究方法的一个突出表现就是将自己定位为中国腐败治理政策的制定者或者财产申报法的立法者，多是直接的、武断式地提出自己的观点和立法建议，缺乏对财产申报立法的国情考虑、域外比较和理论探讨。当然，这不仅是财产申报研究的问题，也是当前我国腐败治理研究的症结之所在。本书尝试将财产申报从腐败治理研究中相对剥离出来，综合运用法学方法和社会科学方法，对制度的基础理论、立法进路等理论问题进行专门的精细化研究，寻求学理研究和制度设计的细致与平衡。我国财产申报研究需要告别简单的制度设计式研究进路，迈向以问题为中心的、学理研究与制度建构相结合的新路径；中国的腐败治理研究也需要告别大杂烩式的、笼统和粗糙的研究进路，迈向精细化、微观化、具体化、领域性和可操作性的新路径。

（二）选题的实践意义

当前财产申报立法难产的原因，固然有政策制定者决断不够、利益集团阻力、配套制度不健全等原因，但是学术界关于财产申报的理论研究不全面、不深入也是立法迟迟不能出台的重要原因。诚如笔者在研究现状部分所言，当前关于财产申报的学术文献虽然在数量上呈现繁荣的景象，但是在研究深度、研究内容、研究方法等方面却存在内在的贫瘠这一问题。这也容易让领导人、立法者产生学术界对财产申报立法的理论准备还未成熟的认识，既然理论研究都还未成熟和系统，那又何必着急推进立法呢？因此，从立法实践的角度看，对财产申报立法进行专门研究，全面、系统地梳理和研究财产申报的基础理论问题，澄清一些不必要的理论误导，消解一些无谓的立法难度，从而为财产申报立法提供坚实的理论支撑和智识依托，加快推进我国财产申报立法进程，直接服务于立法实践。

四、研究思路：以问题为中心

本书以“公职人员财产申报法的理论展开”为题，侧重于基础理论研究，暂不涉及公职人员财产申报法的制度建构。重点解决三个基础性问题：如何理解公职人员财产申报法的立法背景（我国腐败及其治理的现状），如何推动财产申报法出台（立法前的准备、立法策略、立法路径等），如何通过相关法律制度设计从而保障财产申报法出台后的有效实施（立法的配套制度及施行策略）。

本书遵循以下研究思路：

一是以问题为中心。“中国的社会转型要求法学的回应，中国法学必须回应中国的问题。”[①] 法学是一门实践性学科，法学是面向现实、以社会为导向的，只有以现实的社会问题、社会现象作为自身的基本研究对象，法学才获得了永葆学术青春的生命力。“真正的法律科学并不是主要由神学教义或者数学的逻辑推演所组成，也不是从外部视角把法律科学当作人类学文献来研究；一个更为重要的部分存在于由精确测量的社会需要而不是传统所建构的假设。”[②] 因此，本书以问题为中心，秉承问题意识，从财产申报立法所面临的突出、重点问题出发，全面、系统地梳理出一些亟待理论上加以回应和解决的问题，比如既有财产申报政策规范在规范层面和实施层面上的问题，财产申报的立法路径，财产申报的立法策略，财产申报与隐私权的平衡，财产申报法的施行策略，财产申报的配套制度等。无论是框架设计还是内容分析都紧紧围绕这些重点问题来组织和表达。

二是以理论分析为重点。本书以行政法为学科视角，基于行政法学的基本理论来回应财产申报立法中可能存在的突出理论问题，重点对腐败及腐败治理的基础问题、财产申报制度的价值和功能、财产申

---

① 苏力著：《也许正在发生：转型中国的法学》，法律出版社 2004 年版，第 4 页。

② Oliver W. Holmes，Law in Science and Science in Law，Harvard Law Review，Vol.12，No.7（1899），p.452.

报制度的理念支撑、财产申报法与其他法律制度的衔接、财产申报制度在中国的历史渊源等基础性理论问题进行梳理与探讨。至于财产申报的义务主体、财产申报范围、财产申报主管机关、财产申报种类、申报程序、法律责任等制度层面的内容，则留待笔者的另一本书《公职人员财产申报法的制度建构》予以专门介绍。

三是逻辑自洽与重点问题突出相协调。本书从中国腐败及腐败治理的立法背景出发，依次探讨财产申报法的基本理论、财产申报的立法模式与策略、财产申报法立法需要考量的重点问题等内容，涉及财产申报立法理论与实践的方方面面，尽可能照顾和满足逻辑自洽和内容完整的要求。同时，在追求逻辑自洽、内容完整的同时，本书也寻求重点问题可以得到重点回应与解决，于是对一些重点问题予以专章设计，比如财产申报的立法考量（涉及财产申报与隐私权、财产申报公开以及财产申报配套制度等社会最为关注的问题）；对一些重点问题予以专节设计，比如财产申报制度的价值和功能、财产申报与隐私权的平衡、财产申报的配套制度、财产申报法的施行策略等，从而在最大程度上兼顾逻辑自洽与重点问题突出。

五、研究方法：法学方法与社会科学方法的融合

财产申报是一个跨学科的主题，在进行财产申报立法研究时也必须在立足于法学方法[①]的基础上，融合政治学、社会学、伦理学等社会

① “如果是广义的法学，则法史学、法社会学和法哲学均应包括在内。显然，法史学是把法作为一种历史现象加以研究的，所采用的是史学方法论；法社会学是把法作为一种社会现象加以研究的，所采用的是社会学方法论；法哲学则是对法的形而上学的研究，所采用的是哲学方法论。如果再扩大一些，法经济学采用经济学方法论，法人类学采用人类学方法论，如此等等。在这个意义上说，法学是没有自己的方法论的，法只不过是一种研究客体，只要是以法为研究客体的学问均属法学。但当我们把法学界定为一门规范学科，即以法规范为研究客体，则法学自有其独特的方法论。因此，只有在狭义的法学，即规范法学的意义上，我们才有可能确立法学方法论。”（陈兴良：《刑法教义学方法论》，载《法学研究》2005年第2期。）本书此处的“法学”是从狭义的法学概念入手，此处的“法学方法”是狭义上的研究法规范（法律文本）的方法，即规范法学方法或法注释学方法。

科学的方法，从而对财产申报立法的基础理论、立法进路、立法考量等宏观、中观和微观的问题进行综合分析与研究。方法论的灵活性有助于避免政治上的化约主义。[①]因此，本书拟采用法注释学方法、实证分析方法、比较分析方法、历史分析方法、跨学科研究方法等研究方法。

（一）法注释学方法

法学研究最基础、最重要的载体和支撑是法律规范文本，脱离了法律规范文本，法学也就成了无源之水、无本之木。因此，法注释学方法是最重要的法学研究方法，也是狭义的法学方法的代称。在财产申报领域，中央层面已陆续颁布若干规范财产申报的政策文件，地方层面的新疆阿勒泰、浙江慈溪、湖南湘乡等地也相继出台有关财产申报的规范性文件。在研究财产申报立法时，我们首先应当对这些中央层面和地方层面规范文本的制度内容、相关规范文本在现实中的解释和实施状况等进行全面、客观的分析与研究。此外，域外相关国家和地区的财产申报法律制度也值得我们借鉴与学习，也需要进行深入的文本研究。因此，本书采用法注释学方法，通过对域外相关法律规范的解读和分析，以获得我国将来财产申报立法的有益启示，通过对我国财产申报的重要规范文本进行规范分析和文本解读，以期在规范制度层面上揭示这些规范文本自身在内容方面所存在的问题以及现实中这些规范在实施中的问题与规范内容之间的因果关系。

（二）实证分析方法

“法学和民族志，一如航行术、园艺、政治和诗歌，都是具有地方性意义的技艺，因为它们的运作凭靠的乃是地方性知识。直接个案不仅为法学提供了产生反应的基础，而且还为它提供了其欲加以把握的

① Curtis Ventriss，Towards a Public Philosophy of Public Administration：A Civic Perspective of the Public，Public Administration Review，Vol.49，No2（1989），p.178.

对象。”[①]“地方性知识”理念提醒我们注意任何法律知识和法律制度都是个别化、地方化的，需要更加关注法律制度在社会中的现实运作。而目前国内关于财产申报的研究通常只关注制度本身，而忽视或者缺乏对制度在社会现实中运作和实施的分析与解剖，这也相应造成我国的相关规范制度缺乏较强的社会调适性和制度执行效果不佳，这些理论成果也难以为今后财产申报制度的发展和完善提供坚实的实践资源与社会现实支撑。因此，本书运用法社会学研究方法，通过实地调研、民间访谈等方式对我国相关财产申报制度的实施情况进行实证考察，旨在从社会学视角探究我国财产申报制度所面临的中国式问题以及所积累的中国特殊经验，从而为将来财产申报法律制度的发展与完善提供坚实的现实支撑和实证依据。

（三）比较分析方法

全球化是我们当今所面临的最主要时代背景之一，随着交通、通信的发展，世界正日益成为一个地球村，国家、地区之间的经济、文化、法律交流也更加密切。“中国要谋求发展，摆脱贫穷和落后，就必须开放。开放不仅是发展国际间的交往，而且要吸收国际的经验。”[②]域外发达国家或地区工业化起步早，市场化程度高，法治建设相对完善，通过法律治理腐败的经验相对充分，财产申报法律制度也在实践中不断发展与完善。正所谓“它山之石，可以攻玉”，本书通过对相关法治先进国家和地区的财产申报立法梳理和分析，希冀可以为加快推进我国财产申报立法、促进财产申报法律制度的发展与进步提供宝贵的域外资源。

---

① ［美］吉尔兹:《地方性知识——事实与法律的比较透视》，邓正来译，载邓正来编译:《西方法律哲学文选》(下)，法律出版社 2008 年版，第 87 页。

② 邓小平:《要吸收国际的经验》，载《邓小平文选》(第三卷)，人民出版社 1993 年版，第 266 页。

（四）历史分析方法

"'风月无今古，情怀自浅深。'宇宙没有什么过去、现在、未来的太多不同，它永远是这样的太阳、这样的月亮、这样的风、这样的雨，只是人的思想观念上感受不同，发生了情感、思想上不同的形态。"[①]我们今人所面对的社会问题，过去时代的人也多多少少在同样面临着，尤其是在涉及腐败以及腐败治理这一人类社会永恒的社会问题上。古人在面对相关问题时所积累的经验教训可以成为我们今天不断发展和完善相关制度的有益资源。因此，本书采取历史分析方法，通过对我国财产申报制度的历史渊源、发展演变、变革特点等进行历史梳理，期待能够从我国财产申报制度的历史发展脉络中获得有益于现实发展的重要启示，从而为今后财产申报立法以及财产申报制度的发展与完善提供可资参考的历史镜鉴。

（五）跨学科研究方法

前已述及，财产申报是一个跨学科的主题，其实严格说来，它不仅仅是一个跨学科的主题，而且是一个带有双重性的跨学科主题：一方面是法学外部的跨学科，即财产申报立法涉及法学、管理学、伦理学、政治学、社会学、历史学等社会科学学科的交叉与综合；另一方面则是法学内部的跨学科，即财产申报立法涉及行政法、宪法、刑法、国际法等法学专业的交叉与综合。因此，本书采用跨学科的研究方法，在坚持法学方法的基础上综合运用管理学、政治学、社会学、伦理学、历史学等社会科学的研究方法对腐败、腐败治理、财产申报立法等内容

① 南怀瑾著述：《历史的经验》（第三版），复旦大学出版社2009年版，第3页。

进行分析与探讨，[①]同时在坚持行政法学科视角的前提下，交叉运用刑法、宪法、国际法等学科知识对财产申报与刑法相关罪名的关系、财产申报与隐私权的关系、《联合国反腐败公约》及相关国际文件在中国的法律适用等问题进行梳理与研究。

---

① 财产申报法主要是作为公法而存在，而公法与其他社会科学之间存在更为紧密的联系。“我们学公法的人，对于政治学和其他的社会科学，应该多加注意。”参见翁岳生：《翁岳生教授荣退演讲》，载叶俊荣主编：《法治的开拓与传承：翁岳生教授的公法世界》，（台湾）元照出版有限公司2009年版，第11页。

第一章　腐败治理的中国语境

立法研究首先要交代立法背景，对于财产申报立法来说更是如此。立法活动总是在特定背景下展开的，也始终受到立法背景的隐性制约。“立法背景的充分掌握，对解答立法的必要性、实效性以及立法的结构与内容，都有决定性的影响。”[①]因此，本章首先对中国的腐败及腐败治理这一事关财产申报立法背景的内容进行阐述，寻求财产申报立法的支撑性“幕布”。

腐败被称为政治的毒瘤[②]、癌症[③]，是“中国当前所面临的最大的经济损失、最大的社会污染和重要的政治挑战”[④]。且不管腐败是否适合被描绘为不可治愈的最严重医学疾病或者通过最高级别的形容词来加以描述，但是可以肯定的是，人们普遍承认腐败至少是中国目前最严重的社会问题之一，也是人类社会共同面临的严峻挑战。“腐败与反腐败是人类社会发展进程中的一条轨迹，它把政治、经济、文化等方面的联系和矛盾聚

---

① 叶俊荣著:《面对行政程序法：转型台湾的程序建制》,（台湾）元照出版有限公司 2002 年版，第 16 页。

② 信春鹰:《反腐败之本：约束公共权力》，载《政治学研究》1997 年第 4 期；万霞:《反腐败的国际立法浅析》，载《外交学院学报》2004 年第 1 期；赵秉志、王志祥、郭理蓉编:《〈联合国反腐败公约〉暨相关重要文献资料》，中国人民公安大学出版社 2004 年版，前言第 1 页；等等。

③ 何增科著:《政治之癌：发展中国家腐化问题研究》，中央编译出版社 2008 年版；孙国祥、魏昌东著:《反腐败国际公约与贪污贿赂犯罪立法研究》，法律出版社 2011 年版，第 8 页。

④ 胡鞍钢、过勇:《公务员腐败成本—收益的经济学分析》，载《经济社会体制比较》2002 年第4期；胡鞍钢:《中国90年代后半期腐败造成的经济损失》，载《国际经济评论》2001年第Z3期。

焦于此，使人们从这个横断面观察到社会的盛衰更替。”[①] 无论是从历史、现实还是从未来来看，腐败是和平年代国家政权和社会稳定的最重要威胁，治理腐败也是人类不得不面对的寻求自我救赎的永恒使命。

腐败与人类社会相伴而生，自从人类社会的腐败现象产生以来，关于腐败的定义就浩如烟海。有学者总结各种腐败定义，认为存在着三种定义模式：以公共职务为中心的界定模式、以市场为中心的界定模式和以公共利益为中心的界定模式。[②] 目前，国内外学者通常认为腐败是滥用公共权力谋取私人利益。但是客观而言，这样一种通用定义至少面临着两个困境：一是无法将私人部门的腐败纳入其中；[③] 二是不能包含中国语境下官方已认定的官僚主义、铺张浪费等没有涉及以权谋私的消极腐败现象。因此，在很大程度上，腐败概念不单单是理论界定的产物，还与各国和地区的实际情况和社会文化有很大关系，不同的国家对于腐败的范围界定可能存在很大区别。由于本书的研究主题是公职人员财产申报法，着眼于行使公共权力的公职人员，因此，若无特别说明和指出，本书的腐败仅指通行意义上的腐败，即滥用公共权力谋取私人利益的行为，不涉及私营部门的腐败和官僚主义、铺张浪费等消极腐败行为。

第一节　中国腐败的现状与特征

虽然有人类就会有权力的腐败，腐败也伴随着中国历朝历代的兴

① 李玉赋：《从源头预防和解决腐败问题》，载《国家行政学院学报》2003 年第 1 期。

② 参见陈兴良：《腐败的成因及其抗制》，载《法律科学》1995 年第 6 期；信春鹰：《反腐败之本：约束公共权力》，载《政治学研究》1997 年第 4 期；等等。

③ 《联合国反腐败公约》将私营部门的腐败纳入调整范围，第十二条专门规定私营部门的腐败及其治理。《俄罗斯联邦反腐败法》第一条也将腐败界定为自然人实施的或者法人以法人名义或为法人利益实施的，损害社会和国家的合法利益，为本人或第三人谋取金钱、贵重物品、其他财产或财产性服务，或者其他财产权利等形式的利益，滥用公职地位、行贿、受贿、滥用职权、进行商业贿赂或实施其他非法利用其职务的行为，或者其他自然人向上述人员非法提供这类利益的行为。

衰更替，但是每个时代的时代背景和社会条件不同，腐败所呈现的特征与趋势也会或多或少存在差异。分析当今中国腐败的现状与特征，可从中梳理出一些治理腐败的有效对策，同时也能凸显财产申报立法在当前中国腐败状况和趋势下的特殊价值与突破性意义。我国当前腐败的现状与特征大致呈现出以下五个方面。

一、腐败的普遍蔓延到相对遏制

在由计划经济体制向社会主义市场经济体制转型的过程中，在传统人情社会的文化土壤上，由于制度滞后或制度缺失所导致的监督乏力，缺乏有效监督与制约的权力与市场经济所激发出来的强烈逐利欲望有机融合起来，转型中国愈演愈烈的腐败问题成为改革开放伟大成就的不小遗憾。“腐败并非为今日中国之特有，中国历史上屡见不鲜，世界各国也都时有所闻，但像今日之中国这样，腐败成为渗透到经济的每个角落、广泛影响经济人行为的普遍现象却是罕见的。”[①] 在党的十八大之前，腐败是我国严重的社会问题，国家机关存在腐败，国有企事业单位存在腐败，社会团体也有腐败现象，私人部门更不例外；立法部门有腐败，行政部门有腐败，司法部门也有腐败；在一般的公共权力部门中有腐败，在专门的腐败治理机构中也存在腐败，也就是腐败治理中的腐败；在接受信访、举报等发现腐败的过程中存在腐败，在发现腐败后的侦查腐败过程中存在腐败，在决定立案后纪委的责任追究决定过程中有腐败，在移送司法追究刑事责任的过程中有腐败，即使是在刑事责任执行的过程中也会有腐败。在公职人员个体、公职人员集体和整个社会层面，腐败都在不断蔓延，腐败分子愈加嚣张，腐败治理愈加艰难。

① 盛宇明:《腐败的经济学分析》，载《经济研究》2000年第5期。

（一）个体层面的腐败蔓延

党的十八大之前，腐败蔓延的第一个突出表现是腐败的成本收益极不均衡，腐败成本低，收益高，腐败成为公职人员个体的理性选择[①]。"在中国经济转轨期，公职人员腐败的机会成本较低，法律处置成本偏低且不稳定，经济处罚成本几乎没有，精神压力由于社会道德败坏也没有完全发挥作用，因此这些制度约束并没有充分发挥作用。然而，导致制度约束失效最重要的原因还是腐败行为被发现的概率低，被惩处的概率更低。"[②]其实，将制度约束失效、腐败盛行的最重要原因仅仅归结为发现概率低、惩处概率低是一种简单化的思维。如前述及，在党的十八大之前，在接受信访、举报等发现腐败的过程中会存在腐败，在发现腐败后的侦查腐败过程中会存在腐败，决定立案后纪委的责任追究决定过程中会有腐败，移送司法追究刑事责任的过程中会有腐败，刑事责任执行的过程中也会有腐败，这就导致之前中国的腐败发现率低（过于倚重信访、举报等被动式的腐败发现方式）、发现后的立案率低（现实中存在腐败治理部门给被举报人通风报信，从而导致举报人遭打击报复的现象）、立案后的责任追究率低（很多腐败案件在纪委立案调查后，仅以一般的批评教育方式结案，不进行严肃的责任追究）、移送法院追究刑事责任的概率低（很多案件即使进行责任追究，也是追究腐败分子的纪律责任、行政责任等，而不移送法院追究刑事责任）、法院判处严重刑罚的概率低（即使移送法院后，判处严重刑罚的比例很低，主要表现在，一是高官的死缓比例高，二是普通官员的缓刑比例高，

---

① Susan Rose-Ackerman，Corruption and Democracy，Proceeding of the Annual Meeting（American Society of International Law），Vol.90（1996），p.84.

② 过男：《经济转轨、制度与腐败——中国转轨期腐败蔓延原因的理论解释》，载《政治学研究》2006 年第 3 期。

职务犯罪普遍存在轻刑化现象[①]）和从严执行刑事责任的概率低（被判刑的官员减刑、假释比例高）。在这其中，立案查处率低是刺激公职人员腐败的最重要因素。“我国各级公务员腐败受查处的实际概率是极小的，只有1%—2%左右，这也是公务员特别是县级干部腐败相对比较普遍的原因之一。”[②]再加上追究刑事责任概率低和职务犯罪轻刑化更是令腐败分子肆无忌惮。

（二）集体层面的腐败蔓延

党的十八大之前，腐败蔓延的第二个突出表现是集体腐败的盛行，腐败成为公职人员普遍的共同选择。由于腐败成本收益的极不均衡，封闭的科层制内上下级之间的“命令—服从”关系，法不责众心理的自我安慰与激励等原因，部门内的集体腐败、跨部门的集体腐败以及跨领域的集体腐败成为一种公职人员理性的群体性选择。[③]“对上一套、对下一套，表面一套、实际一套的‘两面’做法，在‘人人如此，我也如此’的心理安慰下，已经成为相当普遍的行为方式。正式规范的约束力愈来愈弱，越轨行为的面愈来愈广，集体违规的现象愈来愈多。在这种情况下如果有人试图‘洁身自好’，就会受到整个群体的排斥，甚至‘敌视’。‘法不责众’已经成为违规者们故意加以利用的执法困境。”[④]在揭露、查处和惩罚腐败的实际成效严重不足的情况下，既有的腐败集体如果没有得到法律治理，那么集体内部的权力监督制约机制

① “据统计，我国近些年的职务犯罪缓刑比率超过60%，有些地区超过了90%，甚至一些地方出现了‘缓刑适用模式化’的倾向，也就是说，只要能判处3年以下有期徒刑或拘役的，不论情节，一律适用缓刑。”汪明亮：《人际关系视角中的腐败犯罪现象分析》，载《现代法学》2011年第2期。

② 胡鞍钢、过勇：《公务员腐败成本—收益的经济学分析》，载《经济社会体制比较》2002年第4期。

③ 在中国语境下，由于司法机关缺乏独立性，它也是科层官僚制的重要组成部分，司法的行政化和地方化使得中国的科层制腐败更加严重，科层制内的集体腐败更加盛行。

④ 陈烽：《转型期干部阶层的地位变动和腐败的利益根源及治理》，载《社会学研究》1997年第5期。

就无法发挥作用[①]，任何新进入该集体所属部门的人员都会受到强烈的腐败引诱并承受巨大的腐败共谋压力，难以置身事外。

（三）社会层面的腐败蔓延

党的十八大之前，腐败蔓延的第三个突出表现是腐败的社会化，腐败成为公职人员和社会民众的普遍选择。从行为的发生学来说，腐败一般可以分为直接的贪污型腐败与间接的贿赂型腐败。[②]直接的贪污型腐败是公职人员利用权力直接占有公共财产，不直接涉及或影响社会民众，尽管危害巨大，但是行为的辐射面和影响力有限。而间接的贿赂型腐败则涉及行贿者和受贿者，行贿者一般是普通民众，贿赂的大范围交易成功会腐蚀公职人员的廉洁形象、扭曲民众的社会交往心理，使得腐败成为社会的一种潜规则而逐渐蔓延。“2008 年上海做的一次关于市民生活的调查显示，当问到被访者‘你曾经为办事向哪些人员送过礼’时，回答频次最高的三个选项分别是医生、单位领导和学校老师。这一结果并不是说明医院和学校的腐败问题最为严重，而是因为腐败在中国早已蔓延到民众日常生活的各个领域，其中，包括医院和学校在内的工作单位是几乎所有中国家庭都需要接触的领域。”[③]公职人员也来自民众，公职人员的腐败会强烈影响民众心理，同时民众心理和行贿行为又在进一步助推公职人员的腐败，由此形成腐败不断蔓延的恶性循环。“腐败作为一种社会行为方式是有示范效应的。随着腐败行为在社会生活各个领域的泛化，对私下交易的偏好和依赖越来越成为一

---

① “集体腐败会严重导致集体内部的管理和监督机制完全失灵。本来内部的规章制度是约束腐败和其他违法行为的，但由于集体内部的规章制定者、监督者和执行者合谋腐败，任何欲通过制度创新提高效率的希冀都化为泡影。因此，在集体腐败面前，制度约束尤其是内部制度制约就显得苍白无力。”傅江景：《集体腐败的博弈分析》，载《经济研究》2000 年第 12 期。

② 参见郑利平：《腐败成因的经济理性与预期效用的论析》，载《中国社会科学》2001 年第 1 期；倪星：《公共权力委托—代理视角下的官员腐败研究》，载《中山大学学报》（社会科学版）2009 年第 6 期；等等。

③ 李辉、孟天广：《腐败经历与腐败感知：基于调查实验与直接提问的双重检验》，载《社会》2017 年第 6 期。

种社会心理定势和大众行为习惯。人们办任何事都要先用钱、物‘敲门’、‘铺路’，否则就会不放心。”[①]腐败的社会化使得法律规范成为具文，腐败交易成为实际执行的潜规则，政府公信力、社会道德和个人修养都遭受严重侵蚀。

党的十八大之后，不断蔓延的腐败受到了强力遏制，中国共产党将治标与治本相结合，通过具有极大震慑力的巡视来减少腐败的存量，通过国家监察体制改革、反腐败制度建设来遏制腐败的增量，取得了巡视反腐、制度反腐、法治反腐的巨大胜利。“坚持反腐败无禁区、全覆盖、零容忍，坚定不移‘打虎’、‘拍蝇’、‘猎狐’，不敢腐的目标初步实现，不能腐的笼子越扎越牢，不想腐的堤坝正在构筑，反腐败斗争压倒性态势已经形成并巩固发展。”[②]但是需要清醒认识的是，虽然反腐败斗争压倒性态势已经形成，腐败得到了相对遏制，但是如何实现腐败治理的法治化、规范化仍然是我们面临的重大挑战。

二、民众对于腐败的纠结心理

在有着几千年封建专制统治历史的中国，一些滋生腐败的封建思想在民众身上依然有着巨大的影响力，民众对于腐败普遍有一种深刻的认同感和一定的容忍度；与此同时，改革开放以来，随着市场化、工业化、城镇化的加速推进，国企改革、征地拆迁、工程建设、政府采购、人事任命等领域内的腐败愈演愈烈，一些动辄贪污、受贿几百万、上千万甚至过亿的腐败分子严重刺激着民众的神经；再加上贫富差距的日益扩大，民众对于腐败分子普遍存在“仇官”心理。这具体表现为民众在两种心理之间的纠结：一种是对于具体腐败分子的敌视与仇恨心

---

① 陈烽：《转型期干部阶层的地位变动和腐败的利益根源及治理》，载《社会学研究》1997年第5期。

② 习近平：《决胜全面建成小康社会　夺取新时代中国特色社会主义伟大胜利——在中国共产党第十九次全国代表大会上的报告》（2017年10月18日）。

理，另一种是对于抽象腐败行为的容忍与羡慕心理。

（一）对腐败分子的痛恨心理

中国自古就有“不患寡而患不均”的文化传统，在改革开放浪潮中，许多官员利用贪污、受贿等违法犯罪手段积聚了大量财富，处于弱势群体的普通民众就会产生严重的被剥夺感；同时，腐败官员及其亲属的奢侈消费行为以及在某些场合的飞扬跋扈和道德沦丧行为会强烈刺激民众的愤怒神经；再加上当前社会阶层的凝固化，既得官员利益群体极力维护自身的利益，通过各种途径尝试将某些公共职位家庭化，使得“拼爹”现象为普通民众所诟病。以上现象通过互联网的传播和发酵，导致普通民众对于腐败分子的痛恨和愤慨愈加强烈。由此，普通民众成为支持腐败治理的最重要群体，反腐倡廉也成为连续几年两会最受关注的话题。“在腐败犯罪的文化冲突中，与处于权力失范状态的既得利益集团相对立，我国的主流社会主要由希望公职人员能够清正廉洁、能够遵纪守法的广大民众组成，党和政府构成了上述广大民众的法定代表和利益维护者。这些民众构成了决定和主宰中国社会转型和社会发展命运的真正推动力量，构成了惩治和预防腐败犯罪的坚定支持群体和监督群体。”[①] 普通民众对腐败分子的痛恨心理也是中国共产党坚定治理腐败的最重要动力和依靠力量。

（二）对腐败行为的容忍心理

民众对腐败分子的痛恨并不意味着他们就痛恨腐败行为，恰恰相反，在奉行礼尚往来的人情社会里，请客办事、送礼办事甚至是很多中国人的日常行为规范。而初始阶段相对克制的人情往来也会在不经意间演变为无法自拔的腐败犯罪行为。“腐败在中国社会根深蒂固，并

---

① 单勇、虞彪：《文化冲突视域下的中国腐败犯罪研究》，载《法制与社会发展》2010年第6期。

已成为社会的流行病，渗透到了社会文化的深处，形成了后果极为严重的‘腐败文化’。”[①]这种现象部分是由于一些民众自身对腐败行为的热衷与认可，部分是由于一些民众在腐败文化盛行、权力监督渠道不畅通、社会存在悲观心理的情况下，只要腐败不危害自身利益而对腐败行为的冷漠与麻木，使得民众对腐败行为的容忍心理已成为社会的普遍心态。只有在官员腐败严重危及自身的利益时，民众才会使用诉讼、上访等各种方式进行抗争。而在民众对腐败行为的容忍心理已成为社会普遍心态、腐败也已渗透进社会方方面面时，这种抗争无疑是苍白无力的。“人们对腐败的容忍、迁就乃至辩护”[②]使腐败行为愈加蔓延，甚至畅行无阻。

由此，我们可以明显看到中国民众对于腐败与腐败治理的典型双重标准：对于腐败而言，既痛恨又容忍；对于腐败治理而言，既冷漠又热衷。痛恨的是具体的腐败分子，容忍的是抽象的腐败行为；不关涉自己利益时，对于腐败治理是冷漠和旁观，而关乎自己切身利益时，又会热衷于揭露腐败和反对腐败，甚至不惜采取极端方式。再进一步说，部分民众对腐败和特权的典型心理是：并不是仇视腐败本身，而是悔恨自己没有腐败的机缘；并不是痛恨特权本身，而是抱怨自己没有特权的机会。与其说反对腐败、反对腐化堕落的人，不如说是在自己无权腐败时而产生对腐败分子的痛恨，一旦自己成为腐败的主体后就另当别论了；与其说痛恨特权、痛恨享有特权的人，不如说是在痛恨自己为什么没有特权，一旦自己成为特权的主体时也就缄默无言了。

三、互联网社会中的腐败发酵

互联网是当今世界最重要的时代背景之一，网络改变着人类的生

---

① 胡伟：《腐败的文化透视——理论假说及对中国问题的探析》，载《浙江社会科学》2006年第3期。

② 冯象：《腐败会不会成为权利？》，载《读书》2000年第8期。

产、生活和思维方式，也影响着经济、政治、文化等各个方面。“随着互联网的高速发展，人类已经踏入信息社会，互联网疆域已经成为主权国家继领土、领海和领空之后的‘第四领土’。”[①]在互联网疆域内，网络打破了传统国家的信息控制体系和信息垄断模式，以其开放性、便捷性、平等性、互动性、匿名性等特征逐渐成为中国腐败治理的重要“信息武器”。[②]在我国财产申报社会公开还存在制度性内容缺失和功能障碍的情况下，互联网成为主动发现腐败、揭露腐败的主渠道，也在很大程度上影响着中国腐败治理的基本模式。当前中国腐败的一个重要特征就是腐败信息在互联网社会上的快速传播与积聚发酵。

（一）腐败大案要案的互联网发酵

执政者对于腐败案件特别是大案要案的公开一直处于尴尬与暧昧的困境：一方面，腐败是公职人员权力的异化和道德的蜕化，腐败大案要案的频发或者泛滥会严重侵害政权正当性和社会稳定，“腐败问题直接影响公众对政府的信任程度乃至其合法性，许多国家的政府对自身腐败问题往往三缄其口，至多只给公众提供零星、碎片化的腐败数据”[③]。另一方面，执政者也需要通过腐败案件特别是大案要案的刻意公开从而彰显自己治理腐败的决心，表明自己与腐败是不相容的，从而维系人民对其执政的信心和执政的正当性。由于腐败大案要案的官员级别高、涉案数额大、社会关注度高，在人人都是记者的互联网社会里，网络正在摧毁着这种尴尬与暧昧：网络会引用官方的权威渠道消息或民间的小道消息第一时间披露腐败大案要案的进展，吸引民众眼球并满足民众对于大案要案的好奇心；网络会利用各种民间的渠道率先提供高

---

① 曾润喜、徐晓林：《社会变迁中的互联网治理研究》，载《政治学研究》2010年第4期。

② 林华：《因参与、透明而进步：互联网时代下的公众参与和政府信息公开》，载《行政法学研究》2009年第2期。

③ 公婷、吴木銮：《我国2000—2009年腐败案例研究报告——基于2800余个报道案例的分析》，载《社会学研究》2012年第4期。

级官员可能腐败的线索与证据，形成民意的积聚与发酵，从而给官方形成倒逼机制，促成腐败官员的落马；此外，网络也是民众讨论腐败大案要案各种信息的场所，随着各种真实或编造的腐败内幕信息的披露与公开，围绕腐败的深层次讨论也会随之展开，即使案件已经审判结束，关于腐败的互联网发酵也仍会继续发生。

（二）一般腐败案件的互联网发酵

腐败大案要案由于其社会影响力会受到民众的普遍关注，而一般的腐败案件由于腐败话题自身的吸引性、内容的日常性，特别是在当前腐败趋势还在蔓延、民众对于腐败分子还比较痛恨的情况下，这些案件经由网民的适当性剪裁和编辑，也都会成为网络中的受关注信息。“尽管打击和治理腐败已取得一定成绩，但在民间社会一直存在着反腐败民意困境。在公众看来，政府虽一直在不断打击腐败犯罪，但腐败人数和职务犯罪金额不仅没有明显地减少，相反却有增多的趋势，反腐败工作在民间弥漫着越反越腐的味道。”[①] 因此，一旦有腐败案件报道出来，普通民众一般都会潜意识、非理性地关注、批判腐败分子，表达对国家腐败治理工作的批评与失望，普通民众日渐形成的腐败不断蔓延、腐败治理日趋困难、反腐败越反越腐的认知和感受也会在互联网上持续传播、发酵，成为互联网领域中的主流话语。

（三）腐败谣言的互联网发酵

转型中国的快速、跨越式发展累积了大量的利益冲突和社会矛盾，由于当前诉求表达渠道和纠纷解决机制所存在的功能性障碍，很多社会矛盾会转移到虚拟的互联网战场寻求民意的裁决。“由于互联网的便捷性和隐匿性，很多社会矛盾纠纷的信息首先通过网上传播和发酵，极易发展成为现实的矛盾纠纷，网络已经成为表达社会不满和抗争的

① 解冰、康均心:《反腐败刑事政策中的民意考量》，载《管理世界》2010 年第 1 期。

最重要渠道。现在的社会矛盾经常是首先通过网络的形式发出声音。”[①] 在众多的社会矛盾中，由贪污腐败、干群关系紧张而引发的与公权力行使有关的社会矛盾最容易吸引民众的眼球、刺激民众的神经，从而成为互联网的焦点话题。“最为细致的观察似乎已经证实，长时间融入群体行动的个人，不久就会发现——或是因为在群体发挥催眠影响的作用下，或是由于一些我们无从得知的原因——自己进入一种特殊状态，它类似于被催眠的人在催眠师的操纵下进入的迷幻状态。被催眠者的大脑活动被麻痹了，他变成了自己脊椎神经中受催眠师随意支配的一切无意识活动的奴隶。”[②] 在互联网社会中，群体的无理性社会心理[③] 会发挥到极致，在当今腐败是最为社会民众所关注的社会问题这一语境下，不管是真实的腐败线索、腐败信息还是虚假的腐败谣言，只要是与腐败扯上关系的各种信息都会在网络中成为大家讨论的热门话题。而且，只要一个腐败谣言涉及官员的级别越高、涉及腐败数额越是巨大，里面越是充斥着各种有关政治权力斗争、选择性执法的内幕，那么此类谣言就越会受到民众的关注和吹捧。腐败谣言在网络传播的过程中还会经历许多网民的再次筛选、过滤和渲染，使得某些信息得到进一步扭曲、放大与发酵。从这个意义上讲，腐败存在于现实生活中，存在于民众感知中，存在于网络谣言中。在很大程度上，正是民众的感知“决定”着腐败的消散、弥漫与发酵。

四、群体性事件中的腐败因子

改革开放四十年后，我国开始进入改革的深水区、攻坚期，利益

---

① 马怀德:《预防化解社会矛盾的治本之策：规范公权力》，载《中国法学》2012 年第 2 期。

② ［法］古斯塔夫·勒庞著:《乌合之众：大众心理研究》，冯克利译，中央编译出版社 2004 年版，第 17 页。

③ “我们说社会心理具有非理性特点，是指社会心理作为人们对现实情境的反应方式，通常不具有严密的科学性和逻辑性，而往往是一种直觉、习惯式乃至本能式的反射活动。”罗教讲:《信息公开、社会基础与社会心理》，载《武汉大学学报》（社会科学版）2003 年第 4 期。

冲突和社会矛盾的凸显期。如何有效化解社会矛盾、维护社会稳定成为进一步推进改革开放亟待解决的重大问题。“从社会矛盾的形态上看，当前社会矛盾主要集中在贫富差距、贪污腐败、环境污染、征地拆迁、教育问题和医疗问题等方面，公众的不满情绪也往往是针对政府的政策不公平、官员的贪腐行为、行政不作为、滥用职权、暴力执法和公共资源配置不公等。”[①] 由于贪污腐败所引起的社会矛盾直接损害党和政府的形象，割裂政府与民众的信任关系，危及党的执政合法性和正当性，也最易引发群体性事件。就我国爆发的各种群体性事件来看，尽管事件的导火索各式各样且一般都有偶然性，但是每一个群体性事件中都或多或少隐含着腐败因子。每个群体性事件特别是某些带有暴力的群体性事件背后所揭示的都是干群关系紧张、社会矛盾激烈、民众对于正轨纠纷解决渠道的失望以及对社会不公的公开抗争。诚如原中纪委书记贺国强同志所言：“近几年来一些地方发生的群体性事件，原因虽然十分复杂，但共同的一点就是当地干群关系紧张，群众权益受到损害。”[②] 群体性事件是中国腐败的晴雨表，群体性事件的数量多少在很大程度上也反映中国腐败的程度高低。

当前我国的群体性事件都是局部性的，多发生在村、乡镇或县（区、县级市），这也客观反映了我国基层官员腐败的严重程度。“基层单位特别是村居‘两委’‘一把手’和关键岗位人员级别虽低、权力很大，利用职权‘寻租’现象时有发生，有的涉案金额巨大，社会影响十分恶劣。”[③] 任何政权执政的根基都在基层，群体性事件、动乱或革命的起源也都开始在基层，只有稳定基层，才能稳定政权。基层与民众关系最密切，打交道最多，民众对于政府廉洁与否的认知直接来源于对基

① 马怀德：《预防化解社会矛盾的治本之策：规范公权力》，载《中国法学》2012 年第 2 期。

② 贺国强：《着力解决发生在群众身边的 10 个方面腐败问题　不断以反腐倡廉建设新成效取信于民造福于民》，载《求是》2012 年第 11 期。

③ 贺国强：《着力解决发生在群众身边的 10 个方面腐败问题　不断以反腐倡廉建设新成效取信于民造福于民》，载《求是》2012 年第 11 期。

层官员的判断。基层腐败的大规模蔓延、社会化和习惯化，会极大损害普通民众的合法权益，挫伤民众对于政府的信任感，增强民众的无助感和不公平感。民众平时可以是温驯的绵羊，一旦有群体性事件爆发，就会“出现无直接利益参与者的现象，许多与事件并无直接关联的无辜群众认为平时自身利益没有得到切实维护，改革发展成果没有得到共享，产生‘仇富、仇官’等心理以及怨气和不公平感，也借机参与到群体性事件中”[①]。民众在一个政治生态下生存，既要最大限度地表达自己的诉求和情感又不至于遭受政府的处罚，也会探索理性的抗争技艺，借机参与群体性事件就是当前中国民众的抗争技艺之一，这也是弱势群体或无权者反抗不公平制度、表达对腐败不满、表达对社会不满的重要方式。毕竟，普通民众也懂得法不责众的基本常识。[②]

五、腐败形式的新发展

虽然只要有权力的地方就会有权力腐败，但是整体而言，腐败还是有一个相对集中的领域。“对腐败要案案例库的分析表明，中国转轨期腐败案件发生的直接原因可以分为行政审批、人事关系、行政干预、政府采购和利益冲突等五种类型。”[③] 这几种腐败类型基本上涵盖绝大多数的腐败行为，也是最为常见、最传统的中国腐败类型。然而近年来，中国的腐败形式有了新的发展，规则制定领域、司法领域、腐败治理部门领域、涉外领域、高科技专业领域等都产生一系列新的腐败形式。此外，腐败收益转移和洗钱方式也日益隐蔽化，

---

① 马怀德：《社会矛盾化解与行政诉讼制度》，载《中国党政干部论坛》2011 年第 9 期。

② “除了互联网之外，在今天的中国社会中，民众对于腐败和反腐败的认识还有更直接的来源，那就是对腐败的经验接触。因此，要有效扭转中国公民对反腐败的态度，还是要回到最本源的方法上，切断普通民众与腐败之间的联系。”李辉、孟天广：《腐败经历与腐败感知：基于调查实验与直接提问的双重检验》，载《社会》2017 年第 6 期。

③ 过勇：《经济转轨滋生腐败机会的微观机制研究——从 594 个腐败要案中得出的结论》，载《经济社会体制比较》2006 年第 5 期。

一些腐败分子开始尝试利用QQ币、支付宝等新兴的支付工具以及通过课题委托、慈善捐赠等“崇高”“公益”的形式进行洗钱，这也使得中国的腐败治理愈加艰难。“腐败形式越来越复杂多样，腐败分子的作案技术越来越智能化、高科技化，交易过程越来越隐蔽，反侦查能力也不断增强。”①

（一）规则制定中的腐败

立法是针对不特定主体的规则制定行为，由于法律规范具有一般性、普遍适用性，很难针对特定主体进行立法，因此立法过程的腐败较难实施，也较为罕见，②再加上当前我国人大机关地位的相对弱势，法律实施状况的不尽如人意，对立法部门的工作人员进行贿赂并非理性的选择。但是随着技术性、专业性行政问题的日益凸显，行政立法开始兴起，针对某些更为具体的管制领域制定行政规章更是成为行政机关进行行政管制的常用手段。在这些领域里，由于受管制对象的相对有限和稀少、管制行为蕴含巨大利益空间，因此受管制对象会使用各种手段来俘获行政规章的立法者。③比如商务部条法司原巡视员郭京毅在《关于外国投资者并购境内企业的规定》和《外商投资产业指导目录》等规范的法律解释过程中为受管制对象提供便利，从而接受贿赂。④法律规则制定中的腐败⑤特别是行政立法中的腐败是近年来暴露的腐败新形式，值得腐败治理部门高度重视。

---

① 宋为、佘廉：《新时期我国腐败现象与网络反腐探讨》，载《政治学研究》2011年第2期。

② 本书不涉及西方议会选举中的政治腐败，仅就中国立法机关状况而言。

③ 关于行政管制中的“管制俘获”及其成因解读，参见林华：《论管制俘获的行政法规制》，中国政法大学2010年硕士学位论文。

④ 关于“郭京毅窝案”的具体介绍，参见http://paper.people.com.cn/hqrw/html/2009-01/01/content_214708.htm，2018年7月5日最后访问。

⑤ 也有学者称之为“规范制定式”腐败，参见刘艳红等著：《中国反腐败立法研究》，中国法制出版社2017年版，第13页。

（二）司法腐败的蔓延及腐败治理专门机构的腐败

由于司法的地方化和行政化，司法部门在整体上已成为中国科层制的重要组成部分。[①] 由于独立审制的缺失以及权力监督制度的功能性障碍，司法部门也成为腐败的重灾区，比如最高人民法院原副院长奚晓明、上海市人民检察院原检察长陈旭等。“因为司法的专业性和司法腐败参与人多为‘用合法手段掩盖非法目的’的‘高手’，还因为缺乏专门的调查权力和调查手段，纪委、人大、媒体等外部监督往往是无功而返；而审级监督和检察监督等内部监督，又往往因为监督者与被监督者之间的等级化和小群体化，在缺少对监督者进行奖励的激励下，甚至可能形成腐败的事前或事后共谋，使得司法腐败的捕获率非常低。”[②] 司法领域存在着更多的腐败黑数，这反过来又进一步刺激了司法腐败的蔓延。

更为可怕的是，中国近年来接连发生许多涉及腐败治理专门机构的腐败事件，这严重侵蚀了民众对于国家腐败治理的信心，也在无形中助长和推动腐败的蔓延和社会化。比如，中央巡视组原副部级巡视专员张化为、中纪委第四纪检监察室原主任魏健、中纪委第六纪检监察室原监察专员罗凯等因为贿赂落马，最高人民检察院反贪污贿赂局原局长罗辑因私设“小金库”被免职，原浙江省纪委书记王华元因受贿罪、巨额财产来源不明罪被判刑，轰动全国的原郴州市委副书记、市纪委书记曾锦春因受贿罪、巨额财产来源不明罪被判处死刑，等等。如何彻底有效预防、治理腐败治理专门机构的腐败，防止灯下黑，关系中国腐败治理的根本大局，也关系国家安全和社会稳定。

---

① 这从法官、检察官被纳入《公务员法》的调整范围，适用科层制内公务员的管理方式就得到淋漓尽致的体现。《公务员法》第五十三条还特别规定：“公务员必须遵守纪律，不得有下列行为：……（四）拒绝执行上级依法作出的决定和命令；……”

② 何远琼:《站在天平的两端——司法腐败的博弈分析》，载《中外法学》2007 年第 5 期。

（三）跨领域的集体腐败

传统上，集体腐败一般局限于本地、本部门，人数和社会影响都相对有限，而当前腐败发展的一个新形式就是集体腐败的跨部门、跨领域趋势，有些集体腐败不仅横跨好几个部门，而且还形成了政界、商界、学界的“权力—资本—知识”铁三角式腐败集团。比如令计划领导的“西山会”，“郭京毅窝案”涉及商务部、国家外汇管理局、国家工商行政管理总局等国家机关以及律师事务所的律师，“黄光裕案”则牵涉广东省原政协主席、最高人民法院原副院长、公安部原部长助理、国美原董事局主席等各界精英。跨领域的集体腐败是腐败社会化的集中体现，也是腐败发展的高级形式，若缺乏如财产申报公开制度等主动发现和揭露腐败的治理手段，这种集体腐败的发现和查处是相当困难的。

此外，一些官员开始利用自己手中公共权力所获知的内幕交易信息等形式进行更加隐蔽的高技术、高智能腐败，① 这种区别于传统占有型腐败和交易型腐败的新型腐败形式，腐败的隐蔽性更强、查处难度更大，更需要引起腐败治理专门机构的关注与重视。腐败发展的另一个新形式是涉外性腐败的兴起，一些公职人员利用涉外法律规范的制定与法律解释为外商输送利益，② 另有外商则开始向我国政府官员和大型国企官员大肆行贿，③ 这些行为严重损害我国国家利益和民族企业利益。可以说，涉外性腐败已经涵盖了我国的立法领域、执法领域和司法领域。

---

① 比如原广东省中山市市长李启红。

② 比如前述的“郭京毅窝案”。

③ 如“沃尔玛案”“默沙东案”“朗讯案”“IBM 案”“家乐福案”“西门子案”等。具体的案件介绍，参见 http：//finance.sina.com.cn/review/fxzs/20090825/08076659752.shtml，2018 年 7 月 6 日最后访问。

第二节　中国腐败治理的策略与困境

党的十八届三中全会决定指出，全面深化改革的总目标是完善和发展中国特色社会主义制度，推进国家治理体系和治理能力现代化。[①] 治理已成为我国政治生活和社会领域的高频词，在党的十九大报告中，“治理”一词也出现了42次，涵盖社会治理、生态环境治理、军队生态治理、全球治理、乡村治理等领域。在廉政建设领域，治理依然具有更好适用的空间。廉政建设一般包括预防腐败、打击腐败、最大限度地减少和（或）消除腐败违法行为所产生的后果。[②] 中国共产党一直将相关预防和惩治腐败的活动称为“反腐败”，而且我们也一直受“anti-corruption”翻译的直接影响，并产生对该域外术语的路径依赖，然而就汉语的语词分析而言，“腐败治理”一词在建设现代民主法治国家的语境下可能具有更好的表达蕴含。“腐败治理”削弱了斗争哲学思维、暴力政治色彩，包含了将预防和惩治腐败工作纳入法律日常治理和制度性治理的考量，容纳了广大主体对廉政建设的参与，可以突破我国反腐败工作中选择性执法、一把手腐败严重的困境，同时也能充分体现切实进行预防和惩治腐败的行动与实践，将减少和消除腐败违法行为所产生的后果也纳入概念之中。

在传统代议制民主遭遇困境、参与制民主日渐勃兴的时代背景下，公共治理理论开始兴起，广泛影响并融入了政治学、法学、管理学等学科的理论研究以及现实的公共治理实践活动。“所谓公共治理，就其构成而言，是由开放的公共管理元素与广泛的公民参与

---

① 参见《中共中央关于全面深化改革若干重大问题的决定》。

② 参见《俄罗斯联邦反腐败法》第一条。

元素整合而成。”[①] 公共治理强调了公民直接参与公共事务管理的主体性，打破了传统的权力建构模式和权力运行机制，凸显了民主的直接人民性和管理的协商共治性。治理意味着权威主体的非单一化，国家不再是权力的垄断者，社会组织、公众也在参与包括预防和惩治腐败在内的各项公共事务管理与决策并直接影响着公共事务的决策结果。[②] 在我国当前反腐败斗争形势依然严峻复杂的背景下，为了有效应对当前预防与惩治腐败所面临的困境，我们迫切需要用治理的视角和理念来审视预防与惩治腐败工作，并将预防与惩治腐败纳入法律治理的轨道。促进预防与惩治腐败工作理念的变迁、推进人民参与预防与惩治腐败工作的法治化和制度化，有利于更加主动地预防与惩治腐败，更加有效地遏制腐败蔓延和打击腐败，也有利于密切党和人民的血肉联系，加强人民对国家廉政建设特别是腐败治理专门机构廉政建设的监督，夯实中国共产党的执政基础。因此，基于建设社会主义法治国家的现代语境，本书将预防与惩治腐败等相关活动统称为“腐败治理”。[③]

一、中国腐败治理的基本特征

党的十八大以来，新一届中央领导集体大力惩治腐败，腐败治理工作取得显著成效。但是由于纪检监察方面的某些体制性、制度性因素，我国腐败治理还面临着严峻形势和现实困境，这与我国长久以来形成的腐败治理特征有着密切联系。大体而言，我国腐败治理呈现出被动性、选择性、分散性、从属性和政治性五大基本特征。

---

① 罗豪才、宋功德著：《软法亦法：公共治理呼唤软法之治》，法律出版社2009年版，第37页。

② 林华：《城市交通、公共治理和公众参与》，载姜明安主编：《行政法论丛》（第十四卷），法律出版社2012年版，第536页。

③ 事实上，中国共产党已经开始在某些领域的预防和惩治腐败工作中使用“治理”一词，如成立了中央治理商业贿赂领导小组。

（一）腐败治理的被动性

我国腐败治理的被动性主要表现在腐败治理实际理念的被动性、案件线索来源的被动性和大案要案查处的被动性。

腐败治理实际理念的被动性是指我国腐败治理实际理念过于重视事后的查办案件、惩治腐败，忽视事前的预防腐败，[①]于是我们总是需要被动地去应对不断蔓延的腐败。虽然从官方的公开文件中，我们可以发现我国腐败治理理念在文本上经历了从“注重治标、注重惩治”到“标本兼治、惩治和预防并重”再到“更加注重预防、更加注重制度建设”的变迁，但是表达与实践总是存在一定的沟壑，文本上表达的话语往往在现实执行中就可能会被扭曲成另一套做法。部分是由于预防腐败工作的整体性、系统性、长期性，预防腐败需要周密的制度顶层设计、配套制度支撑以及长期的理念坚守；部分是由于中国官员（包括腐败治理专门机构的官员）政绩观所致，查办案件、惩治腐败是可以量化的、上级领导可以感受的指标，而预防腐败则是不可量化的基础性工作；部分是由于重视惩治腐败、忽视制度预防的习惯性思维。因此，无论是各级党委领导还是腐败治理专门机构的领导都会将腐败治理的重心放在事后的惩治腐败上。

案件线索来源的被动性是指我国腐败案件的线索主要来源于民众

---

① 由于中国共产党一贯重视思想反腐，思想教育就其本质而言也是一种预防腐败的手段，因此此处更为准确的说法可能是“忽视事前的制度预防”，但是由于我国思想教育的方式、手段和效果都存在诸多问题，而且思想教育与社会环境有极大关系，在主体、利益和观念都日益多元化的今天，传统思想教育手段的效果是极其有限的，在既有的思想教育模式没有重大改变的情况下，思想教育的反腐效果甚至可以暂时忽略不计。所以，本书采取简单的处理方式，仅笼统地指称事前预防腐败。

举报、相关案件的连带揭露以及其他偶然性事件，[①]腐败治理专门机构依职权主动获取案件线索的情形极其稀少。虽然党的十八大以来，中央加强了巡视工作，主动查处了一批有重大影响的大案要案，但是同我国腐败的严峻形势和民众对腐败形势的感知程度相比，查处比例仍然较低，而且，对于同人民群众息息相关的基层腐败仍然缺乏有效的主动治理机制。国外腐败治理部门利用财产申报、秘密侦查、技术侦查等手段主动获取腐败案件的经验在我国还很难落实。

大案要案查处的被动性是指腐败治理专门机构不能独立查处大案要案，大案要案的是非查处、如何查处都要直接受制于各级党委。腐败治理专门机构在查处大案要案的被动性以及由此导致的选择性执法、查处率低等后果，直接影响了腐败案件的公正处理，动摇民众对于腐败治理的信心。

（二）腐败治理的选择性

从腐败发生学的视角来看，一个完整的公职人员[②]腐败案件处理流程会经过发现腐败、立案侦查、纪委决定、司法裁判和刑罚执行等阶段。由于作为中国共产党治理腐败的最高机关——中央纪律检查委员会在治理腐败过程中所一贯倡导的“错误分类处理原则”[③]，如惩前毖后、

---

① 有学者戏言：“现实中绝大多数腐败分子不是靠法律制度发现的，不是纪检监察机关主动监督出来的，而是意外败露的：有豪赌赌出来的，被小偷偷出来的，被敲诈诈出来的，被骗子骗出来的，被情妇闹出来的，搬家搬出来的，离婚离出来的，写日记泄露出来的，绑架绑出来的，生病生出来的，修路修出来的，大火烧出来的，矿难砸出来的，打黑带出来的，官员互殴打出来的，开车剐蹭剐出来的，房屋漏水漏出来的，等等。”参见朱向东、杜文雅：《我国出台财产申报法势在必行》，载《行政论坛》2011 年第 4 期。

② 除非有特别说明，为了叙述的方便以及现实情况的考虑，此处的公职人员是指具有中国共产党身份的公职人员，而且事实上我国绝大多数公职人员也是中国共产党党员。

③ 比如原中纪委书记尉健行同志的典型性观点：“对有一般性错误的干部，要批评教育，做好思想政治工作，帮助他们提高认识、改正错误。对错误比较严重的干部，本人能够在民主生活会上或通过其他方式主动向组织检讨错误并认真纠正的，可以从轻处分或免于处分；拒不自查自纠、批评教育后仍不改正的，必须给予纪律处分。”尉健行：《以党的十五大精神为指导　加大工作力度深入反腐败斗争》，载《求是》1998 年第 5 期。

治病救人方针[①]，政治效果、经济效果和社会效果相统一观念[②]等富有弹性、模糊化、自由裁量权大的查办腐败案件原则，地方党委基于腐败信息的敏感、廉政责任制、地方经济发展等考虑，再加上纪检监察部门、司法部门自身也会发生腐败，因此腐败治理的选择性发生于发现腐败、立案侦查、司法裁判和刑罚执行等各个阶段。

发现腐败的选择性是指在发现腐败阶段，腐败治理部门对于民众举报、主动监督等渠道所获得的线索可以选择立案侦查，也可以决定不予受理。立案侦查的选择性是指在立案侦查阶段，监察机关通过对案件的侦查，可以选择作出处理决定，也可以选择撤销案件，可以选择作出给予内部纪律处分、行政处分的决定，也可以选择仅仅给予批评教育而没有任何实质性处罚的决定。司法裁判的选择性是指法院对于腐败犯罪案件可以在是否认定有罪、是否判处刑罚、判处何种刑罚之间进行选择。刑罚执行的选择性是指对判处刑罚的腐败分子，刑罚执行部门可以选择是否给予减刑、假释以及服刑过程特殊优厚待遇等。

（三）腐败治理的分散性

腐败治理的分散性主要表现在腐败治理规范依据的分散性、腐败治理机构的分散性和腐败治理职能的分散性。

腐败治理规范依据的分散性是指我国腐败治理的规范依据多而杂，分散在各个腐败治理部门，而且针对同一主题也有许多相似性的规范文件，难以形成一个位阶层级分明、协调统一的规范体系。目前我国

---

① 比如原中纪委书记吴官正同志的典型性观点："要坚持惩前毖后、治病救人的方针，发现问题早打招呼早提醒；对主动交代问题、作出深刻检查的，要依纪依法从宽处理；对群众反映强烈、疑点又大，但一时难以搞清楚的，可以采取组织措施进行处理；对于那些情节严重、影响很坏的，必须依纪依法严厉惩处。"吴官正：《努力提高有效防治腐败的能力》，载《中国监察》2005 年第 10 期。

② 比如原中纪委副书记何勇同志的典型性观点："在对人的处理上，坚持重证据，重调查研究，以事实为根据，为违纪为准绳，既严格执纪执法，又注意全面地、历史地和合情合理地处理问题，注意政治、经济和社会效果。"何勇：《党风廉政建设和反腐败斗争的回顾与思考》，载《国家行政学院学报》2002 年第 6 期。

颁布的腐败治理规范涉及职务犯罪的定罪与刑罚、行政权力的限制与监督、公职人员廉洁准则、公职人员财产申报、礼品收受规制、从业及兼职限制等各个方面。即使是同一个主题，也会有相似规范文件，以财产申报为例，我国在中央层面已陆续颁布《关于党政机关县（处）级以上领导干部收入申报的规定》（以下简称《1995 年规定》）[①]、《关于领导干部报告个人重大事项的规定》（以下简称《1997 年规定》）[②]、《关于省部级现职领导干部家庭财产的规定》（以下简称《2001 年规定》）、《关于党员领导干部报告个人有关事项的规定》（以下简称《2006 年规定》）[③]、《关于领导干部报告个人有关事项的规定》（以下简称《2010 年规定》）[④]、《领导干部报告个人有关事项规定》（以下简称《2017 年规定》）[⑤]，除去那些已经被废止的文件，《2001 年规定》和《2017 年规定》这两个现行有效的文件在内容上则多有重复。而且，我国至今还没有一部统一的腐败治理法或公职人员伦理法。

腐败治理机构的分散性是指国家设立不同的分散性的专门性腐败治理机构和部门。在国家监察体制改革以前，除了党务系统的纪检部门、政府系统的监察部门、检察院的反贪部门以外，专门的腐败治理机构还有政府系统的预防腐败部门和检察院的职务犯罪预防部门，对廉政建设承担领导责任的各级党委，[⑥]此外，还有纪委派驻各部门的监察人员。国家监察体制改革之后，建立了相对集中的腐败治理机构，

---

① 该规定由中共中央办公厅、国务院办公厅于 1995 年 4 月 30 日发布，并由中共中央办公厅、国务院办公厅于 2010 年 5 月 26 日发布的《关于领导干部报告个人有关事项的规定》所废止。

② 该规定经中共中央、国务院批准，由中共中央办公厅、国务院办公厅于 1997 年 1 月 31 日发布，并由中共中央办公厅于 2006 年 9 月 24 日发布的《关于党员领导干部报告个人有关事项的规定》所废止。

③ 该规定由中共中央办公厅于 2006 年 9 月 24 日发布，并由中共中央办公厅、国务院办公厅于 2010 年 5 月 26 日发布的《关于领导干部报告个人有关事项的规定》所废止。

④ 该规定由中共中央办公厅、国务院办公厅在 2017 年发布的《领导干部报告个人有关事项规定》所废止。

⑤ 中共中央办公厅、国务院办公厅在 2017 年发布《领导干部报告个人有关事项规定》的同时，还发布了具有执行文件性质的《领导干部个人有关事项报告查核结果处理办法》。

⑥ 参见《关于实行党风廉政责任制的规定》第四条、第六条和第八条。

腐败治理机构的分散性已经在很大程度上得到缓解。

腐败治理职能的分散性是指腐败治理职能由各个不同的机构或部门行使，相互间存在职能的交叉与融合。大体而言，腐败治理职能主要包括腐败治理政策的制定、预防腐败、查处腐败、对腐败犯罪的司法追究以及腐败分子刑事责任的执行等。党的十八大之前，我国不同机构的腐败治理职能存在着分散性，相互间存在职能交叉：如腐败治理政策既可由上级纪委制定，同级党委也有制定政策的权力；[①]政府系统的预防腐败部门可以行使预防腐败的职能，检察院的职务犯罪预防部门也有预防腐败的职能；腐败的侦查和查处职能既可由纪委部门行使，也可由检察院的反贪部门行使（尽管在司法实践中，一般是由纪委先行侦查和查处，待纪委侦查完毕并作出移送司法机关处理的，才由检察院进一步进行带有形式意义的重复侦查等工作）。党的十八大之后，腐败治理职能已经相对集中于各级监察委员会。值得注意的是，国家监察体制改革在解决了原先腐败治理机构和职能分散性的问题之后，随之而来的问题就是如何监督各级监察委员会。

（四）腐败治理的从属性

腐败治理的从属性是指腐败治理机构的从属性和腐败治理工作的从属性。如果说腐败治理机构是一种形式、腐败治理工作是一种内容的话，那么我国腐败治理的形式和内容都带有鲜明的从属性，表现在如下方面。

第一，党的十八后之后，各级监察委员会与同级党委的关系仍然不够清晰，从制度设计上，各级监察委员会仍然从属于同级党委，难以对同级党委书记实施有效的监督和制约。

第二，在中国当前语境下，廉政治理工作并不是严格依照法律对

---

① 比如重庆市委曾在2009年开展了打黑除恶专项斗争，广东省委在2012年开展了“三打两建”专项行动等，这些都是地方党委作出的区域性、个别性腐败治理决策，对当地的腐败治理工作开展起到了决定性的作用。

腐败的治理，而是必须直接服从和服务于经济建设这个中心。“反腐倡廉必须服从和服务于经济建设这个中心，这是我们党开展党风廉政建设和反腐败斗争始终坚持的指导思想。”[①] 若腐败治理与经济建设发生冲突时，腐败治理必须让位于经济建设，再加上廉政建设责任制的存在，于是社会上就出现了“廉政松一松、经济冲一冲”等错误观念，对地方经济建设有贡献的官员即使有腐败问题也会根据前已述及的弹性处理方式而既往不咎或者进行轻微处理。在 GDP 挂帅的今天，腐败治理工作的从属性进一步推动了腐败的蔓延。

（五）腐败治理的政治性

“党政军民学，东西南北中，党是领导一切的。”[②] 中国共产党是执政党，是社会主义现代化建设的领导核心，也是中国腐败治理的领导核心。政党主导的腐败治理模式集中反映了我国腐败治理的政治性。腐败治理的政治性表现在：

一是腐败治理依据的政治性。除了《刑法》对职务犯罪的定罪和量刑进行规定，《行政许可法》《政府采购法》等法律对行政权力的运行进行规范以外，我国还没制定统一的腐败治理法、公职人员伦理法、公职人员财产申报法等重要的廉政法律。当前有关财产申报、礼品收受规制、利益冲突防止等直接涉及腐败治理的事项大多数是由中国共产党所制定的党内法规予以调整。因此，腐败治理依据的政党化主导体现了腐败治理的政治性。

二是腐败治理领导体制的政治性。中国共产党在腐败治理中“坚持党委统一领导、党政齐抓共管、纪委组织协调、部门各负其责、依

---

① 何勇：《党风廉政建设和反腐败斗争的回顾与思考》，载《国家行政学院学报》2002 年第 6 期；尉健行：《以党的十五大精神为指导　加大工作力度深入反腐败斗争》，载《求是》1998 年第 5 期。

② 习近平：《决胜全面建成小康社会　夺取新时代中国特色社会主义伟大胜利——在中国共产党第十九次全国代表大会上的报告》（2017 年 10 月 18 日）。

靠群众支持和参与的反腐败领导体制和工作机制”[①]。在该领导体制中，“党委统一领导”和“纪委组织协调”是其中的核心。党委统一领导集中体现在《中国共产党章程》第十八条[②]、第四十七条第一款[③]和前已述及的第四十五条第一款和第四十六条第三款、第四款。而根据《中国共产党章程》第四十六条第一款和第二款的规定[④]以及《监察法》的相关规定，纪委监察委的工作职能涉及反腐败政策的制定、预防腐败、查办案件等腐败治理的全过程，而且根据现行腐败治理的领导体制，纪委监察委作为中国共产党腐败治理的具体组织协调者，事实上在领导着其他腐败治理部门。因此，“党委统一领导”和“纪委组织协调”集中体现了我国腐败治理领导体制的政治性。

三是腐败治理手段的政治性。当前，我国腐败治理的基本手段主要有思想教育、查办案件、制度建设和专项运动治理等。思想教育一般是通过党的路线、方针、政策、基本理论、优秀党员的模仿事迹等来加强党员的党性修养，提高思想道德素质，自觉与腐败作斗争；职务犯罪案件由合署办公的纪委和监察委进行侦查和查处，待侦查完毕需要移送司法机关处理的，才由检察院提起公诉；就制度建设而言，当前

---

① 江泽民：《推动党风廉政建设和反腐败斗争深入开展》，载《江泽民文选》（第三卷），人民出版社 2006 年版，第 176 页。

② 《中国共产党章程》第十八条规定：“党的中央、地方和基层组织，都必须重视党的建设，经常讨论和检查党的宣传工作、教育工作、组织工作、纪律检查工作、群众工作、统一战线工作等，注意研究党内外的思想政治状况。”

③ 《中国共产党章程》第四十七条第一款规定：“上级纪律检查委员会有权检查下级纪律检查委员会的工作，并且有权批准和改变下级纪律检查委员会对于案件所作的决定。如果所要改变的该下级纪律检查委员会的决定，已经得到它的同级党的委员会的批准，这种改变必须经过它的上一级党的委员会批准。”

④ 《中国共产党章程》第四十六条第一款规定：“党的各级纪律检查委员会是党内监督专责机关，主要任务是：维护党的章程和其他党内法规，检查党的路线、方针、政策和决议的执行情况，协助党的委员会推进全面从严治党、加强党风建设和组织协调反腐败工作。”第二款规定：“党的各级纪律检查委员会的职责是监督、执纪、问责，要经常对党员进行遵守纪律的教育，作出关于维护党纪的决定；对党的组织和党员领导干部履行职责、行使权力进行监督，受理处置党员群众检举举报，开展谈话提醒、约谈函询；检查和处理党的组织和党员违反党的章程和其他党内法规的比较重要或复杂的案件，决定或取消对这些案件中的党员的处分；进行问责或提出责任追究的建议；受理党员的控告和申诉；保障党员的权利。”

我国廉政制度建设的重心是党内法规；而专项运动治理一般也是由各级党委或党委领导的某个部门或协调性领导小组牵头，进而动员相关职能部门开展治理运动。

二、中国腐败治理的策略：一种历史视角

对于我国的腐败治理历史，原中纪委书记吴官正同志曾经加以概括和总结："实践是不断发展的，我国的反腐倡廉工作，大体经历了从十五大以前的标本兼治、侧重遏制，到十五大以后的标本兼治、综合治理、逐步加大治本力度，再到十六大以来的标本兼治、综合治理、惩防并举、注重预防这样三个阶段。"[①] 这样的概括和判断虽然精辟，但似乎有点简单、笼统，无法反映各历史时期的具体腐败治理手段及其内在变迁。以一种历史的视角对我国腐败治理策略进行梳理与解读，一方面可以厘清不同历史阶段的腐败治理手段和治理策略的差异，另一方面也可以为当下腐败治理策略的抉择与完善提供有益的历史镜鉴与启示。

策略一般是指为实现目标而采用的各种方法的综合。腐败治理策略也可以认为是在各历史时期，国家为实现腐败治理目标而采用的腐败治理手段的综合。腐败治理手段组合的不同，也意味着腐败治理策略的差异。"在各国的廉政建设实践中，最经常采用的反腐败方略主要包括思想教育、社会运动和制度约束等三种类型。"[②] 当然，除了思想教育、社会运动、制度约束这三种基本手段以外，各个国家或地区的实际情况不同，也可能会有新的腐败治理手段，如查办案件、榜样激励、高薪养廉等。

---

① 吴官正：《要从源头上防治腐败》，载《求是》2006 年第 6 期。原中纪委书记贺国强同志也有类似总结，参见贺国强：《高举中国特色社会主义伟大旗帜　坚定不移地推进党风廉政建设和反腐败斗争》，载《中国监察》2009 年第 1 期。

② 倪星：《试论中国反腐败方略的系统设计》，载《政治学研究》2003 年第 4 期。

（一）新中国成立后至十一届三中全会召开前的腐败治理策略

新民主主义革命时期和解放战争时期，在严酷的战争环境和恶劣的社会条件下，中国共产党依靠其强有力的组织动员能力，通过思想教育和政治运动[①]两种手段有效控制了腐败问题，并最终夺取革命的伟大胜利。胜利传统总是带有某种历史传承性和延续性，成功经验也容易获得领导人的惯性适用，于是在新中国成立后，身份由革命党转变为执政党的中国共产党在面对愈演愈烈的腐败问题时继续沿用革命时期的思想教育和政治运动两种利器，试图应对腐败问题。新中国成立后至党的十一届三中全会召开前，以毛泽东为领导核心的中国共产党的腐败治理策略可以大致描述为同时使用思想教育和政治运动两种手段，思想教育和政治运动又相互融合。[②]

思想教育是中国共产党自建党以来特别是毛泽东同志成为党的领导核心以来一直主张并采取的最基本的腐败治理手段。思想教育既可以通过日常教育的方式进行，也可以通过大规模群众运动的途径开展，诸如反右运动和“文化大革命”等政治运动的实质就是一场思想教育运动，政治运动是它们的外在表现形式，在这些运动中，思想教育的内在感化性和政治运动的外在强制性天然有机地融合在一起，对党员

---

① 在这段时期，中国共产党也会查处腐败案件，但案件的查处与执行被湮没在政治运动的浪潮中，或者说它们本身就是政治运动的一部分，中国共产党并没有将案件查处作为单独的一类腐败治理手段。

② 值得注意的是，以毛泽东为核心的第一代中国共产党中央领导集体内部对该腐败治理策略也有不同的看法，一些领导人意识到随着中国共产党执政地位的稳固、社会秩序的安定，政治运动在治理腐败、打击资本主义思想的同时也带有巨大的破坏性，不符合民众希望社会安定的强烈愿望，因此主张加强相关制度建设，通过制度实现腐败的日常治理。比如，刘少奇同志在1956年中共八届二中全会上代表党中央所作的《目前时局问题的报告》中指出：“要规定一些必要的制度，使我们这个国家发展下去将来不至于产生一个特殊阶层，站在人民头上，脱离人民。”邓小平同志在1956年中共八大上所作的《关于修改党的章程的报告》中也强调：“党除了应该加强对党员的思想教育之外，更重要的还在于从各方面加强党的领导作用，并且从国家制度和党的制度上作出适当的规定，以便对于党的组织和党员实行严格的监督。”当然，这些声音并不是那个历史时期的主流观点，随着国家政治生活的日益“左倾”和政治运动的更加频繁，发出这些声音的领导人自己也在这些政治运动中受到批判而黯然下台了。

和群众起到了巨大的威慑效力。至于政治运动，“由于建国初期的历史条件和政治环境所决定，在很长一段时间内，我国实际上主要是依靠政治运动的方式打击国家工作人员职务犯罪”①。

改革开放前的中国，在高度集中的计划经济体制下，私人交易、商品经济被视为资本主义的尾巴而受到批判，腐败的主要形式是直接占有型的腐败，即直接占有、侵吞国家和集体财产，而交易型的贿赂腐败相对较少，即使有，也主要是实物形式的贿赂交易，货币形式相对稀少。因为在国家垄断、统一分配产品的计划经济时代，即使手里有货币，也缺乏流通交易的渠道。因此，“毛泽东时代的中国，官员主要的腐败形式之一，表现在生活方式上的优越感和优越性。这种优越感和优越性的保持，主要有赖于腐败官员手中掌握着可资利用的政治和经济特权。反特权和反官僚主义是毛泽东时期反腐败的主要诉求”②。在物质困乏、社会封闭、思想单一的计划经济时代，社会普遍存在对毛泽东的极端个人崇拜，客观而言，他领导发起的政治运动特别是思想教育政治运动能够有效地反对特权和反对官僚主义，有效地控制腐败的蔓延。当然，政治运动在遏制腐败的同时，也严重破坏了社会秩序，造成了无数的社会悲剧和人道主义灾难，腐败治理策略的变革在很大程度上是一种历史的必然。

（二）十一届三中全会后至十三届四中全会前的腐败治理策略

党的十一届三中全会将党和国家的工作重心从阶级斗争转移到改革开放和现代化建设上来，开辟了社会主义中国的新时代。改革的思维与精神贯穿于社会主义建设的各项事业，包括腐败治理策略和廉政

① 孙谦、尹伊君:《国家工作人员职务犯罪论》，载《法学研究》1998年第4期。

② 戴长征:《腐败与反腐败：变革之中的中国面临的严峻挑战》，载《中国行政管理》2004年第9期。

建设的改革。[①] 十一届三中全会后至十三届四中全会前，以邓小平为领导核心的中国共产党的腐败治理策略可以大致描述为：思想教育、查处案件、运动式治理作为腐败治理的三大抓手；制度反腐的尝试与开始。

“文化大革命”结束后，经过真理标准问题大讨论的洗礼，社会摆脱了长期的高压束缚与禁锢，迎来了久违的思想解放，国家各项事业呈现出勃勃生机的景象。解放思想、实事求是也被重新确立为中国共产党的思想路线。但随着国门的开放和市场经济的发展，利益诱惑和享乐思想也严重腐蚀了一大批党员干部。

改革开放初期，中国腐败治理的一项重要政治任务是拨乱反正，对历史上数次以反资本主义、反官僚主义、反腐败等为旗号的政治运动所造成和积压的大量冤假错案进行平反。完成历史性的拨乱反正以后，我国在 20 世纪 80 年代才开始开展以思想教育、查处案件、运动式治理为三大抓手的腐败治理。而且这一时期也是中国制度治腐的尝试和开始：一是恢复重建中央和地方各级纪律检查机关，重新设立国家行政监察机关，建立并完善纪检监察部门的工作制度和办案程序；二是制定颁布一系列涉及官员廉政建设和腐败治理的制度文件，试图用制度化的方式规范官员的权力行使和利益冲突问题；三是在更高的制度层面，即通过宏观的政治体制改革比如废除领导干部职务终身制等，谋求对腐败的根本性治理，有力推动民主政治建设并启发人们对于腐败治理的深层次思考。当然，这时期制度治腐的一个重要特点是以宏观层面的政治体制改革为重心，对微观领域的具体腐败治理制度关注不够。

---

① 也有学者直接认为中国当前腐败治理政策主要产生于改革开放的背景下，从而割裂与改革开放前中国共产党腐败治理政策的关系，see Ting Gong，More Than Mere Words，Less Than Hard Law：A Rhetorical Analysis of China’s Anti-corruption Policy，Public Administration Quarterly，Vol.27，No.1/2（2003），p.160.

（三）十三届四中全会后至十八大前的腐败治理策略

平息1989年政治风波以后，中国共产党十三届四中全会选举产生以江泽民为核心的中央领导集体。反腐败是1989年政治风波的主要诉求之一，邓小平同志在1989年6月16日也专门强调新的领导集体要首先抓惩治腐败的问题："对我们来说，要整好我们的党，实现我们的战略目标，不惩治腐败，特别是党内高层的腐败现象，确实有失败的危险。新的领导要首先抓这个问题，这也是整党的一个重要内容。"①因此，新一届中央领导集体特别重视和强调腐败治理问题。"自1993年起，中纪委几乎每年都要召开全体会议，其中1994年和1996年每年召开2次，而1997年则召开3次，研究腐败发生的事态，制定一系列反腐败方略，其频度为过去所罕见。"②由于当时国内外复杂的政治环境和思想状况，1989—1992年是中国共产党腐败治理新策略确立的探索期。1993年8月召开的中纪委二次全会首先提出反腐败既要治标又要治本之后，中国共产党在新时期开始逐步确立自己的腐败治理策略，概括起来就是：思想教育、查处案件、运动式治理、领导榜样和制度建设为腐败治理的五个手段；制度建设着眼于微观的权力运行机制和专门、具体的腐败治理制度，强调预防腐败制度的建立与完善。

党的十三届四中全会以来，中国共产党依然重视思想教育，开展了讲学习、讲政治、讲正气教育活动和"三个代表"重要思想学习教育活动等；依然倡导运动式治理，开展了打击走私专项行动等；通过惩处案件的方式震慑腐败分子，查处了原中共中央政治局委员兼北京市委书记陈希同、原全国人大常委会副委员长成克杰等大案要案；提倡领导榜样，希望通过领导干部的廉洁自律来整顿党风，"各级行政机关的领导处在重要位置上。他们是否德才兼备，能否依法行政，对廉政和

---

① 邓小平：《第三代领导集体的当务之急》，载《邓小平文选》（第三卷），人民出版社1993年版。

② 王传利：《1990年至1999年中国社会的腐败频度分析》，载《政治学研究》2001年第1期。

勤政建设关系极大，是保证行政权力正确行使的首要条件”[①]；同时，注重从权力源头上治理腐败，推进行政审批、财政管理、干部人事等制度改革。

2002年，中国共产党十六大选举产生以胡锦涛同志为核心的新一届中央领导集体。历经二十多年的改革开放，中国经济建设和社会发展取得了举世瞩目的伟大成就，但是与此同时，腐败现象并没有得到有效遏制，还呈现出愈演愈烈的蔓延趋势。党的十六大以来，国家颁布《行政许可法》和《政府信息公开条例》，中国共产党制定或修订《党内监督条例》、《纪律处分条例》和《党员权利保障条例》，在全党开展保持共产党员先进性教育活动和深入学习实践科学发展观活动，成立国家预防腐败局，进一步推进腐败治理工作，加快推进行政审批制度、干部人事制度、财政管理制度、投资金融体制和司法体制改革，进一步加大从源头上预防和惩治腐败的力度；建立和完善巡视机构，对纪检监察派驻机构实行统一管理，进一步加强对领导干部特别是主要领导干部的监督[②]。

中国共产党在这一时期也在进一步发展和完善自己的腐败治理策略：思想教育、查处案件、运动式治理、领导榜样和制度建设继续作为腐败治理的五个手段；制度建设着眼于微观的权力运行机制和专门的腐败治理制度，强调预防腐败制度的建立与完善；在坚决惩治腐败的同时，更加注重治本，更加注重预防，更加注重制度建设；进一步加强权力监督制度建设，重点治理社会民生领域的腐败问题，注重整体式的预防制度建设。

（四）十八大以来的腐败治理策略

党的十八大以来，中国共产党将“全面从严治党”确立为“四个全

---

① 何勇：《党风廉政建设和反腐败斗争的回顾与思考》，载《国家行政学院学报》2002年第6期。

② 参见贺国强：《高举中国特色社会主义伟大旗帜 坚定不移地推进党风廉政建设和反腐败斗争》，载《中国监察》2009年第1期。

面”战略布局的重要内容，标本兼治，腐败治理取得了历史性的伟大成就和压倒性胜利，“不想腐、不能腐、不敢腐”的局面初步形成。同之前的腐败治理有很大不同，党的十八大以来腐败治理策略的核心在于体制改革、查处案件、制度建设，再辅以思想教育和领导榜样，运动式治理的特征不再明显。

党的十八大以来，我国进行了具有深远历史意义的国家监察体制改革，通过宪法修正案和《监察法》的制定，正式建立了监察委员会，实现了对所有行使公权力人员进行监察的无禁区、全覆盖、零容忍，这是具有治本意义的腐败治理措施。同时，我国开展了举世瞩目的腐败治理行动，查处了一大批大案要案，包括原中共中央政治局常委周永康、原中共中央政治局委员薄熙来、原中央军委副主席徐才厚、原中央军委副主席郭伯雄、原中共中央办公厅主任令计划等，这些“大老虎”的落马让各界都深信目前的腐败治理是动真格的，而不是一阵风。治标层面的查处案件形成了巨大的震慑力，为体制改革和制度建设创造了良好的环境。此外，我国还推进了一系列腐败治理制度建设，包括制定《监察法》、制定“中央八项规定”、修订《中国共产党党内监督条例》等，扎紧了法治反腐、制度反腐的笼子。[①]

三、中国腐败治理的困境与尴尬

从整体而言，虽然我国腐败治理已取得了伟大成就，但是仍然面临一些困境与尴尬：由于腐败成本—收益的极不相称，腐败仍然没有完全遏制；中国共产党虽已认识到腐败的日益严重及其亡党亡国的威胁，习近平总书记也表现出坚定的腐败治理决心，但是很多领导人的政治决断仍稍显不够；腐败治理的表达与实践存在严重的脱离，各级官员的

① 关于党的十八大以来腐败治理的具体内容和基本经验，参见邵景均：《党的十八大以来反腐败的基本经验》，载《中国党政干部论坛》2018 年第 2 期。

廉政口号宣传多，实际落实少，那些宣传宏大、高尚廉政口号的官员一旦落马更是严重损害民众对于政府廉洁的信赖；[①]在腐败治理手段上，运用思想教育和查处案件频繁，法律制度特别是带有全局性、根本性的腐败治理法律制度建设仍显不足；在制度建设上，宏观上有余，微观上不足，辅助性多，专门性少。

"国际廉政理论认为，可以从反腐败机构、反腐败战略和反腐败法律制度这三个方面来评估一个国家的反腐败体制和机制。"[②]腐败治理机构、腐败治理法律制度与腐败治理战略固然是腐败治理体系的重要组成部分，是支撑腐败治理体系的基础性支柱，从中国语境出发，尽管我国的腐败治理机构、腐败治理法律制度与腐败治理战略或多或少都还存在很大问题，但是当前腐败治理的最大困境可能还是在于腐败治理决心的犹豫与迟疑，一些主观性观念或先入为主的误导性认识严重干扰腐败治理机构的完善、腐败治理法律制度的执行和腐败治理战略的落实，因此本书将我国腐败治理的困境归结为四个方面：腐败治理决心、腐败治理机构、腐败治理法律制度和腐败治理策略。

（一）腐败治理决心：犹豫与迟疑

如前述及，中国共产党已认识到腐败的日益严重及其亡党亡国的严重威胁，但是由于对大规模腐败治理可能引发社会稳定风险的担忧、以经济建设为中心的反腐倡廉大局观、某些制度设计本身的缺陷、因腐败存在而可能导致对社会主义制度和国家形象的丑化的顾虑等因素，各级党组织特别是领导干部在治理腐败时常常表现出犹豫与迟疑，对待腐败分子心软、手也软。"在形而上学的一点论的错误思想支配下，始终有这样一个'传统'：仅限于强调'真善美'的发扬，而忽视了对'假丑恶'的惩治，甚至有意无意地将两者对立了起来，因而尽管口头

---

① 《杜绝空谈，改进党风先要改进表达》，参见搜狐网，http：//star.news.sohu.com/20121201/n359170082.shtml，2018年7月7日最后访问。

② 过勇：《完善中国反腐败体制和机制的几点建议》，载《经济社会体制比较》2010年第4期。

上也承认对惩治包括腐败在内的‘假丑恶’的重要，但是实际上却很手软。”[①] 腐败治理决心的犹豫与迟疑直接影响了腐败治理制度的建立与完善、腐败案件的严格依法查处和司法判决的公正作出。

腐败治理决心的犹豫与迟疑直接影响腐败治理制度的建立与完善。我国当前在腐败治理领域还缺失许多关键性法律制度，如公职人员财产申报法、政务公开法、统一的腐败治理法等。当前中国腐败治理存在一个悖论：一方面，腐败是权力的异化和蜕化，中国的腐败上到中央政治局常委级别下到村级已形成一定规模，且官官相护的集体腐败正在加速形成；另一方面，腐败治理政策的制定、腐败案件的查处、廉政法律制度的制定等腐败治理具体手段又需要这些权力者去推动和实施，如果权力者本身已经腐化，那么腐败治理特别是重要腐败治理法律制度制定的动力机制又在哪里呢？在官员普遍宣传廉政大口号而事后发现其自身就是腐败分子的情况下，中国当前腐败治理悖论的解决之道在于国家最高层的政治决断和包括自由媒体在内的社会推动。

腐败治理决心的犹豫与迟疑直接影响腐败案件的严格依法查处。纪委等腐败治理专门机构由于自身存在腐败、上级领导对具体案件的干预、弹性的腐败治理政策与“好人政治”思想的融合等因素，会将一般的腐败案件大事化小、小事化了。各级党委作为大案要案的最终决定者，基于地方保护主义和部门利益、腐败与经济增长的错误认识、[②] 反腐责任制对个人政绩的影响等因素的考虑，往往对这些案件的处理也是采取内部化处理、政策化处理的方式。同时，由于人事权、财政权等受制于同级党委和政府，法院、检察院难以真正做到不受干涉，各级党委特别是党委书记腐败治理决心的犹豫与迟疑也直接影响了法院司法判决的公正作出。

---

① 邵道生：《对腐败监督难、难监督的宏观思考》，载《哲学研究》1998 年第 8 期。

② 有关腐败对经济增长正面影响和负面影响的分析与讨论，请参见吴一平、芮萌：《地区腐败、市场化与中国经济增长》，载《管理世界》2010 年第 11 期；刘勇政、冯海波：《腐败、公共支出效率与长期经济增长》，载《经济研究》2011 年第 9 期；等等。

（二）腐败治理机构：分散与从属

目前世界范围内的腐败治理机构组成主要有两种模式：一种是单一机构模式，另一种是多机构模式。采用单一腐败治理机构模式的国家和地区包括新加坡、韩国、香港特别行政区等，而多个腐败机构的模式也在许多国家和地区实行，如中国、美国、日本等。[①] 就腐败治理实践而言，腐败治理机构的单一化或多元化与腐败治理结果之间并无必然的逻辑联系，单一化治理机构可以取得良好的腐败治理结果，实行多元化治理机构的国家或地区也可以有效治理腐败，腐败治理机构模式的选择最关键的还是在于本国的国情以及相应的配套制度建设。但是无论采取何种腐败治理机构模式，一般都要求腐败治理机构应具有相对高的独立性，以有效预防和惩治腐败。

我国的腐败治理机构模式是分散化的条块分割体制，党务系统有纪检部门、监察部门，政府系统有审计部门，教育、国企、医院等系统都有自己的监察机构，还有对各级地方廉政建设承担领导职责的各级党委。除了这些专门性腐败治理机构以外，我国事实上还存在着很多辅助性的腐败治理机构。“我国的反腐败专门机构主要包括纪检监察机关和检察机关。从广义上说，公安机关、审计机关、工商管理机关等都在腐败案件的调查过程中扮演辅助性角色。”[②] 分散性的腐败治理机构无法形成腐败治理的合力，教育、国企、医院等系统存在较多的反腐盲点。

至于腐败治理机构的从属性，如前述及，由于我国当前的体制、机制等原因，纪检监察部门和检察部门等机构具有鲜明的从属性，服从于各级党委。“我国党的纪检机关、政府的监察机关和国家检察机关均实行双重领导、块块为主的领导体制。由于人、财、物都掌握在

① 过勇：《完善中国反腐败体制和机制的几点建议》，载《经济社会体制比较》2010 年第 4 期。
② 过勇：《改进和完善我国反腐败体制机制的政策建议》，载《中国监察》2009 年第 11 期。

块块手里，加上内部规定查处领导干部案件要经同级党委批准，而不少领导干部对反腐败又存在种种模糊认识，怕影响经济，影响政绩，影响声誉，有的领导干部法制、纪律观念又不强，习惯于以言代法（纪），以权压法（纪），使得纪检、监察、检察机关难以真正依法依纪办事，有线索不让报、有案不让查、触犯刑律未能依法惩处的情况屡见不鲜，影响了反腐败的力度和成效。”[①]一方面，现行体制导致纪检监察部门和检察部门等机构具有鲜明的从属性；另一方面，即使法律明确规定某些部门具有独立地位（如法院、检察院），但这些部门领导人由于其自身的政治观念与服从思维也可能会将本部门主动地置于其他机构之下。

（三）腐败治理制度：杂乱与缺失

中国腐败治理在制度建设方面的困境和尴尬表现在：关键性腐败治理法律制度的缺失，已有腐败治理制度的杂乱与滞后。腐败治理制度的缺失、杂乱与滞后使得我国腐败治理面临诸多监管空白，也使得诸多制度成为无实际效力的具文和制度花瓶。

当前，我国腐败治理制度规范的主体是中国共产党及其相关部门发布的党内法规，法律法规数量较少。党内法规政治性强，制定程序的严谨性和法规的稳定性也有待加强，以党内法规为主体的腐败治理制度规范格局决定了我国腐败治理制度呈现一定程度的杂乱。我国腐败治理的政策文件多而杂，分散在各个腐败治理专门部门及组织部门等，针对同一主题也存在许多重复性的规范文件。腐败治理制度以政策文件为主且杂乱，一方面导致这些制度规范权威性不足，许多规范往往在腐败治理实践中成为具文，另一方面也造成了制度适用的困境，制度冲突、重复等情况多有存在。

同时，我国腐败治理还面临着一些关键性、专门性腐败治理法律

① 朱孝清：《改革是遏制腐败的根本性措施》，载《法学》2000年第5期。

制度缺失的困境，如行政组织法、行政程序法、公职人员财产申报法、信息公开法、领导干部问责法等。这些法律制度的缺失导致我国腐败治理体制存在巨大监管漏洞，腐败查处概率低、腐败成本小，客观上刺激和助长了腐败的不断蔓延。“在现有体制下，任何人一旦成为干部，就进入了巨大的诱惑之中。虽然他们可能具有较高的觉悟，但面临的物质诱惑和权力腐蚀也更大。在巨大物质利益的引诱面前能始终克制自己，不越雷池半步是一个很大的考验。”[①] 有效腐败治理的关键不在于思想教育的日常化和惩治腐败的严酷性，而在于制度建设的严密特别是预防腐败和权力监督制度的健全与完善。

此外，制度的滞后性也是我国腐败治理制度的一大问题。当前，我国许多腐败治理制度制定在改革开放初期的20世纪80年代，有些制度制定在20世纪90年代，而经过40多年的改革开放，我国经济与社会经历了巨大变迁，公职人员的利益观念、价值取向、腐败手段等都发生了巨大变化，腐败治理制度的滞后性导致这些制度约束的软化，制度执行力降低，乃至成为形式意义上的花瓶。从另一个侧面来说，腐败治理制度的滞后性其实也是某种意义上的腐败治理制度缺失。

（四）腐败治理策略：片面与虚化

我国腐败治理采取了国际上通行的思想教育、制度建设、查办案件、权力监督等多种手段，但是在如何组合运用这些手段的治理策略上却存在着片面与虚化的问题。

腐败治理策略的片面表现在：在廉政教育方面，过于注重对公职人员的思想教育，忽视对普通民众特别是在校学生的廉政教育；[②] 在查办

---

① 盛宇明：《腐败的经济学分析》，载《经济研究》2000年第5期。

② “教育是反腐败战略的重要基础。然而应该意识到，廉洁教育的主体在市场经济中发生了很大变化。在计划经济体制中，腐败主体主要是国家工作人员，而在市场经济体制下，腐败主体还包括私人部门的从业者。如何对私人部门、普通群众，特别是青少年开展廉洁教育？这是在社会主义经济体制下廉洁教育工作要回答的新问题。”过勇：《完善中国反腐败体制和机制的几点建议》，载《经济社会体制比较》2010年第4期。

案件方面，重视惩处大案要案，对一般的、轻微的腐败案件则往往从宽处理；在制度建设方面，侧重惩治腐败制度的制定与完善，忽视预防腐败制度特别是诸如财产申报法、信息公开法等专门性预防腐败法律制度的建设，忽视公职人员激励制度建设等；在权力监督方面，突出强调中国共产党的内部监督，缺少让人大监督和社会监督发挥更大作用的制度环境。腐败治理策略的片面导致腐败的社会化、查处案件的选择性和偶然性、预防腐败工作的不力和腐败的不断蔓延、内部监督乏力、社会对于腐败治理工作的不认可以及对公职人员的不信赖，而这一切又都集中表现为前已述及的腐败蔓延趋势和腐败治理困境。

虽然我国当前存在着多种腐败治理手段，查处案件的力度也很大，但是基于中国共产党一贯的思想防腐的政治传统，我国总体上采取的仍是以思想教育为基础、综合运用多种治理手段的腐败治理策略。腐败治理策略的虚化也主要是指思想教育的虚化。我国腐败治理的逻辑前提是圣人教育和圣人管理，期望通过思想教育让每个公职人员都成为道德圣人，从而彻底消灭腐败。但是在主体多元、利益多元的新时代下，思想教育手段的作用是十分有限的。“因为思想教育只有在制度完善、腐败成本高的情况下才能取得好的效果，否则，如果制度不合理，腐败的机会多，腐败成本低，则思想教育的作用就较为有限，通过教育原已形成的高的觉悟和良好的素质也有可能变坏，已根除的贪心也有可能重新萌发。无数案例表明，很多腐败分子并非一开始就坏的，也并非不知道党纪国法和党的多年教育，而是在发现拿钱太容易、被发现的概率又太低的情况下，受‘不拿白不拿’的思想和侥幸心理的驱使，走上犯罪道路的。”[①] 同时思想教育的模式化、八股化、意识形态化，非但没能收到廉政教育的应有效果，反而会增加公职人员对于思想教育的抵触心理，产生思想教育的反效果。“教育也是一门科学，我们应该研究使廉政教育确能产生实效的客观规律，使教育产生更大

① 朱孝清：《改革是遏制腐败的根本性措施》，载《法学》2000年第5期。

的力量。”[1] 由于我国腐败治理的从属性、分散性、政治性等特征，查处案件、领导榜样[2] 和制度建设等腐败治理手段的虚化就更为明显。

第三节　通过公职人员财产申报的腐败治理

腐败治理决心的犹豫与迟疑、腐败治理机构的分散与从属、腐败治理制度的杂乱与缺失、腐败治理策略的片面与虚化是具体层面上的腐败治理困境，科层制作为现代国家的基本组织形式，特别是由于中国历史传统与科层制之间所存在的某种亲和性，将科层制作为腐败治理的组织结构背景加以融合阐述可以更深入地洞察腐败的趋势及腐败治理的困境。财产申报作为终端腐败治理制度，无疑是有效治理腐败的基础性制度，然而，腐败治理体系终归是一项系统性的整体工程，唯有将民主政治、机构完善、制度建设、廉政教育、监督网络和合理薪俸等腐败治理手段有机地结合起来，才是一种良性循环的腐败治理之道。

一、科层制下的腐败治理

理性是现代社会的本质特征之一，科层制作为理性的现代官僚体制，是政治的理性化，科层制与市场经济（经济的理性化）、理性宗教[3]（宗教的理性化）一起构成了现代文明的主体架构。“作为现代工业社会理性化过程的表征，科层制对应一组理性规则体系和价值设置，

---

① 应松年:《预防腐败，制度建设是关键》，载《行政法学研究》2008 年第 1 期。

② 领导榜样在科层制内部有一定的示范意义，但是角色模范在廉洁方面的作用却非常有限，see James S.Bowman ans Russell L.Williams，Ethics in Government：From a Winter of Despair to a Spring of Hope，Public Administration Review，Vol.57，No.6（1997），p.520.

③ 有关现代社会中宗教的理性化，参见郑戈著:《法律与现代人的命运：马克斯·韦伯法律思想研究导论》，法律出版社 2006 年版，第 131—135 页。

指向一种权力依职能和职位进行分工与分层、以专业分工和正式规则为管理基础的组织体系和管理方式。”[①] 腐败的本质是权力的私有化，科层制是现代国家权力的基本组织方式，探讨腐败及其治理不能脱离科层制的权力组织背景。

（一）科层制下的腐败

科层制下的腐败具有如下特点：

1. 科层制以形式理性为基础，以形式理性化的法律规则为社会管理的基本准则，现代国家借以形式理性化的科层制和形式理性化的法律规则实现对多元社会的秩序化管理。因此，科层制组织强调法律规则的适用，强调严格依据规则的技术化治理，忽视对公务主体内在伦理的关注，或者更为准确地说，是忽视通过法治化、制度化的方式加强公务伦理建设，从而导致科层制下的公务人员容易成为一个机械适用法律规则的麻木的人。“对政府伦理的规制不仅反映出一种对政府服务的现有贫瘠印象，而且也反映了我们对政府本质的看法。”[②] 由于人类理性的有限性和局限性，形式理性化的法律规则总是会存在法律漏洞，同时法律规则的适用无疑也是夹杂着人为因素的自由裁量过程，因此，如果缺少伦理规范的内在有效约束，无论多么完美的法律规则在适用过程中也总会有公职人员权力私用的情形以及“技术官僚暴政”[③]。

2. 科层制以上下级之间的命令—服从关系作为权力的运作方式，在一个严格适用规则、等级制鲜明、相对封闭的权力组织内，领导意志往往就代表着单位组织的意志，对领导的服从其实就意味着对

---

① 王旭辉：《从抽象到具体：对科层组织运作动态的分析——以〈工业组织的科层制类型〉、〈科层组织的动态〉为线索》，载《社会学研究》2008 年第 3 期。

② Beth Nolan，Regulating Government Ethics：When It's Not Enough to Just Say No，The George Washington Law Review，Vol. 58 No. 3（1990），p.405.

③ ［英］以赛亚·伯林著：《自由及其背叛》，赵国新译，译林出版社 2005 年版，第 26 页。

组织的服从。[①]基于对单位组织（其实是单位领导）的习惯性服从，领导以个人名义对下级的命令包括共谋从事腐败行为的命令，足以使下级服从；领导以单位组织的名义所作出的决定，以利益均沾的方式寻求组织内部的集体化腐败，也会得到单位成员有意无意地执行。“对组织中合法权威的习惯性服从，也会使组织成员忽略对自己行为的伦理含义的深入思考，而在合法权威的明确指示或含蓄暗示下不知不觉地涉入集体腐败活动之中。”[②]而除了命令服从的惯性以外，下级主动取悦上级也是集体腐败的重要诱因。[③]由于在科层制组织下，上级领导或单位领导支配着人员的升迁调任、奖惩任免，许多下级也会主动地与领导共谋腐败或者千方百计诱惑领导进入腐败的泥潭。

3. 命令—服从式的科层制体制存在于立法工作机关、行政机关和司法机关，甚至出现了科层制的社会化，高校、科研院所、社会团体等组织也已经习惯于以权力为中心的行政化管理方式。科层制的社会化往往使社会弥漫着一种对权力的膜拜，对权力的无限追逐，权力的行使者也不会满足于既有的权力而追求一种更高的权力，直至权力金字塔的顶端。在现代社会，就权力所具有的迫使人屈服的特征而言，资本也是一种权力，知识也是一种权力，权力的弥散化容易将资本、权力、知识有机融合起来，形成互相配合、互相支撑的铁三角。科层制由官僚机关向资本企业和知识生产部门扩散，再由企业、知识生产部门传导到整个社会，在立法机关与司法机关也是科层制组织一部分、权力

---

① 传统科层制的运作方式已受到严肃批评，关于对传统科层制的反思，See Terry L. Cooper，Hierachy，Virtue，and the Practice of Public Administration：A Perspective for Normative Ethics，Public Adminitration Review，Vol.47，No.4（1987），pp.320-328.

② 薛刚：《“涉入”与“知情”：集体腐败道路上分离的两点》，载《政治学研究》2010年第1期。

③ “事实上，科层组织体制结构决定了取悦上级相对于取悦社会服务对象具有更现实的意义，因为上级是特定对象，而服务对象是不特定社会人群，何况上级掌握了自己的职业未来。”参见谢志平：《梯级寻租格局、法团主义结构与政治寻租型腐败的治理之道》，载《武汉大学学报》（哲学社会科学版）2011年第6期。

之间缺乏制约与监督的情形下，科层制的腐败也就不可避免地演化为社会的腐败。

（二）科层制下腐败治理的困境

除了一般意义上的腐败治理困境，中国式科层制背景下腐败治理的特殊困难在于：

1. 腐败治理法律制度出台的困难。由于中国立法机关是科层制的一部分，地市级以上人大代表并不是完全经由选民的自由、民主选举程序而产生，选举程序特别是代表的提名与酝酿程序中夹杂着大量以党组织名义表现出来的党政领导个人意志，由此选举产生的人大代表本身也是科层制理念的化身，他们也会进一步强化立法机关的科层制。此外，立法程序也并非完全民主的程序，领导人个人的意志有时对于法律的出台有着决定性影响，领导人的批示往往就成为立法最大的必要性。代表选举程序和立法程序的政治性、科层化使得那些对抗科层制、对抗集体腐败、有效治理腐败的立法出台变得异常艰难。科层制的既得利益集团是腐败治理法律制度出台的最大阻力。

2. 腐败治理制度执行的困难。即使是那些已经出台的腐败治理制度，由于纪检监察部门等腐败治理专门机构的从属性，这些机构很难做到独立秉公办案，这就会使已经制定的腐败治理制度的执行大打折扣，频繁遭遇执行困境。

3. 腐败监督的困难。行政系统内部的权力监督带有天然的局限性；司法机关的地方化、行政化使得司法机关已在很大程度上丧失了监督的功能，成为各级党委维稳和处理社会矛盾的工具，甚至其自身也是腐败的主体；党内的纪委监督、巡视制度等虽有一定成效但毕竟不是通过法律途径的腐败治理，在建设法治国家的背景下党内监督措施的不断膨胀与扩张面临着合法性困境，同时在腐败日趋蔓延的趋势下纪委惩治腐败的有限性也使其背上了选择性执法、政治斗争式执法的恶名；[①] 宣传部门对媒体的过度管制以及媒体自身的科层化，在很大程度上限制了媒体的监督功能；科层制的社会化、腐败的社会化使得普通民众对腐败是既痛恨又漠视，但由于腐败是如此普遍、监督又是如此乏力，民众对腐败也是日趋无视，甚至日渐丧失权力监督的信心和动力。

4. 制度性腐败与腐败的社会化。科层制下相对封闭又缺乏监督制约的既得利益集团对于制度改革措施的非理性抵制，使得那些破旧不堪的制度继续发挥效力，也使由于制度缺失或制度缺陷而产生的制度性腐败日益猖獗。“中国当前的腐败现象早已不是个别部门、个别地区的个别性存在，而是遍及各部门、各地区的普遍性存在……随着反腐败斗争的开展，腐败行为越来越趋向于以集体行动的方式进行，披上‘为公’的外衣，造成‘法不责众’的局面。”[②] 同时如前述及，随着权力崇拜的弥散和科层制的社会化，正式规则的日益黯淡和潜规则的甚嚣尘上，普通民众基于理性的算计也都默认了腐败交易，腐败已经深入社会的骨髓。制度性腐败与腐败的社会化使得根本性的腐败治理愈加艰难。

二、两种形式的腐败治理制度

根据腐败治理制度与意识形态的关系，腐败治理制度可分为意识形态化的腐败治理制度和技术改良型的腐败治理制度。意识形态化的

---

① 当前纪委在很大程度上成为科层制得以正常运行的组织保障，一方面通过巡视、查办案件等方式威慑官员，压制官僚系统内的腐败猖獗，维持官僚系统的相对稳定；另一方面也通过选择性的查办案件等方式给民众以惩治腐败的决心和信心，平息民众的愤怒与怨气，维护社会的稳定。也有学者指出：“整个纪检监察机构可以说是以控制功能为主的，无论是日常性的监督活动，还是查办案件的特殊活动，都是为了实现对整个官僚机构的控制。同时，纪检监察机关的控制是两种不可分割的控制行为的混合：它既包含了政党对其成员的纪律控制，也包含了监察部门对公职人员的法律、法规控制。”参见李辉：《当代中国腐败治理策略中的“清理”行动：以H市纪检监察机构为个案（1981—2004）》，载《公共行政评论》2010年第2期。

② 陈烽：《深化当前腐败问题研究的三个视角》，载《社会学研究》1999年第6期。

腐败治理制度是指与一国的意识形态密切相关的腐败治理制度；技术改良型的腐败治理制度则是指与一国的意识形态无关或者关联不大，更多是作为技术式治理手段的腐败治理制度。需要指出的是，两者划分的意义并不在于凸显国家之间意识形态的差异和对立，也不在于否定或诋毁某些意识形态化腐败治理制度的价值，历史已经许多次雄辩地证明，很多的意识形态对立和冲突其实仅仅是人为的臆造和理论的幻想，这些思想和观念上的束缚和禁锢严重阻碍社会的进步与发展，也制造了许多社会悲剧和人类灾难，如反右运动、“文化大革命”、改革开放初期的计划与市场的意识形态之争等。[①] 区分意识形态化腐败治理制度和技术改良型腐败治理制度的真正意义在于澄清财产申报立法中的若干观念误区与束缚，更快推动财产申报公开立法的出台，期待这一终端腐败治理机制可以有效地遏制中国腐败的蔓延，提振民众腐败治理的信心和保障国家的长治久安。

（一）意识形态化的腐败治理制度

就当今世界而言，社会主义和资本主义仍然是两种不同的意识形态。在中国语境下，我国仍然将腐败与意识形态挂钩，突出了腐败治理的意识形态性和政治性。多党制、三权分立、两院制、联邦制、私有制等被视为资本主义的意识形态，是资本主义治理腐败的宏观体制手段。原全国人大常委会委员长吴邦国同志在十一届人大四次会议上就曾明确指出：“从中国国情出发，郑重表明我们不搞多党轮流执政，不搞指导思想多元化，不搞‘三权鼎立’和两院制，不搞联邦制，不搞私有化。”[②] 在我国腐败不断蔓延的背景下，也有许多人

---

① 有关计划与市场的意识形态化争锋的详细介绍，参见《改革是怎样重启的——社会主义市场经济体制的由来》，载财新网，http://magazine.caixin.com/2012-11-29/100466603.html，2018年7月5日最后访问。

② 《十一届人大四次会议举行全体会议　吴邦国作报告》，载中国政府网，http://www.gov.cn/2011lh/content_1821675_2.htm，2018年7月5日最后访问。

开始对社会主义制度提出某些质疑，主张用西方的私有制、多党制、三权分立制度等来治理腐败。需要指出的是，私有制、多党制、三权分立等制度与腐败治理并没有必然的因果关系，它们并非必然是治理腐败的有效手段，许多采取资本主义制度的拉美国家、非洲国家和亚洲国家非但没能有效治理本国的腐败问题，反而陷入了经济停滞、政治混乱、腐败横行的国家治理泥潭。① 或许我们应该要做的是合理地借鉴吸收国际社会治理腐败的有益经验和人类共同的文明成果②。正如邓小平同志在改革开放初期就曾指出的那样："中国要谋求发展，摆脱贫穷和落后，就必须开放。开放不仅是发展国际间的交往，而且要吸收国际的经验。"③

（二）技术改良型的腐败治理制度

在腐败治理领域，除了与意识形态、政治体制直接相关的意识形态化腐败治理制度以外，有很多制度属于单纯技术层面上的腐败治理制度，如财产申报、回避、礼品收受规制、反洗钱、金融实名制、政

---

① 事实上，多党轮流执政、三权分立、两院制、联邦制、私有制并非必然就是资本主义的标签，资本主义国家内部也有不同的发展模式：有的国家采取多党制（如意大利、法国），有的国家采取两党制（如美国、加拿大）；三权分立也并非教条式的模式，英国的上议院也是最高司法机关，各国的行政机关也逐渐拥有了立法权和司法权，很多国家法院的判例其实就是法律，法院也在行使立法权；大多数国家采取两院制（如美国、英国），也有国家采取一院制（如丹麦、芬兰）；有的国家采取联邦制（如美国、德国），也有国家采取单一制（如英国、法国）；资本主义国家也并非实行单纯的私有制，在一些特殊领域也有公有制，如英国的BBC公司等。同时，实行多党制、两院制、联邦制的国家的腐败治理也并非必然就优于实行两党制、一院制、单一制的国家。

② 我们并非要照搬照抄西方政治体制，我们需要以一种理性的姿态从中汲取制度的合理成分，为我所用，从而服务于国家治理体系和治理能力现代化，服务于中华民族的伟大复兴。在坚持中国共产党领导的前提下，适度扩大党内民主，建立党内各级领导人的竞争性选举制度；在坚持四项基本原则的同时，尊重和保障言论自由；在坚持人民代表大会制度的基础上，加强立法机关、行政机关和司法机关之间权力的合理分工及相互监督制约；坚持和完善中国共产党领导的多党合作和政治协商制度，完善人民政协的组织机构与职能，建立规范化化的人民代表大会与人民政协之间的合作与交流制度；在坚持中央统一领导的前提下，用法律化的手段规范中央和地方的关系，促进和保障地方自治；坚持公有制为主体，大力发展社会主义市场经济，用法律化的手段限制国有企业与民争利，严格限制国有垄断领域，促进市场竞争。

③ 邓小平：《要吸收国际的经验》，载《邓小平文选》（第三卷），人民出版社1993年版，第266页。

府采购等。这些技术层面上的腐败治理制度易于移植与借鉴，可操作性强，不受意识形态争论的羁绊，也易于被信奉不同意识形态的社会主义国家和资本主义国家所共同采用，是治理某一具体领域腐败的利剑。技术改良型的腐败治理制度同时也是国际腐败治理合作的共同基础。[①] 但是技术改良型的腐败治理制度由于是技术性、机械式的治理手段，存在单一性、直接性问题，任何这样一种制度都需要与其他技术改良型的腐败治理制度相配合才能发挥自身作用，此外，这些制度也受制于本国意识形态化腐败治理制度的运作状况。因此，与意识形态化腐败治理制度相比，技术改良型腐败治理制度更强调制度的配套性和协调性。

三、公职人员财产申报作为腐败治理困境的突破

我国腐败治理的被动性、选择性、分散性等特征导致当前腐败治理在治理决心、治理机构、治理制度和治理策略等方面面临重大困境。财产申报作为与当前我国腐败治理基本特征反向推进的制度，它所具有的主动性、平等性、集中性、独立性、日常性、法律性、非意识形态性[②] 可以有效地突破当前腐败治理的困境，从而开启一个腐败治理的新时代。（1）对腐败治理决心困境的突破：财产申报制度是终端腐败治理机制，财产申报立法的出台这一事实本身就最大限度体现了领导人治理腐败的决心，财产申报法在很大程度上也是腐败治理决心的代名词；此外，通过财产公开和社会监督对腐败的主动揭露，可以有效地解决选择性执法的问题，在民意和社会舆论的压力下可以进一步推动和强化领导人治理腐败的决心。（2）对腐败治理机构困境的突破：通过财产申报主管机关的建构，集中和整合预防腐败的机构和预防腐败的职

① 比如《联合国反腐败公约》第八条关于公职人员行为守则的规定，第九条关于公共采购和公共财政管理的规定，第十四条关于反洗钱的规定，等等。

② 关于财产申报制度基本特征的具体描述，参见本书第二章第一节的内容。

能，实现腐败治理机构的合理设置；同时，各级党委和政府领导人是重要的申报义务主体，通过财产申报主管机关的独立受理及核查，可以有效提升主管机关的权威性，加强对党委和政府领导的监督和制约，突破腐败治理机构从属于各级党委的困境。（3）对腐败治理制度困境的突破：以财产申报立法为契机，对涉及财产申报、礼品收受规制、利益冲突规制的政策文件以及其他腐败治理方面的规范文件予以集中清理，推进廉政法制的统一性；财产申报法本身就是腐败治理的最重要法律，是应对腐败治理制度缺失困境的最佳做法；此外，财产申报法还可形成一个倒逼机制，推动相关配套制度立法的出台，健全完善腐败治理制度体系。（4）对腐败治理策略困境的突破：财产申报的平等性使得通过财产申报公开与社会监督所揭发出来大案要案与一般案件都会获得平等的处理，有效解决查办案件方面的策略虚化问题；财产申报法本身就是最重要的预防腐败法律制度，该法律的出台也标志着以预防腐败、以制度建设为中心的腐败治理策略的真正开端；同时，财产申报制度融合了信息公开与公众参与的现代理念，是一种制度化的公众参与腐败治理的路径，可以有效实现党内监督与人大监督、社会监督的结合；此外，财产申报也是对以思想教育为基础的腐败治理策略虚化困境的一种回应，财产申报法作为阳光法案，包含了拒不申报、不实申报等行为的法律责任追究机制，因此对公职人员而言，财产申报的过程本身亦是一种极有意义的廉政教育。

财产申报制度不单单是对一般意义上腐败治理困境的突破，它更是针对科层制下腐败治理困境的有效突破。首先，财产申报是公务伦理的重要组成部分，财产申报立法是公务伦理法制建构的重要内容，财产申报立法可以克服科层制过于重视形式理性、法律规则而忽视公职人员内在公务伦理建设的弊端，有利于将公职人员形塑为既有规则意识又有伦理观念的健全的人。其次，科层制下相对封闭、上下级隶属、同级官官相护的组织环境催生了复杂的关系网络以及由此带来的集体腐败，由于腐败而导致的规则不遵守使得规则执行机关和监督机关也成为腐败链条上的一环。科层制腐败治理的关键在于跳出体制内监督的一元论，建构包括社会监督、媒体监督在内的立体式监督网络，形成监督制度的合力。“就科层组织结构而言，破除政治寻租型腐败的关键在于重构政治权威链条下的官员责任关系，运用多样化的激励手段与方式淡化职位晋升的诱惑与压力，通过破除相对封闭的职官体系来增加政治寻租成本，同时对政府职位权力运行施加更多约束以消除政治租金。”① 财产申报制度价值的精髓恰恰在于其财产申报公开机制，通过公职人员特别是高层领导财产的社会公开，以一种自上而下式的公开机制，撬开科层制官僚组织的封闭缺口，透进监督的阳光，从而应对科层制集体腐败所导致的监督乏力与失灵。最后，财产申报制度通过对科层制公职人员腐败的治理、腐败风气的扭转，实现科层制内部的干部清正、政府清廉、政治清明，进而遏制科层制腐败向社会的蔓延，营造廉洁、公正、公平的社会风气。

四、寻求一种良性循环的腐败治理之道

腐败是国家治理困境和社会运行问题的晴雨表，是社会性、制度性、文化性疾病的总病状，涉及经济、政治、文化等方方面面。腐败治理是个系统工程，既需要政治体制、经济改革、文化改造等宏观层面上的支撑，也要有思想教育、监督网络、合理薪俸等微观领域内的制度应对。财产申报是腐败治理的终端机制，是遏制和控制腐败的一把利剑，对于突破我国当前腐败治理困境有着举足轻重的意义，但是它毕竟是一种技术性腐败治理手段，技术手段在运行良好的整体制度环境下可以有效发挥作用，而在运行不良的整体制度环境下也可能仅仅是文本意义上的具文。同时，腐败治理不仅仅是机构与制度的简单构建，更是政治决断的

① 谢志平：《梯级寻租格局、法团主义结构与政治寻租型腐败的治理之道》，载《武汉大学学报》（哲学社会科学版）2011年第6期。

规范表达和社会理性的商谈路径。因此，为了寻求一种良性循环的腐败治理之道，我们需要综合性的腐败治理顶层设计。就国际经验和我国国情而言，民主政治、机构完善、制度建设、思想教育、监督网络和合理薪俸是综合性腐败治理体系的基础性支柱，也是构建“不想贪、不能贪、不敢贪、不用贪”腐败治理网络的基本框架。

（一）民主政治与腐败治理

关于民主与腐败治理的关系，有学者认为“民主是腐败的天敌”[①]，“民主是中国反腐败的最终解药”[②]，但是也有学者对民主之于腐败治理的积极作用提出质疑，[③]甚至认为民主会导致腐败的增加[④]。上述学者其实都是从单一层面上讨论民主与腐败的关系，而忽视了腐败治理系统性以及其他变量对腐败治理的影响。确实，就单一的民主本身而言，“民主形式并不足够去控制有害的腐败”[⑤]。过分夸大民主对腐败治理的作用和忽视民主的腐败治理作用甚至宣扬民主的腐败治理反作用其实都不是一种理性的态度，在民主已成为现代国家基本价值、人民基本生活方式的时代背景下，任何否认民主对于权力制约、腐败治理作用的观念都是反时代潮流的，我们需要在承认民主价值的前提下寻求民主制度的完善。民主并非完美的制度，也有自身的局限性，过分强调民主的作用甚至采取大民主形式的群众运动来治理腐败则可能导致社会灾

---

① 郭道晖：《对反权力腐败的法哲学启蒙——评林喆著〈权力腐败与权力制约〉》，载《法学研究》1998年第2期。

② 戴长征：《腐败与反腐败：变革之中的中国面临的严峻挑战》，载《中国行政管理》2004年第9期。

③ “期望通过民主化来进行改革的做法也许太幼稚了，甚至是有害的。”参见孙雁、迈克尔·约翰斯顿：《民主可以组织腐败吗？基于中国和印度的观察》，邵继红译，载《经济社会体制比较》2011年第4期。

④ “民主与腐败治理关系的定性研究表明，民主并不必然有利于腐败治理，在某些情况下甚至会导致腐败增加。”参见龚蔚红、李虎：《民主与腐败治理：一个经验研究综述》，载《浙江社会科学》2012年第2期。

⑤ Silvia Colazingari，Susan Rose-Ackerman，Corruption in a Paternalistic Democracy：Lessons from Italy for Latin America，Political Science Quarterly，Vol.113. No.3（1998），p.448.

难和人间悲剧。

依靠民主来治理腐败、加强权力监督是中国共产党的一贯态度，[①]也是新时期推进腐败治理体系建设的基础。将腐败治理置于民主政治的背景、寻求腐败治理的民主之道意味着以执政党为中心的腐败治理体制向以社会为中心的腐败治理体制的变迁，这一方面有利于形成社会合力，有效解决科层制内的集体腐败和监督困境难题，另一方面也有利于让执政党树立和维护公正廉洁的形象。

首先，要建立健全党内民主选举制度，并在适当时机下扩展至一定范围内的人民民主选举，发挥选举的定期问责功能，加强对各级领导的权力监督。[②]

其次，要建立健全民主决策制度，完善公众参与决策的体制机制，[③]保障公众参与决策的实质有效性，防止领导决策权的过分集中，从权力源头预防腐败。

再次，要建立健全民主管理制度，积极鼓励和培育社会组织的发展，倡导社会自治和公民自我管理，取消和减少不必要的行政管制，寻求国家与社会的良性互动。

最后，要加强民主监督，创造条件让人民监督政府。在中国当前国情下，促进民主政治建设另一项重要功能是汇聚人民的意愿、积聚

① “通过发展民主来预防和解决腐败问题，是我们党反腐倡廉的一条重要经验。”（吴官正：《努力提高有效防治腐败的能力》，载《中国监察》2005 年第 10 期。）“民主是监督的有力武器，阳光是最好的防腐剂。要坚持以扩大党内民主带动人民民主，为防治腐败创造更加有力的条件。”（贺国强：《高举中国特色社会主义伟大旗帜　坚定不移地推进党风廉政建设和反腐败斗争》，载《中国监察》2009 年第 1 期。）

② 值得指出的是，民主选举的腐败治理功能依赖于一系列复杂制度的运作，特别是选举规则和宪法组织结构，如果选举规则和宪法组织结构不良，可能不会治理腐败，反而会衍生出新的政治腐败。关于选举规则、宪法组织结构与腐败的关系，see Jana Kunicova，Susan Rose-Ackerman，Electoral Rules and Constitutional Structures as Constraints on Corruption，British Journal of Political Science，Vol.35，No.4（2005）.

③ 关于完善公众参与决策的代表产生方式、参与时机、参与方式、参与效力以及参与的辅助机制等方面的具体设想，参见林华：《城市交通、公共治理和公众参与》，载姜明安主编：《行政法论丛》（第十四卷），法律出版社 2012 年版，第 557—566 页。

人民的力量来推动领导人真正治理腐败的政治决断。

（二）机构完善与腐败治理

腐败治理机构是腐败治理的专门主体，机构的设置与不同机构的协调直接关系到腐败治理职能的发挥。关于腐败治理机构的完善，最重要的是解决三个问题：如何确保腐败治理机构的独立性和权威性？谁来监督监督者，即如何确保腐败治理机构自身不腐败？谁监督最高领导人，如何确保最高领导人不腐败？

第一，要改革现行腐败治理机构体制，确保腐败治理机构的独立性、权威性和专业性。为了有效解决党政不分、纪委办案措施的合法性困境、机构分离和职能分散等问题，首先应对现有腐败治理体系内的相关业务和职能进行梳理和分析，对相同或相近的腐败治理职能予以归类和整合，然后以职能为基础来推进机构的整合与重构。同时，由于腐败是一种带有极强隐蔽性的职务犯罪，要赋予腐败治理机构以特别权力，增强职务犯罪侦查的专业性，[①]从而有效揭露腐败和惩治腐败。还应加强腐败治理机构人才建设、专业素质培育和技术设施建设，切实提高腐败治理的专业性以及对抗腐败的针对性。要致力于建立一支包含侦查、法律、税务、审计、信息技术等专业人士的高素质腐败治理机构人才队伍，增强全方位、深层次、宽领域惩治腐败的能力。

第二，要建立健全监督腐败治理机构的制度，真正确保腐败治理机构自身的清正廉洁。腐败治理机构的腐败是最恶劣的腐败，不但无法有效惩治腐败，而且会动摇人民对腐败治理的信心和政党执政合法性的根基。特别是在腐败治理机构拥有相对独立地位和特殊权力的情况下，有效预防和及时惩治腐败治理机构的腐败是腐败治理体系正常运作的关键。谁来监督监督者一直是人类社会面临的难题。从中国的

---

① 关于职务犯罪侦查专业性的研究，参见朱孝清：《职务犯罪侦查措施研究》，载《中国法学》2006 年第 1 期；何家弘：《职务犯罪侦查的专业化》，载《中国法学》2007 年第 5 期；等等。

国情出发，一要完善监察委员会内部的权力制约和监督机制，在内部建立针对工作人员腐败的专门侦查机构；二要在监察委员会内部建立若干由社会上有威望的人士、人大代表、政协委员等组成的咨询委员会和受理投诉委员会；三是加强人大机关对监察委员会的监督；四是发挥社会监督和媒体监督的外部制约作用。

第三，要畅通监督党和国家领导人的途径，有效监督和制约党和国家领导人的权力腐败。“一个最有权势的政治组织（如总统或强势军方集团），由于位高权重，国家的法律和其他制度约束在他们面前完全失效，他们再疯狂的腐败也照样畅通无阻。”[①] 当然，这并不是说我国的领导人实际上就存在腐败，而是从严谨的理论研究和严密的制度设计来看，只有建立起对包括最高领导人在内的党和国家领导人的有效监督和制约机制，国家的腐败治理才能获得人民真正的信赖，国家和社会也才能长治久安。因此，要在制度上建立健全某种机构基于宪法和法律的规定可以对国家领导人进行调查和追究同时又不必受到权力的干预和威胁的机制[②]。当然，腐败治理机构对国家领导人的监督是有限的，更为有效和实际的监督其实还是最高国家权力机关的监督、人民的监督和媒体的监督。

（三）制度建设与腐败治理

制度建设[③] 对于腐败治理的意义无须多言，邓小平同志已经深刻揭示其中的道理：“我们过去发生的各种错误，固然与某些领导人的思想、作风有关，但是组织制度、工作制度方面的问题更重要。这些方面的制度好可以使坏人无法任意横行，制度不好可以使好人无

---

① 傅江景：《集体腐败的博弈分析》，载《经济研究》2000年第12期。

② 其实，《宪法》第七十一条规定的特定问题调查委员会就适宜作为调查国家领导人腐败的合理组织形式。

③ 从严谨的逻辑视角看，民主政治、机构设置、薪俸等腐败治理手段其实也涉及制度建设，但是为了凸显上述问题对于中国腐败治理的特殊重要性，有必要将它们相对独立出来，而此处的制度建设主要是就直接预防和惩治腐败的制度而言。

法充分做好事，甚至会走向反面。”[①] 但是就思想教育和制度建设两者在腐败治理体系中的地位问题，仍有人盲目信守传统的内因外因分析套路，认为西方国家的制度建设如此发达仍然存在腐败，于是主张思想教育仍然是最基础、最根本的腐败治理手段。这是引用后现代性观点批评我国迈向现代性过程中制度建设努力的典型思维。诚然，制度并不能彻底根除腐败，制度也需要由人来执行，但是制度建设仍然是腐败治理的最基础、最根本手段。西方国家的现代性制度建设大致完成，于是有学者开始从后现代性的观点批评现代性制度的某些问题，主张加强公务员的内在伦理建设，这固然情有可原。但在中国语境下，腐败治理制度建设的漫漫征途还远未结束，腐败治理制度建设过程出现的问题最终仍需要通过制度建设的发展与完善来解决，而不能简单将之归因于制度的无效，从而又开始老调重弹地强调思想教育的内因作用，使得本已举步维艰的法治进程、通过法律的腐败治理模式雪上加霜。[②] 值得注意的是，西方国家也是在用法律化、制度化的方式将公务伦理建设纳入法治轨道，而且制度本身也具有思想教育的功能。因此，通过制度的腐败治理特别是通过法律的腐败治理不能受到各种后现代性观点的冲击，需要我们始终如一的坚守。

加强制度建设特别是腐败治理法律制度建设是我国当前腐败治理的重中之重：首先，要制定财产申报法、政务公开法、腐败治理法或公职人员伦理法等腐败治理的关键性、基础性法律，弥补我国相关法律制度的空白并形成强大的法律制度威慑力；其次，要对中国共产党及其相关部门所制定的腐败治理党内法规以及人大、政府部门制定的相

① 邓小平：《党和国家领导制度的改革》，载《邓小平文选》（第二卷），人民出版社1994年版，第333页。

② 中国许多问题的复杂恰恰在于现代性与后现代性的融合与交织：一方面，我国还在迈向现代性的过程中，市场经济、民主法治等都还处于建设之中；另一方面，有人已开始频繁引用西方后现代性批评现代性的观点来批评市场经济、民主法治的某些问题，从而严重影响和干扰中国的现代性进程，使得许多问题依然处于观点的争辩之中，处于分析式的瘫痪之中。

关法律规范进行集中清理，有必要上升为法律法规的政策文件要及时转化为法律法规，有必要废止的政策文件或法律规范要及时加以废止，努力形成一个协调统一、层级分明的廉政法制体系；再次，要推进行政审批制度、干部人事制度、财政管理制度、政府采购制度等涉及腐败源头治理的制度改革，推进举报制度、审计制度、信访制度、行政复议、行政诉讼等发现腐败和权力监督制度的改革，推进法院管理体制、检察院管理体制、纪检监察管理体制等涉及腐败公正处理的体制改革，推进金融实名制、不动产登记制度、反洗钱制度等专门性预防腐败制度的健全和改革，还要推进党政分离、人民代表大会制度、民主选举等宏观政治体制层面的制度改革；最后，行业领域和私人部门的预防和惩治腐败是我国腐败治理长期以来的盲点和薄弱环节，在建立和完善国家机关层面腐败治理制度的同时，也要切实推进行业领域和私人部门腐败治理规范的建立与健全。

（四）廉政教育与腐败治理

腐败治理处于永恒的制度与伦理的悖论之中：一方面，腐败治理制度是关于人的行为准则，制度往往会改变人的预期，影响人的行为选择，制度是腐败治理的基础；另一方面，腐败治理制度是由人来制定、通过人来解释和执行，人的意志和想法会对制度制定和制度执行产生巨大影响，这又凸显了公务伦理和思想教育的重要性。良好的腐败治理制度可以塑造廉洁正直的公职人员，也只有廉洁正直的公职人员才能保证腐败制度制定和执行的公平正义。制度本身就具有廉政教育的功能，在强调制度是腐败治理基础的同时，也不应忽视廉政教育对于腐败治理的作用。同时，廉政教育可以培养良好的廉政习惯，廉政习惯对一般民众特别是公职人员的行为会有重要影响。“在日常工作和生活中，人们从行为决策经济性的角度考虑，往往倾向于简化决策环节，从而较多考虑和重视自己所了解和确信的自身行为的当前和近期伦理后果，而较少考虑、甚至往往忽视和省略那些难以准确预知的、抽象模糊的长期伦理含义。”[①]良好的廉政习惯会在心理层面有效地预防腐败，特别是在科层制中，很多公职人员往往基于对上级的习惯性服从而不知不觉地陷入集体腐败的泥潭，这更加凸显廉洁习惯的重要意义。

虽然思想教育一贯是中国共产党治理腐败的最基础手段，但是如何进一步优化廉政教育，真正发挥廉政教育的功能依然值得我们深思：第一，要扩展廉政教育的对象，推进廉政教育社会化，“要面向全社会抓好反腐倡廉教育”[②]。传统上我国的廉政教育只面向公共权力部门和公职人员，忽视私人部门、社会组织及社会民众，特别是青少年。公共权力部门以社会为根基的，公职人员也来自社会，有什么样的民众就有什么样的官员，有什么样的社会也会培育什么样的官僚部门。只有通过面向全社会的廉政教育，提高私人部门、社会组织和民众的廉洁意识、法治意识、规则意识，才是健康的现代社会。虽然，我国已意识到廉政教育社会化的重要性，国家预防腐败局也在开展相关工作，[③]但是如何将廉政教育社会化落到实处、将口号表达变化为实践行动仍须长期的努力。第二，要理性安排廉政教育的内容。要避免简单、重复的意识形态灌输和道德说教，增加廉政法律制度、公职人员行为规范、腐败警示案例、国外廉政经验等方面的内容，特别是利益冲突防范、财产申报、任职回避、礼品收受及申报等日常公务中较为实际的廉政知识。坚持思想政治教育和廉政教育的适度分离，在廉政教育中不应过分强调意识形态的内容，若继续沿用八股化、教条化的意识形态、道德说教来开展廉政教育，结果很可能会适得其反。如果非要在廉政教育中灌输一种意识形态的话，那么也应是“腐败人人喊打，腐败治理人人有责”的意识形态。这样一种意识形态的培育会借助意识形态

---

① 薛刚：《“涉入”与“知情”：集体腐败道路上分离的两点》，载《政治学研究》2010年第1期。

② 吴官正：《努力提高有效防治腐败的能力》，载《中国监察》2005年第10期。

③ 《加强预防腐败工作深入推进反腐倡廉建设——中央纪委副书记、监察部部长、国家预防腐败局局长马馼答记者问》，载《国家行政学院学报》2007年第5期。

的功能，有效地净化社会风气和官场风气。[①]第三，要创新廉政教育的方式和形式。对公职人员而言，要改变单一的课堂讲授形式，增加案例分析、情境模拟、辩论互动等形式，同时要将复杂、繁多的法律规范和政策文件的具体规定以通俗易懂、简单明了、模拟事例的形式整理成廉政手册，增强廉政教育的实用性和实践性；对社会公众而言，可采用街头宣传、网络视频、社区教育等形式普及廉政教育和腐败治理的常识，宣传“腐败人人喊打，腐败治理人人有责”的认识和观念。

（五）监督网络与腐败治理

有权力，则必有对权力的监督；无监督，则必有权力的腐败。监督虽然不能根除腐败，但却是隔离腐败的基础屏障。人类在同腐败作斗争的几千年里认识到全方位、立体式监督网络的重要性，也逐渐发展出若干治理腐败的监督技术。我国宪法也规定了权力机关监督、监察委员会监督、行政专门监督、司法监督、社会监督等多种方式，但是在当前执政党主导的腐败治理体制下，党内监督被视为最基础、最重要的监督手段，人大监督、复议监督、审计监督、司法监督和社会监督都存在虚化和乏力的现象。[②]“随着反腐败斗争的深入，人们越来越感到监督的重要，越来越感到监督的艰难……的确，监督难、难监督已经成为整个社会关注的问题。”[③]但是即便是党内监督，由于纪委对同级党委的从属性、干部人事任命的唯上性、党委领导权力的集中性，党内监督也愈加艰难。在腐败日趋蔓延、监督乏力的趋势下，中国共

---

① “为此重要的是强调意识形态的三个方面，（1）它是一种节省的方法，个人用它来与外界协调，并靠它提供一种‘世界观’，使决策过程简化；（2）意识形态与个人所理解的关于制度公平或正义的伦理道德判断不可分割地交织着；（3）当个人的经验与他们的意识形态不一致时，他们会改变自己的思想观念。”参见方军：《制度伦理与制度创新》，载《中国社会科学》1997 年第 3 期。

② 也有学者将我国当前的腐败治理体制归纳为“腐败治理体制作为国家政治体制的组成部分，以中国共产党全面领导、国家权力机关监督性领导、监察委员会主导行使腐败治理权为中心”。魏昌东：《〈监察法〉与中国特色腐败治理体制更新的理论逻辑》，载《华东政法大学学报》2018 年第 3 期。

③ 邵道生：《对腐败监督难、难监督的宏观思考》，载《哲学研究》1998 年第 8 期。

产党更加重视党内监督的功能，[1]但是这种党内自上而下的集权式路径监督在封闭的科层制系统内只会导致更高层次的腐败、更大范围的腐败和人治的强化，这在重庆薄熙来、王立军事件中可见一斑。

从形式上看，我国已建立包含党内监督、人大监督、监察委员会监督、政府专门机关监督、政协民主监督、司法监督、媒体监督、群众监督等在内的全方位监督网络，监督网络的种类与构成与那些廉洁指数高的国家并无差异。解决权力监督困境、优化我国监督网络的关键不在于重复强调监督机制的意义和功能、扩展新的监督种类和方式，而在于如何通过体制和制度的改革来落实宪法及相关法律规定的既有监督制度，寻求这些监督制度理性和良性的运作。为了实现腐败治理的法治化和有效治理腐败，要按照宪法和法律的要求，改革以党内监督为绝对主导的权力监督体制，还原各种监督制度的本来面目和应然功能，强化人大监督、监察委员会监督、司法监督等法定监督方式，畅通媒体监督和群众监督特别是群众举报[2]的途径，建构以人大监督为主导、以司法监督为保障、以政府专门机关监督为补充、以政协民主监督为重要方式、以媒体监督和社会监督为基础的监督网络体系。通过法律有效治理腐败的同时也在推进社会主义法治国家的建设，巩固中国共产党领导的社会主义制度。

（六）合理薪俸与腐败治理

过于偏重权力制约机制而忽视物质激励机制是我国传统腐败治理策略的重大缺陷。“国家代理人能够在多大程度上为国家利益最大化、而不是为国家代理人自身利益最大化工作，取决于相应的激励机制和制

① 贺国强：《认真贯彻落实〈中国共产党党员领导干部廉洁从政若干准则〉以党风廉政建设和反腐败斗争新成效取信于民》，载《求是》2010年第6期。

② 短期内有效遏制腐败蔓延的重要措施是完善举报制度，包括统一举报受理主体、保护举报人安全、建立举报激励制度等。关于举报制度改革的详细内容，参见陈云生：《反贪污、反腐败与公众参与》，载《政治学研究》1997年第4期；过勇：《改进和完善我国反腐败体制机制的政策建议》，载《中国监察》2009年第11期；等等。

约机制。”[①] 我国当前公职人员薪俸给付面临着总体水平低、地区和部门差异大、给付标准模糊、薪俸给付不透明、内部不同级别差异小等弊端，这难免会使仅依靠国家薪俸生活的公职人员心理失衡，催生腐败动机，[②] 特别是基层公务员，他们工作忙碌繁杂，压力巨大，却缺少充分的职业和生活保障。腐败治理激励机制和制约机制的一手软、一手硬是我国腐败猖獗的重要原因。[③] 新加坡是实行高薪养廉制度的典型国家，我国理论界也多有主张高薪养廉。但是，何谓“高薪”难以有明确的界定，高薪能否必然抑制人的欲望值得质疑，[④] 再加上我国公职人员队伍庞大、国家财力有限，高薪未必是一个理性的选择，合理薪俸或许是更佳的激励机制。

要在“不敢腐”“不能腐”“不想腐”的基础上，建构“不必腐”的机制，“从功能定位上看，不敢、不能、不必、不想，由表及里、循序渐进、深化发展，既是路径考虑，也是规律使然”[⑤]。为建立有效的腐败治理激励机制，要改革公职人员的薪俸制度，建立与经济发展水平、社会收入水平、物价水平相适应的薪俸给付制度，合理平衡地区之间、部门之间的薪俸差异，在借鉴市场化定价机制的基础上合理设定不同级别的薪俸，[⑥] 统一各种面目的工资、补贴等收入，建立阳光工资制度。

---

① 周其仁：《公有制企业的性质》，载《经济研究》2000 年第 11 期。

② 需要注意的是，从规范层面上来讲，我国公职人员收入几乎只能依赖公共财政，不但缺乏国外人员在政界、商界、学界之间相对便捷的流通，而且我国公职人员的投资活动也是受到严格限制。因此，在我国公职人员总体薪俸水平较低的情形下，就凸显了薪俸激励的重要性。

③ 中央高层也认识到了这个问题的严重性，原中央纪委副书记何勇同志曾指出：“由于国家财力有限，公务员的收入普遍比较低，一些公务员对于收入低和不同部门的国家工作人员之间收入差距较大产生心理失衡，这也是诱发腐败的一个重要因素。”参见何勇：《党风廉政建设和反腐败斗争的回顾与思考》，载《国家行政学院学报》2002 年第 6 期。

④ 对于能够节制欲望的人来说，合理薪俸甚至是低薪都不会诱发其腐败，而对于放纵欲望、见钱眼开的人而言，即使高薪也难以阻止其腐败，所以高薪与腐败的发生并没有必然联系，但是能够在很大程度上预防腐败。

⑤ 过勇、贺海峰：《“不必腐”机制：反腐败标本兼治的重要保障》，载《国家行政学院学报》2017 年第 6 期。

⑥ 王萍：《从腐败现象看我国公务员薪酬制度设计缺陷》，载《中央财经大学学报》2009 年第 4 期。

同时，借鉴新加坡治理腐败的有益经验，建立激励与惩罚并举的廉政保证金制度。[①] 从公职人员的工资中提取一定比例的资金，加上单位补贴的资金一起作为公职人员的廉洁保证金，按月记入个人账户，公职人员不得提前提取，至退休或正常离职时方可一次性提取，职务越高，工龄越长，保证金就越优厚。但是如果任职期间发现违法违纪问题，则将全部廉政保证金予以没收并上缴国库。“廉政保证金制度目前已在湖南、江苏、北京、浙江等 13 个省（直辖市）、自治区的部分地方政府试行，影响较大的是湖南浏阳市、浙江湖州市公安局，江苏省公安厅等单位的做法，可进一步健全采用。”[②] 我们可在地方试点的基础上，进一步提炼问题与经验，不断发展和完善廉政保证金制度。此外，就腐败治理激励机制而言，合理薪俸固然是激励机制的核心内容，但是健全的腐败治理激励制度不单单局限于合理薪俸和廉政保证金等物质层面上的激励，还需要改革我国公职人员的奖惩、任命、提拔、晋升、培训、救济等制度，营造一个有尊严的工作环境和社会环境。

---

① 有学者考证，清朝雍正时期就采取过养廉银制度来克服官吏的腐败，并收到良好效果。参见赵秀玲:《中国古代腐败与反腐败的特点及其启示》，载《政治学研究》1997 年第 4 期。

② 陶菁:《浅论以〈公务员法〉为指导的公务员薪酬制度改革》，载《国家行政学院学报》2009 年第 2 期。

第二章 公职人员财产申报法的基础理论

一项制度的建立和完善首先需要厘清理论上的知识困惑，同时，制度的制定与运行也需要依赖理论上的智识支撑。公职人员与公务员、国家工作人员等概念如何界定，这些概念之间有何内在联系，又存在怎样的张力，哪个概念应该是我们的最佳选择？公职人员财产申报的概念和特征是什么？公职人员财产申报被誉为终端腐败治理机制，它到底有什么应然意义上的法律价值和功能，我们又该如何理性地去看待它的价值和功能？公职人员财产申报法在法律体系中的坐标在何处，它与宪法、国际法、刑法、行政法、公务员法、信息公开法等法律有何关系？这些公职人员财产申报法律制度所面临的基础理论问题，也正是本章所要尝试去回答的。

第一节 基本范畴的界定

虽然传统的以形式概念为中心来建构自身理论体系的概念法学受到越来越多的质疑与批评，昔日盛行的从概念到概念的教科书式法学研究方法也一直受人唾弃，但是概念毕竟是理性和逻辑的起点，是“形式逻辑的首要问题”①，是人类认识事物的基础手段，“是思想的基本工

① 徐国栋：《共和晚期希腊哲学对罗马法之技术和内容的影响》，载《中国社会科学》2003年第5期。

具”[①]，对于理性化的法学研究和法律制度设计而言，概念更是法律理论与法律制度的基石。透过行政法概念的诠释与运用，行政法上的法律关系得以被确定。[②]因此，在公职人员财产申报的基础理论部分，首先梳理公职人员财产申报的相关概念和范畴对于深入探讨公职人员财产申报法的理论与立法实践也多有裨益。

一、申报义务主体的称谓选择

（一）公职人员与相关概念的区分

在中国语境下的公共领域，负有财产申报义务的主体称谓大致存在以下六个：公职人员、公务员、公务人员、国家工作人员、官员和干部。[③]“问题的根源在于术语，许多难题都源于我们行政法中所充斥的语言混淆。”[④]因此，下面对这六个可能存在争议的相关概念进行简单梳理与分析。

按照《现代汉语词典》的解释，官员是指经过任命的，担任一定职务的政府工作人员。[⑤]官员更多的是一个口头语，广泛适用于媒体报道和民众交流，在有关部门发布的规范性文件偶尔会出现，但在学术

---

① 陈端洪著：《宪治与主权》，法律出版社2007年版，第11页。

② 叶俊荣著：《行政法案例分析与研究方法》，（台湾）三民书局股份有限公司1999年版，第26页。

③ 也有人将公职人员财产申报称为“私人财产申报登记制度”，该名称容易让人产生普通民众也需要财产申报的误解，没有凸显出申报义务主体的公职属性。参见吴玉平著：《反腐败视角下的巨额财产来源不明罪与财产申报法》，中国检察出版社2009年版，第191页。

④ ［英］马丁·洛克林著：《公法与政治理论》，郑戈译，商务印书馆2002年版，第263—264页。

⑤ 中国社会科学院语言研究所词典编辑室编：《现代汉语词典》（第五版），商务印书馆2005年版，第503页。

研究则较少出现[①]，也几乎很少出现在正式的法律文本之中[②]。

干部有两种解释，一是指国家机关、军队、人民团体中的公职人员（士兵、勤杂人员除外），二是指担任一定的领导工作或管理工作的人员。[③]将两种解释加以整合，干部一般是国家机关、军队、人民团体中担任一定的领导工作或管理工作的人员。[④]干部一词具有鲜明的中国特色，是高度集中的计划经济体制的产物，一般与“工人”“农民”“学生”等相对，是带有强烈身份属性的用语，[⑤]同时，干部一词也具有鲜明的政治色彩，常出现在政策文件特别是中国共产党的组织人事管理文件中。[⑥]

---

① 当然，也有学者基于语言传统和大众用语而使用“官员财产申报”的称谓，比如汪玉凯：《深化改革要敢于触动既得利益——建立官员财产申报制度的几点思考》，载《中共中央党校学报》2009年第2期；王锡锌：《官员财产申报制度：立法、实践与制度完善》，载《中国法律》2010年第4期；等等。

② 偶尔在法律文本中出现“官员”一词的，则多是涉及领事官员、特别行政区主要官员一类的词汇。以“官员”为关键词，在北大法宝中进行标题搜索，共有1个法律及法律类文件，即《全国人民代表大会澳门特别行政区筹备委员会关于澳门特别行政区第一届政府有关机构和主要官员职位设置的意见》；有20个国家核安全局、商务部等部门发布的规范性文件，如《国家核安全局关于调整国家核安全局电厂和研究堆项目官员的通知》《商务部关于请承担塞尔维亚高级官员研修项目实施任务的通知》等（http://www.pkulaw.cn/cluster_call_form.aspx，2012年12月10日最后访问）。以“官员”为关键词，在北大法宝中进行全文搜索，在《个人所得税法》《刑法修正案（八）》《护照法》等法律中出现“领事官员”“外交官员”“国际公共组织官员”之类的词汇。（http://www.pkulaw.cn/cluster_call_form.aspx，2012年12月10日最后访问）。综合相关法律文本，目前“官员”一词在我国法律文本的偶然性使用主要集中于外交领域和特别行政区领域。

③ 中国社会科学院语言研究所词典编辑室编：《现代汉语词典》（第五版），商务印书馆2005年版，第445页。

④ 也有学者认为：“在我国现行的人事制度中，把从事公务活动的人员统称为国家干部，它包括一切党、政、企业、事业、军队、社会事务机构工作的人员。以往我国法律文件中的‘国家工作人员’，基本上是从这个概念出发的。”（参见赵登举：《论职务犯罪监督》，载《中外法学》1991年第5期。）这种观点过分扩大了干部的涵盖范围，几乎囊括了社会上一切组织的人员（公的、私的，管理的、非管理的），并不符合干部的实质特征。

⑤ 有关干部的身份背景、来源、特征等内容的介绍，参见张树义著：《中国社会结构变迁的法学透视》，中国政法大学社2002年版，第128—129页。

⑥ 以“干部”为关键词，在北大法宝中进行标题搜索，共有1个法律及法律类文件，即《全国人民代表大会常务委员会关于批准中央军事委员会〈关于授予军队离休干部中国人民解放军功勋荣誉章的规定〉的决定》（1988年7月1日）；有99个行政法规和法规性文件，其中绝大多数是中共中央办公厅和国务院办公厅联合发布的规范干部人事管理的文件，比如《农村基层干部廉洁履行职责若干规定（实行）》《党政主要领导干部和国有企业领导人经济责任审计规定》《关于领导干部报告个人有关事项的规定》等。http://www.pkulaw.cn/cluster_call_form.aspx，2012年12月10日最后访问。

虽然宪法中有“干部”一词的使用，[①]相关法律文本中也会使用“干部”，但是目前我国法律规范没有针对“干部”的明确界定，严格而言，“干部”并非规范意义上的法律概念，在建设社会主义市场经济和民主法治的今天，作为计划经济体制产物的“干部”一词理应逐渐在法律文本和理论文献中淡化和隐退。

《刑法》第九十三条第一款对国家工作人员的概念作了法律界定，又在第二款规定了“以国家工作人员论”的人员，这两款人员范围的核心界定标准是从事公务。[②]第一款所指的其实是国家机关工作人员，即狭义的国家工作人员，第一款和第二款共同所指的则是广义的国家工作人员。《全国人民代表大会常务委员会关于〈中华人民共和国刑法〉第九十三条第二款的解释》明确了村民委员会等村基层组织人员协助人民政府从事行政管理工作时，属于《刑法》第九十三条第二款规定的“其他依照法律从事公务的人员”。虽然我国法律普遍使用国家工作人员这一概念，但只有《刑法》对其作了明确法律界定，《刑法》规定的国家工作人员包括三类：国家机关中从事公务的人员；国有公司、企业、事业单位、人民团体中从事公务的人员和国家机关、国有公司、企业、事业单位委派到非国有公司、企业、事业单位、社会团体从事公务的人员；其他依照法律从事公务的人员。至于《刑法》第九十三条所指的“公务”，《全国人民代表大会常务委员会关于〈中华人民共和国刑法〉第九十三条第二款的解释释义》认为：“‘公务’按照一般理解是指公共事务，按照其性质可以分为国家事务和集体事务。国家事务是指为了实现国家的政治、军事、经济、文化等职能而进行的组织、领导、监

---

① 《宪法》第四十八条第二款规定：“国家保护妇女的权利和利益，实行男女同工同酬，培养和选拔妇女干部。”第一百二十二条第二款规定：“国家帮助民族自治地方从当地民族中大量培养各级干部、各种专业人才和技术工人。”

② 《刑法》第九十三条规定：“本法所称国家工作人员，是指国家机关中从事公务的人员。国有公司、企业、事业单位、人民团体中从事公务的人员和国家机关、国有公司、企业、事业单位委派到非国有公司、企业、事业单位、社会团体从事公务的人员，以及其他依照法律从事公务的人员，以国家工作人员论。”

督、管理活动。集体事务是指集体组织内部的事务的组织、领导、监督、管理活动。《刑法》第九十三条规定的公务显然是指国家事务，而不包括集体事务。”[①]

公务人员，顾名思义就是从事公务的人员。公务是指公共事务，包括国家事务和集体事务，那么，公务人员就既包括从事国家事务的人员，也包括从事集体事务的人员。同时，公务既可由担任公职的人员来从事，也可由公共部门、公职人员委托的非公职人员来从事。“公务人员”其实在新中国成立前夕就曾经被作为法律概念使用过，1949年颁布的《共同纲领》首先使用了“公务人员”概念，其第十九条规定：“在县市以上的各级人民政府内，设人民监察机关，以监察各级国家机关和各种公务人员是否履行其职责，并纠举其中之违法失职的机关和人员。人民和人民团体有权向人民监察机关或人民司法机关控告任何国家机关和任何公务人员的违法失职行为。”但是这里的“公务人员”与“国家机关”并列使用，再结合1954年宪法中与该监督条款相对应的第九十七条规定[②]，可推定《共同纲领》第十九条的公务人员其实指的就是国家机关工作人员。随着《共同纲领》被1954年宪法的取代，“公务人员”也就渐渐退出法律实践的历史舞台。在当前中国语境下，公务人员更多的是一个理论概念，虽然相关法律规范中也会使用公务人员，[③]但它不是一个具有明确法律界定的法律概念。

按照《现代汉语词典》的解释，公务员是指政府机关的工作人

① 《全国人民代表大会常务委员会关于〈中华人民共和国刑法〉第九十三条第二款的解释释义》，载中国人大网，http：//www.npc.gov.cn/npc/flsyywd/xingfa/2004-10/20/content_337786.htm，2012年12月10日最后访问。相似的观点可参见赵秉志、于志刚、孙勤：《论国家工作人员范围的界定》，载《法律科学》1999年第5期。

② 1954年《宪法》第九十七条规定：“中华人民共和国公民对于任何违法失职的国家机关工作人员，有向各级国家机关提出书面控告或者口头控告的权利。由于国家机关工作人员侵犯公民权利而受到损失的人，有取得赔偿的权利。”

③ 以“公务人员”为关键词，在北大法宝中进行全文搜索，共有12个法律及法律性文件涉及公务人员的使用，18个行政法规和法规性文件涉及公务人员的使用，97个部门规章和规范性文件涉及公务人员的使用。http：//www.pkulaw.cn/cluster_call_form.aspx，2012年12月10日最后访问。

员。[①]1993年颁布的《国家公务员暂行条例》将公务员视为各级国家行政机关中除了工勤人员以外的工作人员。[②]在《公务员法》颁布以前，法学界也普遍认为公务员是指在中央和地方行政机关中行使行政权、执行国家公务的人员。[③]这些观点都将公务员视为行使行政权、执行国家公务的人员，将立法部门和司法部门的工作人员排除在公务员范围之外。但是,2005年颁布的《公务员法》突破了公务员的行政机关界限，将立法机关、司法机关、党务机关等部门从事公务的人员都纳入公务员的范畴。[④]从概念属性和概念适用看，公务员既是一个理论概念，也是一个具有明确法律界定的法律概念。

在我国法律体系中，唯一对公职人员进行明确法律界定的是我国于2005年批准加入的《联合国反腐败公约》[⑤]，其第二条第（一）项规定:"'公职人员'系指:1.无论是经任命还是经选举而在缔约国中担任立法、行政、行政管理或者司法职务的任何人员，无论长期或者临时，计酬或者不计酬，也无论该人的资历如何;2.依照缔约国本国法律的定义和在该缔约国相关法律领域中的适用情况，履行公共职能，包括为公共机构或者公营企业履行公共职能或者提供公共服务的任何其他人员;3.缔约国本国法律中界定为'公职人员'的任何其他人员。但就本公约第二章所载某些具体措施而言，'公职人员'可以指依照缔约国本国法律的定义和在该缔约国相关法律领域中的适用情

---

① 中国社会科学院语言研究所词典编辑室编:《现代汉语词典》(第五版)，商务印书馆2005年版，第474页。

② 《国家公务员暂行条例》第三条规定："本条例适用于各级国家行政机关中除工勤人员以外的工作人员。"

③ 参见罗豪才主编:《行政法学》，中国政法大学出版社1999年版，第88页；姜明安主编:《行政法与行政诉讼法》，北京大学出版社、高等教育出版社2005年版，第149页；等等。

④ 《公务员法》第二条规定："本法所称公务员，是指依法履行公职、纳入国家行政编制、由国家财政负担工资福利的工作人员。"

⑤ 第十届全国人民代表大会常务委员会第十八次会议决定:批准2003年10月31日在第58届联合国大会上通过的《联合国反腐败公约》，同时声明我国不受《联合国反腐败公约》第六十六条第二款的约束。中国人大网，http://npc.people.com.cn/GB/15017/3807213.html，2012年12月10日最后访问。

况，履行公共职能或者提供公共服务的任何人员。”《联合国反腐败公约》第二条关于“公职人员”的界定标准既包含了第一项中的职务因素，又包括了第二项中的行为因素，既概括了公职人员的一般属性，也照顾了缔约国的立法实践。值得注意的是，《联合国反腐败公约》第二条中使用的原文是“public official”，[①] 在英文中 official 一词有被翻译为官员，[②] 也可被翻译为职位担当人。[③]official 的词根是 office，office 的法律翻译一般是职位，[④] 因此，official 被翻译为职位担当人似乎更为合适，public official 的合适翻译也应是公职人员。但是，同一翻译者在将 official 的名词形式翻译为职位担当人的同时，又将 public official 翻译为政府官员、行政官员，[⑤] 将 public officer 翻译为公职人员，[⑥] 这凸显了公务、公职、官员等词汇的意思相近性，也说明了 public official 自身存在着多种意思相近中文翻译的可能性。考虑到《联合国反腐败公约》作为国际公约为了具有更为广泛的包容性而对 public official 作宽泛的界定，我国国内也缺乏对公职人员的权威界定，因此，我们不能简单满足于翻译后的中文版《联合国反腐败公约》对“公职人员”的法律界定，而需要从中国的语义学出发，对公职人员概念进行理论上的重构与解析。按照《现代汉语词典》的解释，公职是指国家机关或公共企业、事业单位中的正式职务。[⑦] 公共职务可分为国家公职和社会公职，作为与公务人员、国家工作人员相并列的用语，公职人员是指担任国家公职的人员，以国家公职为核心

---

① The Article 2 of United Nations Convention against Corruption provides，For the purposes of this Convention:（a）“ Public official” shall mean……

② ［英］霍恩比著:《牛津高阶英汉双解词典》，李北达译，商务印书馆 1997 年版，第 1018 页。

③ 薛波主编:《元照英美法词典》，法律出版社 2003 年版，第 998 页。

④ 薛波主编:《元照英美法词典》，法律出版社 2003 年版，第 997 页；［英］戴维·M. 沃克著:《牛津法律大词典》，李双元等译，法律出版社 2003 年版，第 816 页。

⑤ 薛波主编:《元照英美法词典》，法律出版社 2003 年版，第 1117 页。

⑥ 薛波主编:《元照英美法词典》，法律出版社 2003 年版，第 1117 页。

⑦ 中国社会科学院语言研究所词典编辑室编:《现代汉语词典》（第五版），商务印书馆 2005 年版，第 474 页。

特征。因此，根据公职的界定并结合我国的社会组织情况，公职人员一般是指在国家机关、国有企业和公司、事业单位、社会团体中担任国家公职的人员。公职人员界定的核心特征在于职务的公共性，而不是行为的公共性。与公务人员相类似，公职人员更多的是一个理论概念，虽然相关法律规范中也会使用公职人员，①但我国国内法并没有对其作出明确的法律界定。

（二）概念的权衡与选择

从以上分析和解读中，我们可以发现公职人员、公务员、公务人员、国家工作人员、官员和干部这六个概念的相互联系及微妙差异，当前我国大陆地区的立法实践和学术研究对相关概念未加严格区分，存在着混乱和替代使用的现象。有学者认为："国家公职人员是指一切国家机关、企业、事业单位和其他依照法律从事公务的人员。"②有学者认为："国家工作人员是指国家公职人员，而并非一切从事公务的人员，从而划清了国家工作人员与一般从事公务人员的界限。"③还有学者认为："公务人员泛指从事一切公务的人员既包括从事国家公务的人员，又包括从事社会事务的人员。国家工作人员专指行使国家权力，执行国家公务

① 以"公职人员"为关键词，在北大法宝中进行全文搜索，共有10个法律及法律性文件涉及公职人员的使用，分别是《刑法修正案（八）》《全国人大内务司法委员会关于第十一届全国人大人民代表大会第二次会议主席团交付审议的代表提出的议案审议结果的报告》《全国人大内务司法委员会关于第十一届全国人大人民代表大会第一次会议主席团交付审议的代表提出的议案审议结果的报告》《全国人大内务司法委员会关于第十届全国人大人民代表大会第五次会议主席团交付审议的代表提出的议案审议结果的报告》《第八届全国人民代表大会第五次会议关于1996年中央和地方预算执行情况及1997年中央和地方预算的决议》《第八届全国人民代表大会第二次会议关于〈政府工作报告〉的决议》《澳门特别行政区基本法》《第七届全国人民代表大会第四次会议关于国民经济和社会发展十年规划和第八个五年计划纲要及关于〈纲要〉报告的决议》《香港特别行政区基本法》以及已经失效的《惩治反革命条例》；11个行政法规和法规性文件涉及公务人员的使用，88个部门规章和规范性文件涉及公务人员的使用。北大法宝，http://www.pkulaw.cn/cluster_call_form.aspx，2012年12月10日最后访问。

② 薛伟宏：《制定我国财产申报法的思考》，载《国家检察官学院学报》1994年第1期。

③ 康风英、李游：《完善惩治职务犯罪的刑事立法思考》，载《政法论坛》1996年第3期。

的人员。”[①] 其实，这些概念的混乱使用不单单存在于我国大陆地区，法制相对健全、法学研究相对发达的我国台湾地区也存在这种现象：“法令用语上有区别‘公务人员’与‘公务员’二者概念不同之情形，前者专指事务官，后者则兼含政务官和事务官概念在内。例如，公务人员任用法、考绩法、退休法、保障法等为前者之例；公务员服务法、惩戒法则属后者之类型。惟此种区别究属倾向性之分类，虽具一定之参考价值，但衡诸本书以上之说明，可知其不够精确。”[②] 吴庚教授也指出我国台湾地区关于公务员方面的规定多达三十余个，各个规定对公务员概念的界定并不一致，他还列举了“赔偿法”“公务员服务法”等规定对公务员、公务人员等概念界定的不同。[③] 此外，我国香港、澳门也有类似的现象。[④]

“官员”和“干部”在正式的学术文献和法律文本中很少使用，也不是一个严格意义上的法律概念。“公职人员”和“公务人员”带有浓厚的理论色彩，为学者们所青睐，在我国相关法律文本中也有较高的使用频率，但属于一个没有明确法律界定的法律概念。“公务员”和“国家工作人员”是法律明确界定的法律概念，《刑法》对国家工作人员作了明确界定，《公务员法》对公务员作了明确界定。基于学术研究的视角，从表面来看，“公职人员”、“公务人员”、“公务员”和“国家工作

① 赵登举:《论职务犯罪监督》，载《中外法学》1991年第5期。

② 林明锵、董茂寅:《公务员法》，载翁岳生编:《行政法》，中国法制出版社2002年版，第414页。

③ 吴庚著:《行政法之理论与实用》(增订九版)，(台湾)三民书局股份有限公司2005年版，第214—216页。

④ 以“公务员”为关键词，在北大法宝港澳法律法规库、台湾地区相关规定中进行标题搜索，香港有3个相关法律规范，澳门有17个相关法律规范，台湾地区有15个相关规定；以“公务人员”为关键词，在北大法宝港澳法律法规库、台湾地区相关规定中进行标题搜索，香港没有相关法律规范，澳门有3个相关法律规范，台湾地区有132个相关规定；以“公职人员”为关键词，在北大法宝港澳法律法规库、台湾地区相关规定中进行标题搜索，香港有4个相关法律规范，澳门有18个相关法律规范，台湾地区有12个相关规定；以“官员”为关键词，在北大法宝港澳法律法规库、台湾地区相关规定中进行标题搜索，香港有1个相关法律规范，澳门有14个相关法律规范，台湾地区没有相关规定。北大法宝，http: //www.pkulaw.cn/cluster_call_form.aspx，2012年12月11日最后访问。

人员”都适合作为概括申报义务主体的称谓。

但是，就国家工作人员而言，其界定的核心标准是行为的公共属性，而不是职位的公共性，[①]只要是在国家机关、国有公司和企业、事业单位、人民团体中从事公务的人员以及这些机构委派到非国有机构从事公务的人员，不管有没有正式职位、编制，都属于国家工作人员；此外，根据《全国人民代表大会常务委员会关于〈中华人民共和国刑法〉第九十三条第二款的解释》，村民委员会等村基层组织人员在协助人民政府从事行政管理工作时也属于国家工作人员。立法解释和司法实践一方面以国家公务为标准来认定国家工作人员，另一方面又基于实用主义的考量将基层群众自治组织的相关人员纳入国家工作人员的范畴，彰显了国家权力与自治组织之间的张力和国家工作人员概念自身逻辑的不确定性。[②]此外，国家工作人员并不带有强烈的理论色彩，缺少概念本质的高度提炼与概括。

就公务员来说，《公务员法》第二条将“依法履行公职”“纳入国家行政编制”“由国家财政负担工资福利”作为公务员的界定标准，只要符合这三项标准的人员都属于公务员，这就突破了原《国家公务员暂行条例》的公务员概念，将立法机关、司法机关、党务机关等部门的人员都纳入进来。但是《公务员法》中的公务员概念也面临着困境和尴尬：第一，将国家机关工作人员和党务人员糅合在一起，可能会造

① “即使是在国家机关中工作的人员，如果其所承担的具体工作不属于公务活动，仍然不能作为国家工作人员。比如各级各类国家机关中的工勤人员等。当然，如果这些人员临时受指派从事公务活动或者在内部编制上属于工勤人员，但是实际上承担从事公务活动的职责的，也属于国家工作人员。比如，一些国家机关中‘以工代干’的人员。”请参见《全国人民代表大会常务委员会关于〈中华人民共和国刑法〉第九十三条第二款的解释释义》，载中国人大网，http://www.npc.gov.cn/npc/flsyywd/xingfa/2004-10/20/content_337786.htm，2012 年 12 月 10 日最后访问。

② 官方也在一定程度上承认矛盾的存在：“国家工作人员是依法行使国家赋予的公共管理职权的人员。根据宪法和村民委员会组织法的规定，村民委员会是村民自我管理、自我教育、自我服务的基层群众性自治组织，村委会主任、副主任等村基层组织组成人员由村民直接选举产生，而不是依法任命；村委会成员不能脱离生产，也不享受国家工作人员的工资福利待遇。对村委会等村基层组织人员以国家工作人员论，既与其实际享有的职权不符，也与其实际享有的待遇不相称，权利义务不对等。应当说上述观点是有一定道理的。”请参见《全国人民代表大会常务委员会关于〈中华人民共和国刑法〉第九十三条第二款的解释释义》，载中国人大网，http://www.npc.gov.cn/npc/flsyywd/xingfa/2004-10/20/content_337786.htm，2012 年 12 月 11 日最后访问。

成党政不分的现象，毕竟国家财政和政党财政是两个完全不同的主体。[①]第二，一方面，《公务员法》本身就是关于公务员权利、义务与管理的法律，[②]另一方面，其第三条第二款又规定："法律对公务员中的领导成员的产生、任免、监督以及法官、检察官等的义务、权利和管理另有规定的，从其规定。"也就是说，如果法律对法官、检察官等的义务、权利和管理另有规定的，就从其规定。[③]那么，在我国已制定《法官法》《检察官法》并对法官、检察官等的义务、权利和管理作出统一、全面规定的前提下，《公务员法》再将法官和检察官纳入其调整范围是否有画蛇添足之嫌呢？第三，各国的公务员法一般都只调整行政机关的事务官，[④]对立法机关、司法机关的人员和行政机关的政务官都不做调整。我国将各种类型、不同性质的公职人员都纳入公务员法的范围，不符合各职务的工作性质、工作规律。"对完全不同性质的公职人员，无论是考任、委任、聘任职人员，还是通过人大选举产生或任命的政府组成人员、法官、检察官，无论是国家机关工作人员，还是政党、社会团体的工作人员，均适用同样的法律、同样的制度。显然，这不符合规范管理、科学管理的原则，而是将计划经济时代的'大一统'干部

---

① "这样宽口径确定公务员范围，需要商榷。例如，各党派组织中的工作人员不仅福利待遇上需要按照法定的级别套用，而且在行政级别上需要配套，这将加剧党政不分现象。各党派、人民团体按行政机构的级别配置工作人员，这样的制度设计未尽合理。"（郑尚元：《我国行政法实体法的突破与瞻望——评〈中华人民共和国公务员法〉》，载《行政法学研究》2005年第3期。）当然，也有学者认为："党务人员在我国应作为国家工作人员是符合我国的实际情况的。"（孙谦、尹伊君：《国家工作人员职务犯罪论》，载《法学研究》1998年第4期。）

② 《公务员法》第三条第一款规定："公务员的义务、权利和管理，适用本法。"

③ 虽然《公务员法》将法官、检察官纳入调整范围不甚妥当，但是有学者认为"《公务员法》第二条确定了新的公务员范围，按照这一规定法官也属于公务员范畴，实行公务员管理，如此将导致法官的行政化，将初步树立的司法理念和微薄的司法改革成果一洗了之"（姬亚平：《质疑〈公务员法〉中的八大问题》，载《法学》2005年第7期）的说法则显然是夸大其词，这种观点显然没有注意到《公务员法》第三条第二款的例外规定。现实中司法的行政化不是由于《公务员法》造成的，而是宏观权力分配格局、政治体制的结果，《公务员法》本身也是这种权力分配格局和政治体制运作的产物。

④ 姜明安：《重视制度设计，保障〈公务员法〉立法目的的实现》，载《华东政法学院学报》2005年第2期。

管理模式法制化。”[①]

就公务人员而言，公务人员概念侧重行为的公共属性，只要是从事公务行为的人都是公务人员，公务行为既可由担任公职的人员来从事，也可由公共部门、公职人员委托的非公职人员来从事。但是，从公共领域的财产申报视角来看，一个主体负有申报义务，其实根源在于其担任的公职或者将要担任的公职，而不在于其从事的公务行为。受委托的私人组织和个人、不具有公职的机关工勤人员等主体即使在从事公务行为，也不应负有财产申报的义务。让一个受委托、临时性从事公务的非公职人员去承担一个会限制其受宪法保障的隐私权的财产申报义务，违背了公平正义原则和比例原则。[②] 因此，在公共领域，财产申报义务来源于公共职务，而非公务行为。既然是公职决定了财产申报义务，那么使用“公职人员”作为公共领域内财产申报义务主体的称谓也更符合制度的原则和精神，也有利于厘清申报义务主体的范围。此外，就法律文化和法律制度的交流与融合而言，我国台湾地区制定了专门的“公职人员财产申报法”，我国香港特别行政区虽没有专门的财产申报法，但香港腐败治理最重要的法律——《防止贿赂条例》将规范对象称为“公职人员”，[③] 澳门特别行政区专门规范财产申报的法律——第 1/2013 号法律《财产及利益申报法律制度》也使用了与公职人员相类似的称谓，即公共职位据位人。[④] 我国台湾地区、香港和澳门

① 姜明安：《重视制度设计，保障〈公务员法〉立法目的的实现》，载《华东政法学院学报》2005 年第 2 期。

② 虽然我国台湾地区、澳门将这些临时性受委托从事公务的人员也纳入申报制度的调整范围（台湾地区规定是代理期限在三个月以上的人员，而澳门则无限制），但是这种模式并非普遍选择，而且我国大陆地区享有公共职务编制的人数本已众多，我们尚且不能将他们全都纳入制度调整范围，让这些受委托人员进行财产申报缺乏必要性和可行性。

③ 香港《防止贿赂条例》第二条规定：“……‘公职人员’（public servant）指订明人员，及公共机构的雇员……”

④ 澳门《财产及利益申报法律制度》第一条第一款规定：“本法律规范公共职位据位人及公共行政工作人员提交财产申报书的义务。”但是值得注意的是，澳门将临时委托或以编制外合同制度聘用的服务人员也视为公共行政工作人员，也将其纳入财产申报。请参见《财产及利益申报法律制度》第一条第三款。

都是我国领土，是我国重要的独立法域，且都使用中文，大陆地区使用“公职人员”的称谓也有利于法律制度与法律文化的交流与沟通。

二、公职人员财产申报的界定与特征

（一）公职人员财产申报的概念界定

财产申报其实存在于廉政监督、个税缴纳、诉讼执行等多个领域。很多学者在没有特别说明的情况下就将财产申报与官员、公职人员、国家工作人员直接联系起来，认为财产申报指的就是公职人员财产申报、官员财产申报等，这其实是一种误解和偏见，其忽视了税务领域的个人所得税纳税申报和民事诉讼执行领域的财产申报等情形。① 税务领域的个人所得税纳税申报是指在个人所得超过法定数额、没有扣缴义务人以及其他法定情形下，纳税义务人依照法定程序向税务机关办理纳税申报的一种制度。② 诉讼执行领域的财产申报指的是民事诉讼领域内的被执行人财产申报制度。根据《民事诉讼法》规定，被执行人财产申报制度是指被执行人未按执行通知履行法律文书确定的义务的，应当向法院申报当前及收到执行通知之日起一年前的财产情况，否则将受到拘留或罚款等处罚的一种制度。③ 当前，已经有一些法院专门制定了调整被执行人财产申报的规范，如《浙江省高级人民法院关于执行中强制被执行人申报财产的规定（试行）》《重庆市高级人民法院关

① 此外，我国在保障性住房、城市最低生活保障等领域也存在财产申报与公示制度。

② 《个人所得税法》第九条第一款规定：“个人所得税以所得人为纳税人，以支付所得的单位或者个人为扣缴义务人。”第十条规定：“有下列情形之一的，纳税人应当依法办理纳税申报：（一）取得综合所得需要办理汇算清缴；（二）取得应税所得没有扣缴义务人；（三）取得应税所得，扣缴义务人未扣缴税款；（四）取得境外所得；（五）因移居境外注销中国户籍；（六）非居民个人在中国境内从两处以上取得工资、薪金所得；（七）国务院规定的其他情形。扣缴义务人应当按照国家规定办理全员全额扣缴申报，并向纳税人提供其个人所得和已扣缴税款等信息。”有关个人所得税纳税申报的具体内容，参见《个人所得税自行纳税申报办法（试行）》。

③ 常怡：《完善被执行人财产申报制度——破解“执行难”的出口》，载《法治研究》2010年第8期。

于被执行人财产申报制度（试行）》《海南省高级人民法院关于执行工作中被执行人财产申报规定》等。

关于公职人员财产申报的概念，目前学界有两种代表性观点，一种观点是将财产申报公开作为概念的必备要素，认为财产申报制度就是指法定范围内的国家公职人员依照法定的程序和方式将自己以及配偶、子女的财产收益、负债状况按时向专门监督检查机构申报登记并公布于众以接受监督检查的法律制度；[①] 另一种观点并不将申报公开作为概念的必备要素，认为公职人员财产申报制度是指法定范围内的公职人员依照法定程序向有关机关申报一定范围的财产并接受监督的法律制度。[②] 从制度的应然价值而言，公开是公职人员财产申报制度发挥价值和功能的关键和核心，缺少了申报公开、缺少了社会监督就难以对公职人员财产申报是否属实进行有效的监督，制度的运行也会遭遇种种执行困境。但是从制度的实然操作来看，确实有些国家规定公职人员必须进行财产申报，但是所有的申报都是秘密的，不对社会公开，比如新加坡。我们不能因为新加坡没有实行财产申报公开，就质疑新加坡财产申报制度的存在，质疑新加坡的腐败治理情况。事实上，新加坡良好的廉政实践已经很好地回答了这些质疑，财产申报制度不仅在新加坡存在，而且还在腐败治理制度的整体配合下得到良性的运行。当然，就世界范围来看，财产申报秘密毕竟是极少数，绝大多数制定财产申报制度的国家和地区都会要求一定级别以上的公职人员或者所有公职人员向社会公开自己的财产状况。新加坡毕竟是个地小人少的小国，即使不公开，由于地小人少的国情也使得社会民众可以对公职人员的财产和生活消费情况进行有效的监督。另外值得特别注意的是，新加坡的腐败治理体制是多元化、系

---

① 张庆福、苗连营：《论政务公开在反腐败斗争中的作用及其实现机制》，载《政治学研究》1999 年第 3 期；杨泉明：《略论财产申报制度》，载《现代法学》1991 年第 4 期；等等。

② 蒲志强：《公职人员财产申报制度的行政伦理研究》，载《政治学研究》2010 年第 5 期；姬亚平：《建立国家公职人员财产申报制度的设想》，载《行政法学研究》1993 年第 4 期；周佑勇、刘艳红：《我国公职人员财产申报制度探讨》，载《社会科学研究》1997 年第 6 期；等等。

统性的，财产申报制度的良好运行也得益于新加坡健全、完善的腐败治理制度体系，因此，新加坡的财产申报制度并不具有普遍的借鉴意义，特别是对地大物博、公职人员规模庞大、腐败治理制度体系不健全的大国来说，“大政府和政府伦理是一个艰难的结合”[①]。本书在尊重客观事实的基础上寻求逻辑理性的自洽性，从申报义务主体、申报范围、申报主管机关、申报程序等要素出发，将公职人员财产申报制度界定为一定范围内的公职人员依据一定程序向特定机关申报本人和特定家庭成员的财产和其他事项并接受监督的制度。此外，在中国语境下，为了更为清晰地界定和认识公职人员财产申报的概念，其实还需要区分公职人员财产申报制度和公职人员财产申报法律制度这一对概念，但是为了照顾文章的框架体系和逻辑理性，这一对概念的详细区分和介绍参见第三章第四节的内容，此处不再赘述。

（二）公职人员财产申报的基本特征

概念法学的一般逻辑是从概念要素中提炼出概念的基本特征，本书为了与第一章已述及的财产申报制度作为我国当前腐败治理困境的突破相衔接，从财产申报制度的腐败治理功能视角出发进行总结公职人员财产申报的基本特征。与我国当前腐败治理所具有的被动性、选择性、分散性、从属性、政治性等基本特征相对应，财产申报制度恰恰具有以下几个鲜明的反向特征。

1. 财产申报的主动性。财产申报作为预防腐败的最重要制度，申报主管机关通过对申报材料的核查和不同年份申报材料的比对研究，可以判断申报义务主体申报财产的真实性进而主动发现腐败线索，也可通过对一定范围内申报材料的公开使之接受社会监督，可以获得相应的举报材料和反馈信息进而主动调查和查办腐败线索。从实践来看，

---

① Richard W. Painter，President Obama’s Progress in Government Ethics，Constitutional Commentary，Vol.26（2009-2010），p.195.

财产申报制度是域外国家和地区主动发现腐败线索、查办腐败案件的最重要手段之一。

2. 财产申报的平等性。无论是所有公职人员都负有申报义务的立法模式还是一定级别以上的公职人员负有申报义务的立法模式，财产申报制度都体现了鲜明的平等性。[①]它针对的是不特定的申报义务主体，不论申报义务主体的地位如何、权力多大，只要是制度规定的负有申报义务的主体都应该依法向财产主管机关申报并平等地接受监督，而且从财产申报制度的制度实践来看（无论我国大陆地区还是域外），越是级别高的官员就越可能是申报义务主体。从另一个角度看，正是财产申报制度的自上而下性才能真正保障财产申报制度的平等性，因为只有通过财产申报的自上而下实施才能实现财产申报的平等实施。财产申报制度的平等性再加上公开的社会化监督可以在很大程度上应对腐败案件的选择性执法困境。

3. 财产申报的集中性。通过财产申报立法可以在很大程度上将我国既有的财产申报、礼品规制、利益冲突等涉及公职人员廉洁从政的政策文件予以清理和整合，实现财产申报制度依据的集中性；此外，也是全面评估并整合我国预防腐败职能及机构的良好契机，而财产申报的受理机关和核查机关本身就体现了相对集中性和统一性，[②]如此一来又可实现财产申报主管机关的集中性。

4. 财产申报的独立性。从财产申报制度作为终端腐败治理制度的定位来看，唯有保障申报主管机关的权威性，从机构设置和程序上保障主管机关可以依法受理、核查、公开相关申报材料，才能真正落实

① 值得注意的是，财产申报制度在体现平等性的同时，还凸显出制度的自上而下性。与其他腐败治理制度相比，财产申报的突出特征在于它更多的是一种约束和监督上层领导特别是国家最高领导的腐败治理机制，无论是申报义务主体、申报程序、申报社会公开等制度的设计都鲜明地说明这一点。财产申报制度的自上而下性也对制度本身及其配套制度的设计与建构提出非常高甚至是苛刻的要求，如果不能通过周密有效的制度及其配套制度很好地推动上层特别是国家最高领导真正遵守财产申报制度，那么该制度就更容易成为制度花瓶和没有法律效力的具文。

② 许多国家都直接采取财产申报受理机关和核查机关合一的立法模式。

财产申报制度并实现制度的预期功能，而这都依赖于申报主管机关的独立性和抵抗其他组织和个人非法干预的力量。在科层制内集体腐败盛行的背景下，申报主管机关的独立性显得尤为紧迫。从域外国家和地区的立法模式和实践经验来看，为了保障制度的真正落实和有效实施，财产申报的主管机关都具有相当高的独立性，一般都只服从于最高行政首脑，不受行政机关、社会团体和个人的非法干预。

5. 财产申报的日常性。财产申报制度采取初任申报、日常申报、离任申报、特定情形下即时申报等种类，通过申报材料的受理、核查、公开及社会监督等程序将通过财产申报的腐败治理纳入制度化、规范化轨道。特别是日常申报制度和特定情形下即时申报制度，通过规定申报义务主体在每个固定的期限内（通常是每年）和特定情形发生后及时申报相关财产及其他重要事项，能够保证对公职人员的廉洁情况进行日常化、常规化的监督和审查。因此，以财产申报制度为基础的腐败治理模式在告别廉政风暴、腐败治理运动的同时，也实现依据制度特别是法律制度的日常性、理性化治理。

6. 财产申报的法律性。虽然就制度的实际情形而言，财产申报制度既能以法律形式表现，也可以以政策为载体，但是，财产申报制度涉及公职人员隐私权和公共利益的平衡、最高领导层的自我约束与规范，无论是就制度自身的内在要求而言还是从社会对制度的认可与信赖来说，财产申报制度都需要通过法律的形式加以确定。财产申报法律化是彰显制度权威、保障制度价值真正实现的本质要求，也是域外各国和地区的共通做法与普遍共识。

7. 财产申报的非意识形态性。[①] 前已述及，与意识形态化的腐败治理制度相对，财产申报制度是技术改良型的腐败治理制度。作

① 很多人认为财产申报法的推行会引发政治风险，从而否认它的非意识形态性。其实通过理性、缜密、平衡的立法考量，包含财产申报社会公开制度在内的财产申报法实施所可能带来的政治风险完全可以通过技术化的制度设计予以化解。关于对财产申报公开“政治风险论”的批驳，参见本书第四章第二节的内容。

为技术实施和操作层面上的腐败治理制度，它与国家的政治体制和意识形态没有关系或者关系特别小，一般不受姓资姓社、“左”或右等意识形态争论的羁绊，也为信奉不同意识形态的国家和地区所共同采用。

第二节　公职人员财产申报的价值与功能

制度自身的设计理念、域外国家和地区腐败治理的制度实践已经充分表明财产申报制度对于国家有效治理腐败的重要意义。从一定程度上说，在21世纪的今天，社会对于财产申报制度（或法律制度）的期待和公职人员对于财产申报制度（或法律制度）的抵制恰好是反映一个国家或地区腐败程度的晴雨表，社会对财产申报制度（或法律制度）的期待越高，官员对财产申报制度（或法律制度）的反对越多，则说明这个国家或地区的腐败问题越严重；同时，除去制度内容自身设计的极不合理这一原因以外，[①] 公职人员对财产申报制度（或法律制度）的态度在很大程度上也是判断其是否廉洁的试金石，一个公职人员如果对制度始终抱有一种非理性、盲目的抗拒态度，则恰好表明该公职

① 虽然公职人员对于制度的不理解也可能会导致其反对建立制度，但是公职人员对制度的不理解甚至误解在很大程度上正是由于制度设计自身的不合理所造成的。此外，即使公职人员存在对制度的不理解或误解，也不应成为反对财产申报制度建立的理由。因为除了公共利益和公共秩序这一普遍公认的理由以外，在中国语境下，由于我国绝大部分公职人员都是中国共产党党员，财产申报制度更不应该存在各种思想或观念上的误解与反对。《中国共产党章程》第二条规定：“中国共产党党员是中国工人阶级的有共产主义觉悟的先锋战士。中国共产党党员必须全心全意为人民服务，不惜牺牲个人的一切，为实现共产主义奋斗终身。中国共产党党员永远是劳动人民的普通一员。除了法律和政策范围内的个人利益和工作职权以外，所有共产党员都不得谋求任何私利和特权。”第三条第（三）项规定：“坚持党和人民的利益高于一切，个人利益服从党和人民的利益，吃苦在前，享受在后，克己奉公，多做贡献。”既然中国共产党党员是“有共产主义觉悟的先锋战士”，“不惜牺牲个人的一切，为实现共产主义奋斗终身”，“所有共产党员都不得谋求任何私利和特权”，那么在腐败已严重损害党和人民利益的情况下，具有共产主义觉悟、不惜牺牲个人一切、坚持个人利益服从党和人民利益的中国共产党党员特别是担任高级干部的党员还有什么理由去反对财产申报法律制度的建立呢？

人员具有腐败的重大嫌疑。财产申报制度被国际社会普遍誉为是腐败治理的终端机制，在我国当前腐败还没有得到彻底遏制的背景下，它对中国而言更是具有某种特殊的法律价值和政治意义。

一、公职人员财产申报的积极功能

财产申报制度的积极功能主要表现为两个方面：一是财产申报制度对于腐败治理的直接功能，具体是指主动发现和揭露腐败的功能、预防腐败的功能和保护公职人员正当从事公务活动的功能；二是财产申报制度对于腐败治理的间接功能，具体是指维持公职人员队伍整体廉洁性的功能和维系民众对公职人员信赖的功能。值得注意的是，以下对财产申报制度功能的描述都是应然意义上的，实践中则会面临制度执行的困境，消除困境就需要领导人治理腐败的决心、配套制度的协调以及监督机制的运作。

（一）主动发现和揭露腐败

当前中国腐败治理面临着被动应对的严重困境，案件线索来源过于依赖群众举报和信访，此外，行贿人供述[①]、小偷盗窃、情妇揭发等偶然性事件也是案件线索的重要来源。近年来中国共产党加强了对党员干部特别是高级干部的主动性监督，如建立巡视制度、领导述职制

① 当前我国对交易型腐败的治理过于倚重行贿人的供述和揭发，由于行贿人和受贿人之间存在天然的利益同盟关系以及交易型腐败的掩蔽性，若非行贿人在其他案件中被查处，于是为了寻求减轻或免于处罚的立功而揭发受贿人，或者行贿人与受贿人之间的合作关系破裂从而基于报复、受胁迫等原因而揭发受贿人，在一般的正常情况下，交易型腐败极难被腐败治理机关主动发现和查处；同时，由于倚重行贿人的供述，在交易型腐败案件的查处中往往对行贿人予以减轻或者免除刑事责任，这就使得腐败治理陷入恶性循环的境地：一方面，交易型腐败存在着行贿人和受贿人，没有行贿人也就没有受贿人，绝大多数腐败案件正是由于行贿人主动、绞尽脑汁、坚持不懈的利益诱惑才使得公职人员陷入腐败的泥潭，只要行贿人贿赂的成本依然过分低于收益，那么腐败就永远不会得到有效遏制；另一方面，绝大多数行贿人本身就属于社会民众的一员，行贿人的普遍存在和对行贿行为的纵容严重腐蚀了社会风气，使得腐败土壤永远肥沃。

度等，这些制度在相对封闭的科层制背景下发挥了一定作用，但仅依靠这些制度揭发腐败案件还不够。

腐败的实质是以公共权力谋取私人利益。私人的不正当利益主要表现为财产及财产性利益，但是也会通过其他非财产利益的形式表现出来。但是，即使是那些非财产利益，由于要么这些利益与财产之间本身就存在着某种等价交换关系，要么这些利益（如腐败官员中广泛存在的情人关系）的存在和维持需要财产的支撑，于是非财产利益也会间接地通过财产及财产性利益的变动而得以展现。因此，至少从一段时间来看，腐败都会直接或间接地表现为财产及财产性利益的变动，财产申报制度通过对一定范围内公职人员施加强制性申报义务，可以从他们财产及财产利益的变动过程中发现腐败线索，从而有效地主动发现和揭露腐败。

当然，要求所有申报义务主体在财产申报中都如实申报自己的财产并不现实，财产申报制度主动发现和揭露腐败功能的运作机制在于：

一是申报主管机关通过对公职人员申报的财产进行直接核查，来判断其所申报财产的真实性和准确性，从而主动发现和揭露腐败。

二是公职人员在进行申报时有意地隐瞒或者不如实申报某些收入和财产，即使申报主管机关可能不会发现其中某一次或某几次的虚假申报，但是公职人员的不实申报必须依赖于其良好的记忆和谎报的借口，否则申报主管机关通过对该公职人员申报财产的长期变动情况进行比对和分析还是能够最终发现其中的蛛丝马迹。

三是主管机关可以通过对公职人员申报的财产情况与其现实中的生活消费水平进行对比，判断其生活消费水平是否明显超出其拥有的财产情况，从而以此为案件线索进行进一步的调查。

四是世界多数国家和地区都在财产申报法律制度中建立财产申报社会公开机制，通过制度化、规范化的途径让社会民众、腐败治理民间组织、媒体等参与国家的腐败治理，让社会来监督公职人员申报财产情况的真实、准确情况，申报主管机关可以通过社会监督来获取案件线索，从而实现财产申报公开和社会监督的相结合。[①]

（二）预防腐败

如果说传统的廉政教育是着眼于内在心理的预防腐败手段，那么财产申报制度则是既着眼于内在心理也注重外在制度规范的预防腐败手段。就域外各国和地区的腐败治理实践而言，财产申报制度也是最重要的预防腐败制度之一。

财产申报制度的预防腐败功能主要依赖于以下几种运作机制：

首先，财产申报制度的建立本身就具有预防腐败的强烈象征意义，它是一种制度化的告诫与警示。终端腐败治理制度的建立充分表明国家最高层治理腐败的决心和决断，可以威慑科层制内的所有公职人员，从而有效预防腐败。

其次，财产申报制度是制度化、规范化的廉政教育方式。初任申报是廉政教育的起点，如果公职人员一开始就虚假申报或者隐瞒申报，初任申报记录将伴随公职人员公职生涯的一生，使其终身都背负沉重的道德负担和法律责任。"隐瞒是有代价的，谎言要想得以维系，则需要更多更大的谎言。因此，掩盖过去的罪证往往导致个体继续当前的腐败行为，甚至愈演愈烈。"[②]因此，公职人员必定会认真、真实地对待初任申报，而这种认真和真实也会通过长期的制度实践而逐渐演变成一种公职人员的廉政习惯。日常申报是廉政教育的常态化，通过一定期限内（通常为每年）定期的财产申报可以使公职人员在固定时间内至少接受一次深刻的廉政教育，警示自己不能在财产申报问题上抱有侥幸心理，不能从事腐败行为。离任申报也不是廉政教育的终点，而是廉政教育的延伸，只有通过了离任申报核查才能顺利地退休或离职，

① 这种通过财产申报公开发现腐败案件的运作机制本质上仍然是主动式的，因为若没有申报主管机关依职权主动或依申请公开相关公职人员的财产申报情况，民众、民间组织和媒体的监督也就缺少基本的载体，财产申报公开制度实现了财产申报与信息公开、公众参与的有机融合。

② 薛刚：《"涉入"与"知情"：集体腐败道路上分离的两点》，载《政治学研究》2010年第1期。

但是即使退休或离职后，离任申报的记录在一定期限内也仍然会发挥作用。由于有离任申报机制的存在，公职人员在任职期间内会认真地对待自己的公权力，不敢从事腐败行为。此外，特定情形下即时申报制度和特定人员离任后申报也是预防腐败的重要机制。

再次，财产申报制度是防止公职人员权力欲望膨胀、心理失衡的重要机制。公职人员在财产申报过程中需要依照制度规定申报相应财产，申报财产的过程其实也是回忆自己公务履行、廉政行为的过程，这显著增加了公职人员任职的程序性烦琐与束缚，也会带来公职人员在财产申报过程中考虑是否申报某项财产、如何申报的博弈与挣扎，财产申报这种制度化、规范化的程序性负担有利于防止权力欲望的无限自我膨胀，有利于培育廉洁奉公、节制自律的公职人员队伍。

最后，财产申报制度也是重要的廉政风险提示机制。对于那些已经实施腐败行为的公职人员而言，财产申报制度是廉政风险提示机制，同时也是预防其进一步腐败的重要机制。“通过财产申报制度，可使谋取了不正当利益的公职人员始终处在一种两难选择之中：如实申报，会因为财产的非正常增加而带来麻烦；不如实申报，会因为没有如实申报财产而承担法律和经济后果。”[①] 通过财产申报的廉政风险提示，同时考虑到不实申报的法律后果、长期不实申报的暴露风险以及财产申报公开制度，财产申报制度可以及时预防已腐败的公职人员继续实施腐败行为，有效地减轻和消除腐败的不良后果。

（三）保护公职人员依法从事公务活动

财产申报制度针对的不是公职人员的财产本身，而是公职人员的财产来源[②]；它反对的并不是公职人员拥有财产或者拥有大量财产这一

---

① 蒲志强：《公职人员财产申报制度的行政伦理研究》，载《政治学研究》2010年第5期。

② 这从域外国家和地区的财产申报制度往往不仅要求申报义务主体报告他的财产，还要求报告其配偶职业、兼职情况等事项就可鲜明地反映这一点，配偶职业、兼职情况等非财产事项的报告正是为了审核和验证公职人员家庭财产的来源是否正当。

事实本身，而是公职人员通过不正当手段取得财产从而拥有与其职务收入不相匹配的财产。“钱多钱少，都有一个来源，只要钱有一个合理合法的来源，钱多钱少都不是一个问题，而只有钱的不清不白才是一个问题，而且是一个大问题。”[①] 从反向视角来看，财产申报制度不仅要发现和揭发通过腐败不当致富的公职人员，同时也要保护合法从事公务活动、通过正当手段取得财产或者大量财产的公职人员。“财产申报制度的实施，能够从制度上避免国家工作人员因诬告、错告而蒙受不白之冤，从而保护国家工作人员的合法权益。”[②]

在主体多元化、利益多元化的社会里，公职人员的构成来源本身也是多元化：既有来自官员家庭的人员，有来自教师家庭的人员，有来自农民和普通工人家庭的人员，也会有来自商人家庭甚至是富商家庭的成员。特别是在当代中国，随着四十多年来改革开放的巨大发展，很多家庭尤其是东部沿海地区的家庭已经积累相当多的财富，在传统“官本位”思想的深刻影响下，一些富有家庭的家长会极力说服孩子去担任公职人员、从事公务活动，或者是某些人在成为申报义务主体之前或者期间因为继承、赠予、股票投资等方式获得财产，因此，现实中确实会有公职人员在担任公职之前、成为申报义务主体以前或者期间就拥有大量正当财产。这时就需要财产申报制度去保护这些公职人员依法从事公务活动，免受不必要的诬陷或控告。公职人员初任申报制度可以有效地保护那些担任公职以前就拥有大量财产的公职人员的声誉和清白。此外，即使公职人员在担任公职之前没有大量财富，但是在任职期间也可通过继承、赠与、股票投资、彩票以及其他正当手段获取大量财产。如果缺少财产申报制度，这些任职期间大量增加财产的公职人员就会被认为有腐败的嫌疑，就难以及时有效地合理解释正当财产来源，或者是虽然及时作出令单位、纪检监察部门和民众都

① 杨兴培：《建立国家工作人员财产申报制度》，载《政治与法律》2005 年第 5 期。
② 干以胜：《建立我国财产申报制度的意义和步骤》，载《中国监察》1994 年第 12 期。

满意的解释，但是在有人提出质疑期间，他们难免还是会承受巨大的心理压力和舆论压力，对身心都是巨大摧残。[①]特别是当前有部分党员干部由于受传统封建思想的影响，权力欲无限膨胀，热衷于搞权术政治和权力斗争，经常会编织一些谣言或虚假事实来陷害、攻击其他公职人员（也包括一些拥有大量合法财产的公职人员），此时财产申报制度的保护功能便会更为生动、真实地表现出来。

同时，财产申报制度也是拒绝人情、抵挡集体腐败的重要屏障。中国是个典型的人情社会，地缘、血缘、学缘等构成了复杂的关系社会，礼尚往来、送礼（钱）办事也几乎是社会的通行规则或“道德”。在人情社会里，一个人可以规避规则，但无法拒绝人情；可以漠视法律，但不能无视道德。很多公职人员就是碍于人情和脸面，从一点一滴地收受亲朋好友的礼品开始而逐步打开欲望的闸门，进而走上无法回头的权钱交易腐败道路。而财产申报制度则可以作为公职人员拒绝人情、拒绝贿赂的良好推却理由和制度保障，使其在不伤害人情的基础上依法办事、秉公办事。在科层制的组织背景下，财产申报制度也是抵挡集体腐败的制度屏障。在相对封闭、以上下级之间的命令—服从关系为基本运作规则的科层制下，特别是公职人员的身份和任职都缺乏法治保障而几乎完全受制于其直接上级的情形下，[②]在面对上级间接示意或直接要求的腐败行为时，公职人员可以以财产申报制度作为合理的挡箭牌。

此外，财产申报制度也是挽救濒临腐败犯罪边缘或者涉入轻微职务犯罪的公职人员的重要保护手段。对那些收受贵重礼品或少量钱财而濒临腐败犯罪边缘的公职人员而言，日常性的财产申报制度是一次

---

① 特别是在网络社会里，腐败是网络中最吸引网民眼球的话题之一。在互联网时代背景下，财产申报制度对于保护公职人员的声誉具有特殊意义。

② “在单位体制下，中国的官员对其下属拥有极度的影响力。他们可以在极大程度上深刻地影响其前程，有时甚至可以让下属像人质一样在一个毫无意义的职位上待上许多年。”参见［美］李侃如著：《治理中国：从革命到改革》，胡国成、赵梅译，中国社会科学出版社 2010 年版，第 200 页。

重要的制度性警醒，有助于减轻或克服其侥幸心理和腐败欲望，及时防止这些微小的违纪问题演变为具有重大社会危害性的违法犯罪问题。对那些已经涉入轻微职务犯罪的公职人员来说，日常性的财产申报如果能够让其惊醒从而悬崖勒马固然是再好不过，即使是通过财产申报的核查和公开机制从而有效地主动发现和揭发其腐败行为，也有利于及时地制止其迈向更深的腐败深渊，免得到时身败名裂甚至付出生命的终极代价。

（四）保持公务活动的廉洁性

如前述及，保持公务活动的廉洁性是财产申报制度对于腐败治理的间接功能，这个间接功能可以通过主动发现和揭发腐败、预防腐败和保护公职人员依法从事公务活动这三种腐败治理直接功能的实现而实现。

首先，从主动发现和揭发腐败功能的视角看，通过申报主管机关对公职人员申报材料的直接核查、对公职人员财产的长期变动情况进行比对分析、通过财产申报公开引入社会监督等机制，在实现主动发现和揭发腐败功能的同时也可实现保持公务活动廉洁性的功能。当前我国腐败蔓延的重要原因就是腐败的成本—收益极不均衡，腐败揭发概率是最重要的腐败成本之一，如果财产申报制度能够有效地实现主动发现和揭发腐败的功能，也就极大地提高了腐败的成本，从而有利于快速遏制腐败的蔓延，保持公务活动的廉洁性。

其次，从预防腐败功能的视角看，通过制度本身的威慑力、作为制度化的廉政教育手段、作用于公职人员心理从而防止其权力欲望膨胀的机制以及对预防已腐败人员进一步腐败的廉政风险提示机制，财产申报制度能够有效实现预防腐败的功能，并进而在根源上保持公务活动的廉洁性。

最后，从财产申报的保护功能看，通过保护公职人员在任职之前和任职期间取得的正当财产、作为制度屏障来拒绝人情和抵挡集体腐败、保护和挽救濒临腐败犯罪边缘或者涉入轻微腐败犯罪的公职人员，财产申报制度是保护公职人员依法从事公务活动的重要机制。保护是一种监督，保护也是一种教育。通过对公职人员相关财产来源是否正当这种争议的制度化处理，财产申报制度在保护有腐败嫌疑公职人员的同时也在监督着该公职人员，给所有公职人员以深刻的廉政教育。财产申报制度的保护、监督和教育这三重职能之间存在着融合，这三重功能在实现自身的同时也在客观上间接促进保持公务活动廉洁性功能的实现。

（五）维系人民对公职人员的信赖

如果说保持公务活动廉洁性这一功能通过腐败的有效治理在短期内就可实现的话，那么维系人民对于公职人员的信赖则需要一个长期的累积和培育过程。财产申报制度作为最重要的腐败治理制度之一，在具有主动发现和揭发腐败、预防腐败等实质性功能以外，还具有强烈的象征意义：一方面，财产申报法律制度的建立象征着国家最高层治理腐败的政治决心和决断；另一方面，对于腐败问题严重的国家而言，财产申报法律制度的建立也在很大程度上象征着重建和维系人民对公职人员信赖的逻辑起点和制度开端。①

“公共服务即是公共信任。”② 腐败是疏离和瓦解人民与公职人员之间信赖关系的主要根源，并与社会冲突存在着某种逻辑上的必然联系。腐败侵蚀着执政党执政的合法性和正当性，损及人民对公职人员和公权力的信赖，进而导致持续不断的社会矛盾和社会冲突。通过对当前我国社会矛盾所涉及的关系主体与利益内容的观察，我们可以将社会矛盾区分为与公权力直接相关的社会矛盾、私人主体间有关民事纠纷

① “财产申报制度的首要着眼点，是确保政府及其公职人员在民众心目中的威信，以增强民众对政府的信任度。”参见杨泉明：《略论财产申报制度》，载《现代法学》1991 年第 4 期。

② ABA Committee on Government Standards，Keeping Faith：Government Ethics & Government Ethics Regulation，Administrative Law Review，vol.45（1993），p.291.

的社会矛盾以及以犯罪形式存在的社会矛盾三大类。[①]依据公权力性质的不同，与公权力行使相关的社会矛盾可以分为两类，分别是个人、组织与行政权行使直接相关的社会矛盾和个人、组织与司法权行使直接相关的社会矛盾。与行政权行使直接有关的社会矛盾在当前我国社会矛盾类型中居于绝对主导地位，也是引发群体性事件的主要根源，是最需要引起警惕、最需要通过法律制度和措施进行化解的矛盾。“公权力失范加剧了党群矛盾和官民冲突。一方面，政府管了过多的事情，承担了过多的责任，把矛盾集中到自己身上；另一方面，党政机关、司法执法机关、公共机构和干部自身存在的问题，如形形色色的官僚主义、执法不公、行政不当、为政不廉、假公济私、欺负百姓、奢侈浪费等不良作风和腐败行为。”[②]特别是少数领导干部以权谋私、贪污受贿等违法行为严重侵害了人民群众的合法权益和对公职人员的信赖，损害了党和政府的形象，使得部分人民群众的权益受侵害状态长期得不到有效纠正，社会矛盾长期没有得到化解，与此同时，部分人民群众对基层政府和公职人员失去信赖和信任，在心中产生怨气和不信任感。这种社会矛盾一旦失去控制，极易引发极端暴力事件和群体性事件，严重危害社会稳定。

“从一定意义上讲，财产申报和公示是公职人员的诚信系统，实施这一制度的过程是一种征信行为。”[③]财产申报法律制度的建立在很大程度上象征着重建和维系人民对公职人员信赖的逻辑起点和制度开端，如果再加上其他腐败治理制度的配合协调，国家可以逐渐净化公权力组织系统的政治生态和社会风气，遏制腐败蔓延的势头。经过较长时期以财产申报制度为基础的综合性腐败治理，伴随着腐败治理形势的逐渐好转、人民对于腐败治理信心的恢复，人民也会重建对公职人员

---

① 马怀德:《社会矛盾化解与行政诉讼制度》，载《中国党政干部论坛》2011年第9期。
② 马怀德:《预防化解社会矛盾的治本之策：规范公权力》，载《中国法学》2012年第2期。
③ 房宁主编:《国外公职人员财产申报与公示制度》，中国社会科学出版社2013年版，第11页。

和公务活动的信赖，如果腐败治理机构、制度和策略也同时得以良性运行的话，那么人民对公职人员的信赖也会持续维系。

二、公职人员财产申报功能的理性审视

财产申报制度是腐败治理的基础性制度，是终端腐败治理制度，于是，在腐败不断蔓延、腐败治理形势日趋严峻的背景下，一部分痛恨腐败、关心国家前途命运的官员、学者和民众开始极力呼吁和热情期盼财产申报法律制度的出台。但是在对当前关于财产申报的理论研究和社会舆论进行仔细和冷静的审视后，我们需要警惕和防止两个倾向，更为冷静和理性地看待财产申报制度功能：[①] 第一个倾向是片面强调财产申报制度的监督性功能，忽视制度的保护性功能；第二个倾向是仅仅专注于制度功能的有效性，对制度功能的累积性和慢热性视而不见。

（一）监督性功能与保护性功能的融合

就制度内容而言，财产申报制度融合了监督性功能和保护性功能，它既是公职人员的“紧箍咒”，也是公职人员的“护身符”。[②] 一方面，财产申报制度具有监督性，它能够主动地发现和揭发腐败，有效预防腐败，“阳光法案”是现代法治国家的重要监督机制，它将公共权力关进笼子，公职人员也开始“戴着脚镣跳舞”的公职生活。另一方面，财产申报制度也具有常为人所忽视的保护性，它通过制度化的形式记

---

① 这部分对财产申报制度功能的探讨都是着眼于制度的应然功能，当然这些应然功能的发挥需要配套制度和社会整体环境的支持，制度执行的实然效果可能会由于各方面因素的制约和干扰而大打折扣。此外，如前述及，腐败治理是个系统工程，不能单纯地将希望都压在财产申报法上，而使其承受不能承受之重。“财产申报制度乃是对金钱政治所采行的基础制度，借公开来作为公职人员是否有于执行职务时有潜在性的利益冲突，以及是否借公职有财富不合理累积的判断基础。至于公职人员是否在职行职务时，确实信守廉洁信条，则需其他制度相应配合，单纯从财产申报制度本身，并无法做到。许多对财产申报制度的批判，导因对此一制度作过度的功能期待。”叶俊荣著：《珍惜宪法时刻》，（台湾）元照出版有限公司2000年版，第248页。

② 颜智明：《财产申报是官员的紧箍咒更是护身符》，载《法制日报》2009年3月17日，第3版。

录着公职人员的财产来源，保护和证明公职人员在任职之前和任职期间取得的正当财产，维护公职人员的清白和声誉；它也是公职人员拒绝人情和抵挡集体腐败的制度屏障，在人情社会里筑起了一道抵御腐败或腐败诱因的隔离墙；此外，它还是保护和挽救濒临腐败犯罪边缘或者涉入轻微职务犯罪的公职人员的重要机制，通过财产申报的日常性和公开性运作，及时打消濒临腐败边缘公职人员的犯罪念头，及时发现涉入轻微职务犯罪公职人员的腐败行为，从而防止腐败后果的进一步扩大。

就当前有关财产申报制度的媒体报道和学术研究的现状而言，绝大多数的媒体报道和学术文献都仅集中强调财产申报制度的监督性，突出介绍财产申报制度对于腐败治理的作用和意义、地方的财产申报公开试点情况进展以及域外国家财产申报的制度实践及腐败治理启示等，对财产申报制度的保护性功能却视而不见，仅有极少数的媒体报道和学术文献对此有简单的涉及。① 虽然财产申报制度对于腐败治理有着重大意义，但是公职人员对于该法律制度的态度基本上可以分为三类：少数人强烈呼吁制定财产申报法，少数人盲目、非理性地反对财产申报法的制定，而多数人对于此法律制度的态度则是旁观和中立，既不积极呼吁也不盲目反对。对财产申报制度监督性功能和保护性功能的全面介绍有利于争取大多数旁观者的理解和支持，加速推进财产申报法的出台，毕竟在政治生态日趋复杂的今天，公职人员也渴望良好法律的制度性保护。此外，对监督性功能和保护性功能的全面和实事求是的介绍也是财产申报理论研究应

① 然而，即使是这些涉及财产申报制度保护性功能的极少数媒体报道和学术文献，也仅仅是简单提及制度的保护性功能，而对于保护性功能的具体内容以及运作机制则缺少介绍和普及，更没有分析当前制度功能的片面强调对于我国财产申报立法的严重负面影响。这些简单提及财产申报制度保护性功能的文献，请参见吴汉钧、束栩：《“阳光法”正向我们走来——写在〈财产申报法〉出台之前》，载《中国行政管理》1997年第8期；谢湘佑：《“财产申报制”是一剂反腐良药》，载《台州日报》2011年5月1日，第1版；卢乐云：《财产申报制度的法制化》，载《国家检察官学院学报》2007年第4期；等等。

有的基本态度。

（二）功能有效性与功能累积性的兼具

就制度效果而言，财产申报制度兼具功能有效性和功能累积性，它既是腐败治理的“反腐利剑”，也是腐败治理的“反腐钝剑”。就前者来说，财产申报制度是举世公认的有效治理腐败的“利器”，是最有效的主动发现和揭发腐败的机制，也是预防腐败的基础性制度，它对于及时遏制腐败蔓延、创造廉洁公正的政治生态和社会环境具有重要意义；就后者而言，财产申报制度也具有“迟钝”和慢热的一面，它并不是刚开始建立就能马上完全发挥制度的功能，它与其他预防腐败的制度一样需要长期的制度效果累积和沉淀才能真正有效运转。“特别是一些预防腐败措施难以‘立竿见影’，需要经过较长时间的努力方可见效，改革和制度建设尤其如此。因此，我们要充分认识预防腐败工作的艰巨性、复杂性和长期性，坚定信心，持之以恒，扎实工作，积小胜为大胜，不断取得新的成效。”[①] 财产申报制度的功能发挥和效果释放是一个长期累积和沉淀的过程，制度执行和实施的时间越久，关于公职人员不同年份财产申报材料累积得越多，[②] 申报主管机关执行和实施制度的经验越丰富，公众对腐败治理的信心越高、参与的意识越强，那么，制度有效治理腐败的效果也就越好。

强调财产申报制度兼具功能有效性与功能累积性的意义在于：一是全面、客观地认识财产申报制度的功能发挥过程，不能抱有腐败

---

① 马馼：《努力提高预防腐败工作的能力和水平》，载《中国监察》2009 年第 18 期。

② 通过不断累积的公职人员财产申报材料，可以更为有效地发现和识别腐败风险。“识别腐败风险，一方面可通过感性认识和历史经验来判断；另一方面则是通过对各种客观的廉政档案资料（如家庭资产申报、群众举报反映、信访接待记录等）进行分析、归纳和整理，以及必要时的调查访谈，从而发现各种腐败风险及其损失情况，寻找规律。”（卢晖：《腐败风险预警防范体系构建》，载《行政管理改革》2011 年第 10 期。）而且与群众举报和信访等方式相比，通过财产申报材料所揭示出来的腐败风险具有相对客观的真实性，应该成为腐败治理机构查处腐败案件的重要线索来源。

治理“毕其功于一役”的简单思维，不能将腐败治理的希望过于寄托在包含财产申报公开的公职人员财产申报立法上，而需要在财产申报法律制度的执行、运作过程中不断总结问题、提炼经验、完善对策，推进制度的进一步发展与完善。二是引导广大社会民众理性地看待和期待财产申报法，树立腐败治理需要打持久战的战略理念，切不可在财产申报法律制度建立以后，因为制度的“慢性子”，无法在短期内有效地预防和惩治腐败，就对制度功能产生怀疑进而对国家的腐败治理决心产生动摇。因此，各界人士尤其是媒体记者在宣传、呼吁财产申报法律制度尽快出台的同时，更需要适当理性地介绍制度的功能发挥特点，否则，即使在财产申报法出台后，由于其不能带给人们短期内的腐败治理快感而可能失去民众的内心支持，进而沦为又一个花瓶摆设。

第三节　公职人员财产申报的理念支撑

民主和法治是现代国家的基本特征，也是现代政治文明的重要内容。随着传统代议制民主困境的日益显现，民主在现代社会的形式和内容也有了新的拓展，人民的主体性地位[①]日益提升，强调人民直接参与公共事务的自治、治理和参与式民主等理论与实践也大发异彩。“根据意志本身的力量的自然趋势，公意总是最为脆弱，因此，政治生命的原则在于主权权威，换言之，要维持政治体的生命，人民必得经常出场伸张主权。”[②]中国共产党顺应参与式民主的发展潮流，提出知情权、参与权、表达权和监督权这四个概念去充实参与式民主的内涵。

① 关于人的主体性理论内容的介绍，参见王万华著：《行政程序法研究》，中国法制出版社2000年版，第53—55页。

② 陈端洪：《人民必得出场——卢梭官民矛盾论的哲学图式与人民制宪权理论》，载《北大法律评论》（2010）第11卷第1辑。

党的十七大报告首先提出这四个权利："要健全民主制度，丰富民主形式，拓宽民主渠道，依法实行民主选举、民主决策、民主管理、民主监督，保障人民的知情权、参与权、表达权、监督权。"① 党的十八大报告又进一步提出："坚持用制度管权管事管人，保障人民知情权、参与权、表达权、监督权，是权力正确运行的重要保证。"② 仔细观察和阅读党的十七大报告和党的十八大报告关于这四个权利的定位可以发现两者之间的微妙差异：党的十七大报告是从"扩大人民民主，保障人民当家作主"的角度着眼，强调的是知情权、参与权、表达权、监督权作为民主的形式；而党的十八大报告则是从"健全权力运行制约和监督体系"进行定位，强调的是知情权、参与权、表达权、监督权作为权力的监督和制约方式。随着我们对这四个权利性质和特征认识的不断深入，它们也从宏观的民主政治领域遁入相对中观或微观的权力制约和腐败治理领域。保障人民知情权、参与权、表达权、监督权也应该成为我们建构权力制约机制和腐败治理制度的基础理念支撑。财产申报制度作为基础性的腐败治理制度，本书也尝试从知情权、参与权、表达权、监督权这四大权利入手来探讨财产申报制度的理念基础。此外，公务伦理法制化是当今世界公共管理和法律领域发展的重要趋势，公职人员财产申报作为公务伦理的重要内容，在探讨公职人员财产申报的理念基础时，不能忽视公务伦理法制建构的理论支撑。

一、公民知情权与腐败治理

知情权实践早于知情权概念，知情权实践在人类社会已有两百多年的历史，瑞典早在1766年即在宪法中承认人民有请求政府资讯

① 胡锦涛：《高举中国特色社会主义伟大旗帜　为夺取全面建设小康社会新胜利而奋斗——在中国共产党第十七次全国代表大会上的报告》（2007年10月15日）。

② 胡锦涛：《坚定不移沿着中国特色社会主义道路前进　为全面建成小康社会而奋斗——在中国共产党第十八次全国代表大会上的报告》（2012年11月8日）。

公开之权利，[1]而知情权概念则是由美国记者 Kent Cooper 于 1945 年首先提出。[2]在现代民主政体下，知情权[3]是民主政治的前提，也是其他民主和政治权利行使的基础。没有信息的有效支撑，公民的国家主人地位是虚化的，公民无法真正参与民主政治活动并对国家权力进行监督。“民主政治之运作，如能真正发挥有意义之功能，而非徒具形式，所谓‘消息灵通之公民’（informed citizenry）即为必备之要件。而欲使人民摆脱无知、愚昧乃至被误导，正确完整资讯之提供，即属不可或缺。”[4]用制度规范来保障知情权、用制度实践去落实知情权是推进公民民主和政治权利的行使、促进民主法治国家建设的基本路径。

从国内外反腐经验教训可以看到，纵然民众对腐败和腐败治理极其关心，但是如果反腐运行机制不公开不透明，那么他们与国家的腐败治理工作之间就会存在巨大的沟壑，腐败治理过程中就难免出现选择性执法、腐败治理专门机关自身腐败的现象。所以，中国腐败治理需要更加注重从制度上保障公民的知情权，透进人民监督与参与的阳光；在保守必要工作秘密、有效打击职务犯罪的同时，应该增强腐败的透明式治理。

知情权对于财产申报制度的理念支撑突出表现在财产申报公开制度。虽然有个别国家或地区并没有实行财产申报公开，但是财产申报公开制度仍然是财产申报制度建构的本质要求和应然价值之所在，缺少了财产申报公开制度，财产申报制度就仿佛没有牙齿的老虎，在很大

---

① 法治斌著：《资讯公开与司法审查：行政法专论》，（台湾）正典出版文化有限公司 2003 年版，第 29 页。

② 转引自王锡锌著：《公众参与和行政过程——一个理念和制度分析的框架》，中国民主法制出版社 2007 年版，第 124 页。

③ 其实，知情权不仅存在于公共治理和公法领域，它也广泛存在于私人交易和私法领域，如消费者权益保护、产品质量和物权公示等。由于本书是在腐败治理的视野下关注知情权，所以此处的知情权仅指公共治理领域中的知情权。

④ 法治斌著：《资讯公开与司法审查：行政法专论》，（台湾）正典出版文化有限公司 2003 年版，第 27 页。

程度上丧失了对腐败分子的威慑力和执行力。公职人员财产情况并不是单纯的个人隐私，公职人员可以通过权力非法牟取私利、获得财产，监督公职人员财产变动情况已成为发现腐败的有效手段，于是，公职人员财产信息也成为公共利益的一部分。因此，通过对法定范围内公职人员所申报财产的技术化处理[①]并通过相应方式向社会公开，这就在保障公职人员隐私权的同时更加注重保障公民的知情权、监督权。“阳光是最好的‘防腐剂’。政务公开，就是要保障群众的知情权、参与权、表达权和监督权，创造条件让人民更有效地监督政府。”[②]同时值得注意的是，财产申报公开制度在监督负有申报义务的公职人员的同时，也在监督着腐败治理机关是否依法打击腐败、惩治腐败，因为社会针对政府所主动公开的财产情况所提供的案件线索是可以公开查证的，这能够有效防止腐败治理机关的选择性执法。

二、公众参与和参与式民主的勃兴

当今世界正在经历着一场由“管理”向“治理”变迁的公共变革，其中的突出标志就是参与式民主的全球化勃兴。在传统的代议制民主时代，我们一般将公共行政主体对公共事务的决策、执行、处理等活动称为“管理”，“管理”一词强调的是行政主体与行政相对人权利义务关系的不平等、行政主体的绝对优越性、行政管理活动的封闭性和单向性。随着传统代议制民主弊端的日益显现、“新公民参与运动”[③]的蓬勃开展以及共和主义传统的当代复兴，在20世纪中叶后的世界各

① 这里的技术化处理并不是指变造、伪造等手段，而是基于财产公开和隐私权之间的平衡对申报材料中敏感信息所做的安全处理。有关技术化处理措施的具体介绍，参见本书第四章第二节的内容。

② 温家宝：《认真贯彻党的十七大精神　大力推进廉政建设和反腐败工作》，载《求是》2008年第9期。

③ 有关“新公民参与运动”的介绍，可参见［美］约翰·克莱顿·托马斯著：《公共决策中的公民参与》，孙柏瑛等译，中国人民大学出版社2010年版，第2—4页。

国，强调公众直接参与公共事务立法、决策、执行等活动的参与式民主开始悄然兴起，“传统的权力—服从模式的行政管理（Government）逐步演变为协商—合作模式的公共治理（Governance）”[①]。“治理”一词更多意味着公共事务的开放性、互动性和协商性，国家和政府不再是公共权力的唯一垄断者，社会组织和公众也可以参与到公共事务的管理与执行并能对公共事务立法、决策、执行等活动的结果施加积极影响。特别是在当今的互联网时代背景下，“随着互联网逐步发展，信息交流的扩展，人民的参与意识，特别是对政府的监督和诉求会越来越多”[②]。在中国民主法治进程中，网络以其特有的虚拟性和广泛普及性正在成为不可替代的制度进步助推器，也给公民提供另一种途径与国家进行非面对面式的互动，网络已经成为新兴且影响巨大的公众参与方式，以自身特有的方式在推动着公民社会的孕育。公众参与是在传统代议制民主显现出自身难以克服的弊端与无奈时所出现的另一种民主形式——参与式民主，其本身就彰显着民主精神，是一种广泛存在于普通公民间的虽普通却又伟大的民主实践。从这个意义上讲，公众参与更是一个融合了高贵的民主精神与朴实的民主实践的现代话语。[③]党的十八大报告也在吸收国际经验和总结我国实践的基础上，顺应时代发展趋势，提出了“社会主义协商民主”的概念，从而为我国公众参与实践的进一步发展和完善提供新的理论指导。

腐败治理是重要的公共领域，公众参与腐败治理有着广阔的制度空间，也能彰显出制度治腐和法治反腐的民主力量。在国外，民间组织参与腐败治理的活动形式有参与腐败治理政策制定，推动廉政立法；腐败案件的举报和监督；腐败指数的调查和腐败治理研究；政

---

① 姜明安:《民主形式和公共治理》，载《湖南社会科学》2008 年第 1 期。

② 马怀德:《法治政府特征及建设途径》，载《国家行政学院学报》2008 年第 2 期。

③ 林华:《因参与、透明而进步：互联网时代下的公众参与和政府信息公开》，载《行政法学研究》2009 年第 2 期。

治落选运动等。[①]从一般意义上的理论视角看，个体化民众或者组织化民众参与腐败治理的途径与形式主要有以下几种：一是腐败案件的检举和揭发。腐败存在于生活中，腐败行为无论多么隐蔽和秘密总会存在蛛丝马迹，社会民众对腐败感知最深，而且往往身处腐败案件的第一现场，因此腐败案件线索一般首先存在于民间社会，民众的检举和揭发是国家惩治腐败的最主要线索来源，也是民众参与腐败治理的最重要途径。二是参与腐败治理立法和腐败治理政策的制定。《立法法》第五条、第三十七条、第六十七条，《行政法规制定程序条例》第十三条、第二十一条、第二十二条，《规章制定程序条例》第十五条、第十六条、第二十二条、第二十三条，都对公众参与法律、行政法规和行政规章制定作出了具体规定。腐败是社会的毒瘤，腐败治理立法和政策涉及社会公众的切实利益，公众参与腐败治理立法和腐败治理政策制定有利于腐败治理立法和政策预防腐败和惩治腐败的针对性，也有利于加强国家和社会之间的联系，增强民众对腐败治理专门机关和国家腐败治理工作的信赖。三是参与廉政教育活动。传统廉政教育的着眼点是国家公职人员，忽视对私人组织和社会民众的廉政教育。在交易型腐败中，公职人员和社会民众是交织在一起的，社会民众廉政教育的缺失降低了整个廉政教育的效果，腐败的社会土壤仍然没有消除。此外，个体化民众或者民众组成的民间廉政组织可以开展形式多样的社会廉政教育，降低腐败治理成本，弥补国家廉政教育的不足和缺失，形成国家和社会在廉政教育层面上的良好互动与互补。四是对腐败治理专门机关的监督。如果说腐败案件的检举和揭发针对的是对一般公职人员的监督，那么对腐败治理专门机关的监督则针对的是对负有腐败治理职责的公职人员的监督。腐败治理的永恒困境和悖论就是腐败治理机构的自身腐败。基于腐败的秘密性和权力因素，

① 李秀峰：《民间组织与反腐败——理论背景和国际经验分析》，载《中国行政管理》2008年第1期。

域外国家和地区为有效治理腐败，一般都赋予腐败治理机构以相对独立的法律地位和特殊职权，但是以权力制约权力的路径带有极大的局限性，始终面临“谁来监督监督者”的制度拷问。因此，为了解决腐败治理机构自身腐败的难题并将权力的最终监督权交给作为主权者的人民，除了健全和完善腐败治理机构内部管理制度和立法机关、司法机关对其的外部权力制约机制以外，最重要的还是加强公众参与腐败治理的制度化、规范化，特别是完善公众、媒体和民间组织对腐败治理专门机构的监督途径。

公众参与在财产申报制度中的运作空间主要在于主管机关核查程序中的公众参与和财产申报公开中的公众参与。主管机关对申报材料进行核查，若发现申报义务主体有腐败嫌疑时，为了全面核实、查清公职人员的财产情况，需要借助房产管理部门、银行等组织和有利害关系的公众对核查程序的参与。公众对申报核查程序的参与既是一种合作义务，也是一种监督权利。“由于缺乏普遍化的调查能力以及公众在社会监督中的特殊优势，审查程序应正式引入公众参与。”① 房产管理部门和银行固然是重要的财产信息掌握者或知情者，但是由于当今公职人员财产的多元化、财产占有的分散化、财产转移的秘密化，更加凸显普通的公众在申报材料核查程序中的意义和作用，不确定、分散化的公众往往能够知悉政府部门和银行等组织所不知情的公职人员财产线索。至于公众对财产申报公开程序中的监督式参与则是财产申报制度的精髓之所在。财产申报公开程序为公众参与腐败治理提供了最为重要的制度化和规范化渠道，公职人员生活在民众中间，社会民众对公职人员的财产状况、消费状况、财产申报真实情况等信息最为了解，无论是依申请查阅还是主动公开，通过民众向申报主管机关的举报和反馈特别是媒体对于公职人员财产情况的专业性调查与监督，公众参与财产申报公开程序可以成为腐败治理机关主动发现和揭发腐败案件的重要线索来源。

① 王锡锌:《官员财产申报制度：立法、实践与制度完善》，载《中国法律》2010 年第 4 期。

三、权力异化与权力监督的制度化

有权力就会有权力的监督，权力与权力监督更像是一对孪生姐妹，是人类社会中的永恒范畴。在奉行人民主权原则的现代民主国家里，国家权力一般存在着所有者与使用者的分离，人民是权力的所有者，[①] 而公职人员则是权力的具体使用者。客观而言，权力本身是中性的，它不具有天然的恶或者天然的善，权力既可以为民众谋福祉，也可以为个人谋私利。因此，权力监督的根源其实并不在于权力的善与恶，而在于掌权者（权力使用者）的善与恶。权力所有者与使用者之间存在着权力的委托—代理关系，不同层级或同一层级的权力使用者之间也存在着复杂的权力委托—代理关系。“现代社会中，分权化的决策结构广泛存在，等级控制和逐级代理是任何组织都不可缺少的基本管理技术。权力的委托—代理运行，就使得腐败具有了经济学内涵。”[②] 由于权力的逐级分层化与代理化、掌权者的经济人理性和趋利性、权力监督的有限性，至少从理论层面看，权力行使的异化和腐败存在某种必然性。

人类在几千年的历史里发明了无数权力监督的技术和技艺，既有领导意志式的监督，也有制度规范式的监督；既有运动式监督，也有日常性监督；既有权力系统内的监督，也有社会层面的监督。随着近现代社会里腐败的日益隐蔽化、智能化、高科技化、集体化和社会化，人类的权力监督也趋于技术性、日常性和制度化。传统社会中权力监督的核心是行政权，国家围绕行政权的监督而建构起包含立法机关监督、司法机关监督和行政系统内部监督在内的一整套制度体系，但是立法机关监督和司法机关监督毕竟会受到行政权主导的科层制内部权力相互庇护传统的干扰，而且这些监督是个别性的、断点式的监督，无法实现对行政权

① 我国《宪法》第二条第一款规定：“中华人民共和国的一切权力属于人民。”

② 倪星：《公共权力委托—代理视角下的官员腐败研究》，载《中山大学学报》（社会科学版）2009 年第 6 期。

的链条式制约，特别是随着职务犯罪的日益隐蔽性，传统的权力系统内部监督技术也显得越来越乏力。此外，不容忽视的是，传统的以权力制约权力的监督路径更多的是针对行政权，而立法权和司法权则享有更多的自主性和超脱性。于是，寻求一种对三种权力都进行一体化、平等性监督的技术是法治国家建设不断推进的必然要求。而就权利制约权力的监督路径而言，普通公众和媒体虽然也能通过无处不在的眼睛时刻盯着掌握权力的公职人员进而收获监督果实并给公职人员形成强大的监督压力，但是随着职务犯罪的日益高科技化和其行为的隐蔽性，公众监督和新闻监督对权力监督载体或素材的渴求也日益强烈。如果缺少一个能够集中反映公职人员权力行使状况的载体或素材，社会化监督就显得过于碎片化和形式化。因此，建立一种为社会提供监督载体或素材的制度就成为给社会化监督注入新活力的关键。

在迈向建构一种线性化的权力监督机制过程中，人类期待能够将权力监督制度化、规范化、法律化和日常化，继而按照制度设计的程序自然地推进和实施权力监督，寻求对权力的无缝式监督。这种依据法律制度进行的程序化、流水线式的权力监督运作机制可以有效隔离领导意志对于权力监督的干扰，拒斥权力监督的权力化和运动化，形成权力监督的法律化模式运转。财产申报制度无疑就承载着人类寻求对权力进行线性化、日常化监督的梦想，透过初任申报、日常申报、离任申报、特定情形下即时申报等制度对公职人员进行“从入口到出口”的线性化监督，同时透过申报审核制度和申报公开制度融合了以权力制约权力和以权利制约权力的监督模式的特点，实现对立法权、行政权和司法权的一体化、平等性监督。

四、公务伦理的法制建构

“公共权力总是伴随着伦理责任……权力越大，责任越大。”[①] 为了

① ABA Committee on Government Standards，Keeping Faith：Government Ethics & Government Ethics Regulation，Administrative Law Review，vol.45（1993），p.293.

保障伦理责任规范的可执行性，20 世纪，国际社会掀起公务伦理[①]法制建构的世界性浪潮。美国于 1978 年颁布《政府伦理法》并于 1989 年颁布《伦理改革法》，[②]韩国于 1981 年颁布《公职人员伦理法》，日本于 1999 年颁布《国家公务员伦理法》等。[③]联合国于 1990 年通过《反贪污实际措施》，1996 年通过《联合国公职人员国际行为守则》和《反对国际商业交易中的贪污和贿赂宣言》，1998 年通过《关于国际合作打击国际商业往来中贪污贿赂行为的决议》，2003 年通过《联合国反腐败公约》[④]等。此外，一些区域性国际组织也颁布涉及公务伦理建设的腐败治理规范，比如美洲国家组织于 1996 年通过《美洲反腐败公约》，欧洲联盟理事会于 1997 年通过《打击涉及欧洲共同体官员或欧洲联盟成员国官员的腐败行为公约》，欧洲委员会部长委员会于 1999 年通过《反腐败刑法公约》和《反腐败民法公约》，亚洲开发银行等国际组织于

---

① 目前学界一般将公职人员的职业伦理称为“行政伦理”。与此相类似的名称还包括“政治伦理”“政府伦理”“公务伦理”等。但是鉴于目前学界一般是从行政学的学科视角去分析和界定行政伦理（将行政伦理学作为行政学下面的分支学科），行政伦理概念使用的杂乱与分歧，行政伦理概念无法包含立法人员、司法人员和特定公共组织人员，国外的立法实践一般称之为 ethic in government（政府伦理）等因素，“行政伦理”概念自身存在着逻辑的混乱与概念的非周延；同时，中国的“政府”一般是指行政机关，与西方的包括立法机关、行政机关和司法机关的“政府”概念存在巨大的语境差异，“政府伦理”概念会具有迷惑性；而使用“政治伦理”又会与伦理法制化形成政治与法律的并存，多少会对伦理法制化的内涵构成语词上的冲击。综合上述各种原因，本书将公职人员的职业伦理称为“公务伦理”。

② 其实在 1978 年《政府伦理法》和 1989 年《伦理改革法》之间，美国国会还曾经于 1982 年制定过《政府伦理法》的修正案，关于修正案的详细制定过程和内容解析，see Thomas J. Satery，The Ethics in Government Act of 1978 and Subsequent Reforms：The Effect of Political and Practical Influences on the Creation of Public Policy，Seton Hall Legislative Journal，Vol.13（1990），pp.251-259.

③ 更多的公职人员伦理法律文本，参见中央纪委法规室、监察部法规司编译：《国外反腐败·廉政法律法规选编》，中国方正出版社 2002 年版；中央纪委法规室、监察部法规司编译：《国外防止腐败与公职人员财产申报法律选编》，中国方正出版社 2012 年版。

④《联合国反腐败公约》是联合国第一个用于指导国际社会腐败治理的法律文件。有关《联合国反腐败公约》的具体内容，参见李昌道：《〈联合国反腐败公约〉解析》，载《复旦学报》（社会科学版）2006 年第 4 期；马德才：《〈联合国反腐败公约〉析论》，载《武汉大学学报》（哲学社会科学版）2007 年第 5 期；何增科：《国际社会反腐败的新进展：以〈联合国反腐败公约〉及其实施评估为视角（上）》，载《北京行政学院学报》2012 年第 1 期；何增科：《国际社会反腐败的新进展：以〈联合国反腐败公约〉及其实施评估为视角（下）》，载《北京行政学院学报》2012 年第 2 期；等等。

2001年发起通过《亚洲和太平洋地区反腐败行动计划》，非洲联盟于2003年通过的《非洲联盟预防和打击腐败公约》等[①]。

法律与道德自古以来就存在着一定的糅合，某些道德可以通过法律来执行，[②]同时法律中也常蕴含着道德要求，法律的执行也能孕育制度伦理。“法治建设要求我们必须深入改革，完善制度的构建，真正做到依法治党、依法治权、依法行政，由此达到不仅根治腐败，而且培植出政治制度伦理和行政伦理来。”[③]与一般的道德相比，公务伦理又具有自己的基本特征：公务伦理是公共伦理，而不是个体伦理；[④]公务伦理是职业伦理，而不是生活伦理；公务伦理是规范伦理，而不是美德伦理。[⑤]因此，公务伦理在某种程度上带有世俗性，[⑥]是一种底线的公务规范。“由于制度伦理赖以建立的社会基础是‘人的需要体系的日益丰富和多样化’，是人与人之间交往的普遍化，即普遍的社会关系，因而，

---

① 关于涉及公务伦理建设的腐败治理国际条约或国际性文件的具体介绍，参见万霞：《反腐败的国际立法浅析》，载《外交学院学报》2004年第1期；何增科：《国际社会反腐败的新进展：以〈联合国反腐败公约〉及其实施评估为视角（上）》，载《北京行政学院学报》2012年第1期；廖敏文：《国际视野中的腐败和反腐败对策》，载《国家行政学院学报》2004年第4期；许道敏：《联合国及一些国际组织重视预防职务犯罪的立法》，载《中国监察》2002年第24期；等等。

② 哈特甚至认为：“道德通过法律强制执行是不需要争论就可以轻而易举证成的，因为它就是一个被强制执行的道德。”参见［英］哈特著：《法律、自由与道德》，支振锋译，法律出版社2006年版，第7页。

③ 杨楹：《论政治制度伦理——从腐败谈起》，载《哲学研究》2002年第10期。

④ 个体伦理是调整个人生活的规范，公共伦理是规范公共生活的规范。对个体伦理的违反一般不会危害社会，而公共伦理则具有公共性和社会性，对公共伦理的违反通常会损害公共利益。

⑤ 比如“全心全意为人民服务”并非底线伦理，更多的应是高尚道德。何为“全心全意”几乎难有可确定的标准和尺度，因此，“全心全意为人民服务”一般不能将之法制化，或者即使法制化也会缺乏相应的法律处罚规则，又或者是即使规定了法律处罚规则也会在很大程度上导致规则执行的虚化。因为若严格执行违反“全心全意为人民服务”的法律后果规则将造成大规模的普遍性违法。从这个角度而言，宣传“全心全意为人民服务”固然可以提升公务人员的境界，但是从公务伦理法制化的角度来看，我国的当务之急还是尽快制定一部以规范公职人员利益冲突为核心的带有底线伦理和规范伦理性质的公务伦理法。“我们制定的领导干部廉洁从政的行为规范，有些要求过于原则；有些虽有规定，但缺乏考核、处理的具体办法；对一些违反规定的行为，也缺乏及时有效的检查、监督和查处，因此，一些行为规范未能得到很好落实。”（尉健行：《深入推进党风廉政建设和反腐败斗争》，载《求是》2000年第5期。）

⑥ Dennis F. Thompson，Paradoxes of Government Ethics，Public Administration Review，Vol.52，No.3（1992），p.258.

它就不能像建立在人身依附关系和血缘宗法关系基础上的修养论道德那样，‘君子有君子的道德’，‘小人有小人的道德’，更不能容忍‘爱有差等’‘礼有三分’，或在伦理准则面前‘只许州官放火，不许百姓点灯’。”[①] 公务伦理法制化的必要性在于：一是填补科层制下的形式理性与公务人员的主体性之间的沟壑。科层制强调的形式理性，严格依照法律的执行，将公务人员视为科层制机器上的一颗螺丝钉，缺乏对公务人员主体性、自主性、内在伦理的关注，而公务伦理法制化则可以将科层制的形式理性与公务人员内在伦理建设有机地结合起来。“如果我们从伦理历史中学到了什么东西的话，那么它就是在处理道德伦理困境时不要去隐藏它。就像荨麻，当生活迫使我们必须在两个邪恶中选择一个较不邪恶的时，我们必须有意识地理解它们到底是什么。”[②] 公务人员的伦理困境需要法制化的公务伦理去应对。二是融合法律和道德的腐败治理手段。公务伦理法制化包含着法律的腐败治理手段和道德的腐败治理手段，将道德要求通过法律制度的形式表现出来，可以充分发挥两种手段的长处。三是克服道德观念和界限的相对模糊性。单纯的道德观念和界限其实是相对模糊的、不确定的，同时也缺乏强制执行力，公务伦理法制化可以用法律的方式清晰地界定公务伦理的义务、要求和界限，并规定相应的法律责任，因而可以通过法律强制力的实施有效推进公务伦理的习惯性内化。[③] 公务伦理法制建构立足于传统伦理政治和科层制政治的两端，通过法律化的方式重塑公务伦理，寻求一种以公务伦理为内在支撑的理性政治。

就公务伦理法制建构的制度框架来看，公务伦理法律规范主要包

---

① 方军：《制度伦理与制度创新》，载《中国社会科学》1997年第3期。

② H. L. A. Hart，Positivism and the Separation of Law and Morals，Harvard Law Review，Vol. 71，No. 4（1958），p. 620.

③ 比如，“从伦理学角度来讲，公务员通过对财产申报制度的了解，明确其重大的意义，内心才会真正地认同，并且把这种外在的道德要求，内化为心中的道德法则，成为自己的道德行为准则，从而在行政生活中积极主动地对自己的行动进行意志约束，这样，才能从源头上遏制各种犯罪心理”。参见王和君：《财产申报制度的伦理考量》，载《伦理学研究》2009年第3期。

括关于公职人员财产申报的法律制度、关于公职人员离职后从业限制的法律制度、关于公职人员礼品收受规制的法律制度、关于公职人员回避的法律制度、关于公职人员兼职规制的法律制度等。[①]“从已经建立的行政伦理法律来看，公职人员的财产申报制度是行政伦理法制建设的核心内容。以美国为代表的西方发达国家普遍建立了以公职人员财产申报制度为核心的行政伦理法律。”[②]从我国的公务伦理法制建构现状来看，公职人员财产申报、礼品收受规制、兼职规制等都还停留在党内政策的层面上，而离职后从业限制和回避则已经实现部分的法制化，但统一的公务伦理法制建构可能还需要漫长的征途。[③]

第四节　公职人员财产申报法与其他法律的衔接

腐败治理是一个系统工程，有效的腐败治理需要各个腐败治理手段的自我功能发挥和相互间功能配合，任何个别腐败治理手段的功能发挥都在很大程度上受制于其他腐败治理手段的功能影响。腐败治理法律制度建设也是一个系统性、整体性、体系化的制度工程，单个腐败治理法律制度的制度运作也取决于其他法律制度的实施状况。对于财产申报法律制度而言，调整范围宽泛、操作技术性强、辐射面广、制度执行难度大和民众期望值高等特点决定了财产申报法与其他法律之间拥有更为紧密的法律联系。“每一部法律都不是单独存在的，法律与

① 此外在西方国家，政治竞选、游说等也是公务伦理的规制内容，see Vincent R. Johnson，America’s Preoccupation with Ethics in Government，ST. Mary’s Law Journal，Vol.30（1999），p.733；Joseph I. Hochman，Post-Employment Lobbying Restrictions on the Legislative Branch of Government：A Minimalist Approach to Regulating Ethics in Government，Washington Law Review，Vol.65（1990），pp.884-892.

② 蒲志强：《公职人员财产申报制度的行政伦理研究》，载《政治学研究》2010 年第 5 期。

③ 公务伦理法制化至少还面临着如何将广泛的道德义务用精确的法律语言去表达，用命令式规则去整合道德原则以及去应对伦理法典化过程中的政治妥协，see Vincent R. Johnson，Ethics in Government at the Local Level，Seton Hall Law Review，Vol. 36（2006），p.726.

法律之间必然发生关联，对这种关联性进行分析探讨，便是法制的关联分析。”[①] 只有更为清晰地认识财产申报法在腐败治理法律体系中的坐标定位，厘清它与其他法律制度的关系和契合区域，才能更好地推进财产申报法的建立与健全，促进腐败治理法律制度体系和腐败治理体系的完善。本书拟对财产申报法和宪法、行政法、刑法、国际法、公务员法、信息公开法等与其关系紧密的法律之间做一番法制关联分析视角的梳理与解读。

一、公职人员财产申报法与宪法

宪法是国家的根本法，具有最高的法律效力。宪法的实质是尊重和保障公民权利，限制和制约国家权力。“从宪法基本原理上说，宪法是规范国家权力，以‘限制政府不得为非’，从而保障公民基本权利为根本目的。”[②] 就公共领域而言，腐败的实质是以公共权力谋取私人利益，亦即公共权力的异化和腐败。我们应当将我们的宪法看作为那些将来在制定和实施法律时的政府行为确立一个基础性程序框架。[③] 宪法是限制和制约国家权力的法，财产申报法的实质也是通过公职人员的财产申报与公开机制事先防范和及时揭露公共权力的腐败，因此，就制约公共权力、预防腐败而言，宪法和财产申报法有着理念上的异曲同工之处。当然，宪法与财产申报法也有着重大的差异：宪法是在国家宏观政治体制层面去制约国家权力，[④] 宪法更多着眼于抽象权力的分配和配

---

① 叶俊荣著：《面对行政程序法：转型台湾的程序建制》，（台湾）元照出版有限公司 2002 年版，第 178 页。

② 蔡定剑：《中国宪法实施的私法化之路》，载《中国社会科学》2004 年第 2 期。

③ Lon L. Fuller，Positivism and Fidelity to Law：A Reply to Professor Hart，Harvard Law Review，Vol. 71，No. 4（1958），p. 643.

④ “宪法（constitution）就是关于国家构成、权力范围、统治原则等公权力特征的基本法律，宪政（constitutionalism）即政治权力受宪法规范的状态。”参见张千帆著：《宪政原理》，法律出版社 2011 年版，前言第 2 页。

置；财产申报法则是在微观腐败治理制度层面去制约国家权力，它更多关注具体的权力行使者。此外，宪法具有最高的法律效力，财产申报法作为具体领域的一部法律，它的法律条款不能与宪法相违背，特别是财产申报的主管机关建构、程序规范等内容一定要符合宪法的原则和精神。

宪法与财产申报法更为重要的法律纽带在于：宪法给予财产申报法以明示的依据或默示的依据。某些国家的宪法明文规定公职人员负有财产申报的义务，该宪法条款自然就构成财产申报法的直接宪法依据，比如尼日利亚1979年宪法对财产申报作出了明文规定[①]。绝大多数国家的宪法并没有在宪法文本中明文规定财产申报制度，但是从这些宪法的某些条款中可以推定出公职人员财产申报的理念与原则，于是这些宪法条款就构成财产申报法的默示宪法依据。从我国宪法来看，《宪法》第二条第三款[②]、第二十七条第二款[③]、第四十一条[④]可以构成财产申报法的默示宪法依据。《宪法》第二条第三款是有关公民参与权和参与制民主的宪法规定，[⑤]第二十七条第二款是国家机关和国家工作人员接受监督的义务和公民监督权的规定，第四十一条则是公民监督权条款。[⑥]如果我们从财产申报法的深层次逻辑结构来看，它其实是

---

① ［尼日利亚］艾罗·阿穆桂切齐：《财产申报与贪污的预防》，载《中国刑事法杂志》1996年第1期。

② 《宪法》第二条第三款规定："人民依照法律规定，通过各种途径和形式，管理国家事务，管理经济和文化事业，管理社会事务。"

③ 《宪法》第二十七条第二款规定："一切国家机关和国家工作人员必须依靠人民的支持，经常保持同人民的密切联系，倾听人民的意见和建议，接受人民的监督，努力为人民服务。"

④ 《宪法》第四十一条规定："中华人民共和国公民对于任何国家机关和国家工作人员，有提出批评和建议的权利；对于任何国家机关和国家工作人员的违法失职行为，有向有关国家机关提出申诉、控告或者检举的权利，但是不得捏造或者歪曲事实进行诬告陷害。对于公民的申诉、控告或者检举，有关国家机关必须查清事实，负责处理。任何人不得压制和打击报复。由于国家机关和国家工作人员侵犯公民权利而受到损失的人，有依照法律规定取得赔偿的权利。"

⑤ 姜明安：《公众参与与行政法治》，载《中国法学》2004年第2期。

⑥ 参见许崇德主编：《中国宪法》，中国人民大学出版社1996年版，第414页；韩大元主编：《宪法学》，高等教育出版社2006年版，第310—311页；张千帆主编：《宪法》，北京大学出版社2008年版，第294—295页；等等。

一部以规范公职人员的财产申报为基本内容的法律，它的基本立足点是公职人员的财产申报或公开义务，公职人员的义务性规范应该是财产申报法的主基调。由是观之，《宪法》第二十七条第二款从公职人员接受监督的义务入手，构成第一层次相对直接的默示宪法依据；而第二条第三款和第四十一条则是从公民的参与权和监督权入手，就与财产申报法的法律联系而言，它们构成第二层次相对间接的默示宪法依据。

二、公职人员财产申报法与行政法

本书在导论部分曾经对财产申报法与行政法在内容方面的关系进行过详细介绍和梳理，[①]就实质意义上的公共行政而言，无论是行政人员还是立法人员和司法人员的财产申报活动都属于实质意义上的行政职能，适用或参照适用行政组织法、行政程序法、行政救济法的相关规定，公职人员的财产申报与公开都应纳入行政法的调整范围。即使从形式意义上的公共行政来看，无论是从人员数量还是从职务级别来说，行政人员都是公职人员的主体部分，也是最需要进行法律规制的公职人员。除了在极个别地方的制度设计方面[②]可能会存在差异以外，以行政法基本理论和基本制度为支撑而建构起来的关于行政人员的申报主体制度、申报范围制度、申报种类制度、申报程序制度和法律责任制度等财产申报制度的核心内容对于立法人员和司法人员也是几乎一致适用的，这些核心机制具有理念层面和制度层面的共通性与同化性。当前，我国社会主义法律体系共有宪法相关法、民法商法、行政法、经济法、社会法、刑法、诉

① 关于财产申报法与行政法关系的详细阐述和解析，参见本书导论部分。
② 比如申报义务主体的确定原则、申报主管机关等方面会存在细微的差别。

讼与非诉讼程序法七个法律部门。[①]在公共行政由形式意义范畴迈向实质意义范畴的过程中，[②]其实无论是从形式意义的公共行政还是从实质意义的公共行政来看，财产申报法都可以作为行政法律部门的具体法律制度而存在。姑且暂时脱下财产申报法的法律外衣，公职人员财产申报实质上属于腐败治理的范畴，腐败治理是个跨学科的研究主题，涉及法学、政治学、行政学、公共管理学等学科。从学科之间的联系来看，与其他法律学科相比，行政法学也是与政治学、行政学、公共管理学等学科联系最紧密的法学学科。“每一种行政法理论背后，皆蕴藏着一种国家理论。”[③]因此，如果说非要将财产申报法归类到某一个法律部门的话，行政法无疑也是最适宜的选择。

让我们再来进一步探究财产申报法在行政法律部门中的法律定位。如前述及，我国社会主义法律体系可以划分为宪法相关法、民法商法、行政法、经济法、社会法、刑法、诉讼与非诉讼程序法七个法律部门。在每一独立的法律部门之下，还可划分第二层次和第三层次的法律部门。[④]其实行政法领域也有相类似的层次划分。行政法学依其内容一般划分为行政法总论和行政法各论（或称行政法分论、部门行政法）。[⑤]“行政法学发展的空间及需求是很大的，行政的范围广泛，

---

① “中国特色社会主义法律体系，是以宪法为统帅，以法律为主干，以行政法规、地方性法规为重要组成部分，由宪法相关法、民法商法、行政法、经济法、社会法、刑法、诉讼与非诉讼程序法等多个法律部门组成的有机统一整体。”参见国务院新闻办公室：《中国特色社会主义法律体系》，载中国政府网，http://www.gov.cn/jrzg/2011-10/27/content_1979498.htm，2018 年 7 月 10 日最后访问。

② 参见王名扬著：《法国行政法》，中国政法大学出版社 1988 年版，第 10 页。

③ ［英］卡罗尔·哈洛、理查德·罗林斯著：《法律与行政》（上卷），杨伟东等译，商务印书馆 2004 年版，第 1 页。

④ 参见沈宗灵主编：《法理学》（第二版），高等教育出版社 2009 年版，第 334—335 页。

⑤ 姜明安主编：《行政法与行政诉讼法》（第二版），北京大学出版社、高等教育出版社 2005 年版，第 34 页；黄锦堂：《行政法的概念、起源与体系》，载翁岳生编：《行政法》，中国法制出版社 2002 年版，第 85—87 页。

行政法各论有待开发。”[①] 部门行政法是指存在于各个具体行政部门领域的行政法，如公安行政法、民政行政法、经济行政法、军事行政法、文化行政法、廉政行政法等。参照法律部门与第二层次法律部门、第三层次法律部门的分类，这些部门行政法就属于行政法律部门下的第二层次法律部门。廉政行政法是指调整行政人员廉政行为，预防和惩治行政腐败的法律部门的总称。廉政行政法具体包括财产申报法、信息公开法、防止利益冲突法、公务回避法等第三层次的法律部门。因此，就财产申报法在行政法中的定位来看，财产申报法属于行政法下面的第三层次法律部门。

三、公职人员财产申报法与刑法

刑法是有关犯罪与刑罚的法律。刑法具有最终性，通过刑罚制裁的终极威慑力来保障其他法律得以真正实施。刑法也是确保财产申报法真正执行的制度保障。就我国而言，财产申报法与刑法的关系主要表现在两个方面：一是刑法既有的相关规定与财产申报法的关系，二是财产申报法的制定对刑法未来的影响。

我国《刑法》中与财产申报法直接相关的是第三百九十五条的巨额财产来源不明罪和隐瞒境外存款罪。巨额财产来源不明罪的犯罪主体是负有财产申报义务的公职人员，隐瞒境外存款罪的犯罪主体是负有境外存款申报义务的公职人员，这两者都与财产申报法直接关联。就巨额财产来源不明罪的立法本意而言，它是一个单独的罪名，“国家工作人员的财产、支出明显超过合法收入”的发现和认定既可以发生在国家工作人员被腐败治理专门机关正式立案调查之前，也可以发生在正式立案调查之后。一个尴尬的现实情形是：由于缺乏财产申报制度的

① 翁岳生：《翁岳生教授荣退演讲》，载叶俊荣主编：《法治的开拓与传承：翁岳生教授的公法世界》，（台湾）元照出版有限公司 2009 年版，第 11 页。

真正实施，巨额财产来源不明罪在法院审判实践中一般是公职人员职务犯罪数罪并罚中的固定一罪，在很大程度上已沦为一个事后性的雪上加霜式的“附属性罪名”，即纪检监察部门、检察部门在接到群众举报或在其他案件中发现职务犯罪线索后对有嫌疑的公职人员进行立案调查，在调查过程中发现公职人员还拥有来源不明的巨额财产，于是就以举报或发现的犯罪罪名和巨额财产来源不明罪来共同起诉该公职人员。由于缺少财产申报制度的真正执行和必要支撑，巨额财产来源不明罪在现实的司法实践中难以获得单独的适用。此外，巨额财产来源不明罪的处罚设计过轻也使得该罪名遭遇巨大困境[①]，在很大程度上纵容了腐败的蔓延和扩大。从某些国家或地区的廉政实践来看，财产申报法与贪污贿赂罪也有直接关联，这些国家或地区的法律规定，公职人员没有依法申报、巨额财产来源不明的就以贪污贿赂罪论处[②]。就隐瞒境外存款罪而言，境外存款是财产的一部分，在财产申报制度虚置的背景下，隐瞒境外存款罪在司法实践中也鲜有单独适用的个案。[③]而且，在当前公职人员一般都会按照党组织的要求（真实或虚假）进行申报财产的情形下，隐瞒境外存款的实质是一种申报不实的行为，是一种公职人员财产申报法中的违法行为。如果隐瞒境外存款需要定罪，那么谎报境外存款、隐瞒境外有价证券、隐瞒境内存款的行为是不是

---

① 尽管《刑法修正案（七）》意识到了该问题，其第十四条规定：“将刑法第三百九十五条第一款修改为：‘国家工作人员的财产、支出明显超过合法收入，差额巨大的，可以责令该国家工作人员说明来源，不能说明来源的，差额部分以非法所得论，处五年以下有期徒刑或者拘役；差额特别巨大的，处五年以上十年以下有期徒刑。财产的差额部分予以追缴。’”该条款将巨额财产来源不明罪的法定刑相应提高，但是修改后的法定刑仍然不足以有效威慑腐败分子，同时缺少财产申报制度有效支撑，巨额财产来源不明罪仍摆脱不了“附属性罪名”的尴尬困境。

② For example，see Prevention of Corruption Act of Singapore，Sec.24（1）.

③ 笔者以“隐瞒境外存款罪”为标题在北大法宝司法案例库中进行搜索，共找到 4 篇涉及隐瞒境外存款罪的案例与裁判文书（由于其中两个文书其实是针对同一案件的一审和二审判决，因此北大法宝实际上共有 3 个涉及隐瞒境外存款罪的案例），在这 3 个涉及隐瞒境外存款罪的案例中，隐瞒境外存款罪都是与其他罪名一起适用的。http：//www.pkulaw.cn/cluster_call_form.aspx?menu_item=case&EncodingName=&key_word= 刑法，2012 年 12 月 18 日最后访问。现实中肯定还会存在隐瞒境外存款罪的其他案例，但是基于对制度设计的内在机理作适当的扩展性推测，在这些案例中隐瞒境外存款罪或许也都是与其他罪名一并适用的。

应该定罪？罪与非罪的合理界限又在哪？

财产申报法作为腐败治理的基础性法律制度，为了督促公职人员依法切实履行财产申报义务，通常会规定拒不申报和不实申报等违法行为的刑事责任。在财产申报法中，违法行为的主体一般包括四类：申报主管机关的工作人员、在核查程序中负有协助义务的组织和个人、公职人员和申报材料使用者。申报主管机关工作人员在财产申报活动中涉嫌权力腐败的，可以直接适用《刑法》有关渎职犯罪和贪污贿赂犯罪的规定，无须增加新的刑法条款；至于在核查程序中负有协助义务的组织和个人在财产申报活动中涉嫌作伪证、包庇等犯罪行为的，也可以直接适用《刑法》有关伪证罪、包庇罪等规定，无须增加专门的刑法条款；申报材料使用者基于不正当目的使用申报材料的，一般可处以民事处罚和行政处罚；而公职人员在财产申报中有拒不申报、迟延申报和不实申报等行为的，现行《刑法》还缺乏严密、周全的制度应对。巨额财产来源不明罪是针对巨额非法财产这一结果而规定的刑事处罚，并不是针对不实申报行为本身；而隐瞒境外存款罪所调整的仅是隐瞒境外存款的行为，而隐瞒境外存款仅是不实申报行为的一小部分，不实申报行为还包括隐瞒境外房产、隐瞒境外有价证券以及隐瞒境内各种财产的行为。因此，从督促公职人员依法切实履行财产申报义务、保障公职人员财产申报法的权威性和威慑力角度看，有必要在《刑法》中进行刑法罪名的补充和改造：一是增加拒不申报财产罪；二是设立不实财产申报罪，同时取消隐瞒境外存款罪。

四、公职人员财产申报法与国际法

随着交通与通信技术的迅猛发展以及金融全球化，腐败财产的境外转移、腐败分子的境外逃跑、跨国公司实施的境外贿赂犯罪以及国际组织公职人员的腐败等问题日益凸显并加剧蔓延，腐败逐渐从国内法领域扩展到国际法领域，成为国际社会共同关注的重要话题。腐败不是某个国家或地区所面临的问题，而是所有国家或地区所面对的共同挑战。发展中国家有腐败，发达国家也有腐败；非民主国家有腐败，民主国家也有腐败；东方国家有腐败，西方国家也有腐败；小国有腐败，大国也有腐败；资本主义国家有腐败，社会主义国家也有腐败。可以说，国家不分大小、强弱，也不论在地理区域、经济、政治、文化和意识形态等方面的差异，都饱受腐败的困扰和侵蚀。“腐败已经不再是局部问题，而是一种影响所有社会和经济的跨国现象，因此，开展国际合作预防和控制腐败是至关重要的。”① 各个国家或地区开始通过双边或多边的国际合作来加强腐败治理领域内的协调与共同应对，联合国等全球性国际组织和美洲国家组织等区域性国际组织也在加强腐败的国际合作方面做了大量工作。

联合国通过了《联合国反腐败公约》《联合国大会第51/59号决议·反腐败的行动》《联合国大会第54/128号决议·反贪污腐败行动》《联合国大会第55/61号决议·一项有效的反贪污国际法律文书》《联合国大会第55/188号决议·防止和打击贪污行为》等国际条约和法律性文件。此外，一些区域性国际组织也通过了《美洲国家组织反腐败公约》《欧洲委员会反腐败民法公约》《欧洲委员会反腐败刑法公约》等区域性国际条约。②《联合国反腐败公约》作为第一个国际社会寻求腐败治理合作的国际公约，具有里程碑式的意义。《联合国反腐败公约》第八条第（五）项规定了公职人员财产申报制度③，此外其他国际组织的法律文件也涉及公职人员财产申报④。于是，作为国内法的财产申报法就

---

① 《联合国反腐败公约》序言。

② 有关这些联合国法律文件和区域性国际条约的原文与译文，参见外交部条约法律司编译：《联合国反腐败公约及相关法律文件》，法律出版社2004年版。

③ 《联合国反腐败公约》第八条第（五）项规定：“各缔约国均应当根据本国法律的基本原则，酌情努力制订措施和建立制度，要求公职人员特别就可能与其公职人员的职能发生利益冲突的职务外活动、任职、投资、资产以及贵重赠予或者重大利益向有关机关申报。”

④ 联合国大会的《公职人员国际行为守则》第八条规定：“公职人员应视本人的职务并根据法律和行政政策的许可或要求，按要求公布和披露，并在可能的情况下，公布或披露其配偶和/或其他受赡养者的私人财产和债务。”

面临着如何与国际法衔接适用的问题。《联合国反腐败公约》是我国签署并经全国人大常委会批准加入的国际条约[①]，遵守国际公约是我国必须履行的国际法义务。我国虽然通过执政党文件的形式初步建立了党员干部财产申报制度，但是该制度与《联合国反腐败公约》有着较大的制度差距，[②]亟须发展与完善。《公职人员国际行为守则》等联合国大会颁布的决议，虽然不具有法律约束力，但是对联合国成员国也具有道义的约束力，理应获得各成员国的尊重与落实。因此，我国未来的财产申报立法应该处理好与国际法的关系，在遵守《联合国反腐败公约》等国际条约的基础上，参考《公职人员国际行为守则》等国际组织颁布的国际性文件，建立并不断完善既与国际接轨又符合我国国情的财产申报法律制度。

五、公职人员财产申报法与公务员法

公务员法是调整公务员权利、义务和管理的法律规范的总称，传统行政法学将公务员法置于行政组织法的范畴，[③]撇开公职人员和公务员的概念界定不论，财产申报法和公务员法或许也存在着法律上的联

---

① 2003年12月10日，时任中国外交部副部长的张业遂同志代表中国政府签署了公约。2005年10月27日，第十届全国人大常委会第十八次会议正式批准加入《联合国反腐败公约》。

② 首先，《联合国反腐败公约》第八条针对的是公职人员，而我国当前的财产申报制度仅规范具有共产党党员身份的公职人员，民主党派、无党派身份的公职人员还游离于制度之外（虽然《2010年规定》将民主党派领导干部也纳入申报范围，但是它始终面临着制定主体与制定内容之间存在巨大张力的拷问），因此，我国的财产申报制度亟待由调整党员干部财产申报的执政党政策文件向规范所有公职人员财产申报的国家法律规范转变；其次，《联合国反腐败公约》第八条要求缔约国“根据本国法律的基本原则”来建立财产申报制度，根据我国《宪法》第二条的人民主权原则、第五条的法治原则、第四十一条的民主监督原则，人民主权、法治、民主监督应是我国法律的基本原则，而公职人员财产申报的社会公开以接受人民监督应是人民主权、法治和民主监督原则的应有之义，因此，我国当前财产申报制度还缺失关键性的财产申报公开制度，并不符合《联合国反腐败公约》的要求。

③ 参见应松年主编：《当代中国行政法》，中国方正出版社2005年版，第220页；马怀德主编：《行政法与行政诉讼法》（第二版），中国法制出版社2007年版，第92页；姜明安主编：《行政法与行政诉讼法》（第二版），北京大学出版社、高等教育出版社2005年版，第114页；等等。

系：财产申报法可能会涉及公职人员在财产申报过程中的权利、义务和管理。于是，在《公务员法》的起草过程中，立法者曾经对是否应在《公务员法》中规定公务员财产申报制度有过争论，2004年十届全国人大常委会第十五次会议对《公务员法（草案）》进行第二次审议时曾将公务员财产申报制度列入讨论的议题。此外，也有学者主张："为了促进廉政，《公务员法（草案）》似乎还应规定公务员财产申报制度。"[①]但是，2005年最终出台的《公务员法》并没有规定公务员财产申报制度。

虽然在《公务员法》中以某个条款来规定公务员的财产申报可以了却许多人希望在法律中确定财产申报制度的愿望，然而客观而言，财产申报法律制度是一项技术性很强且注重可操作性的制度，如果单纯在《公务员法》中确立公务员财产申报的法律条款[②]却没有制定专门调整公职人员财产申报的法律规范，那么该条款实际上将不可避免地成为没有具体可操作性条款支撑的法律具文。此外，公务员法是与财产申报法并列的普通法律，它也不像宪法，如果在宪法中规定公职人员财产申报，那么该条款将具有重大的法律价值，它将直接推动公职人员财产申报法律制度的建立。因此，一个理性和务实的财产申报立法模式是制定专门的财产申报法，或者在统一的腐败治理法或公职人员伦理法中专列一章来详细地规范财产申报法律制度。

此外，财产申报法与公务员法的其他重要联系在于：《公务员法》关于职务与级别的条款是财产申报法设计申报义务主体的重要制度参考；《公务员法》关于职务任免、辞职辞退和退休的规定是财产申报法中初任申报、选举申报、离职申报和特定人员离职后申报等申报种类

---

① 姜明安：《重视制度设计，保障〈公务员法〉立法目的的实现》，载《华东政法学院学报》2005年第2期。

② 由于《公务员法》是关于公务员权利、义务和管理的法律，它不可能像专门的反腐败法或腐败治理法那样详细地规定公职人员财产申报制度，而只能将公务员财产申报作为公务员的一项法律义务或者公务员管理的一项制度以一个法律条款的形式简单地加以原则性规定。

的申报时间点确定的制度基础；《公务员法》中关于公务员权利义务的规定也是申报义务主体和申报主管机关工作人员的基本公务准则；《公务员法》中的行政处分制度也是申报义务主体和申报主管机关工作人员违法行为的重要责任形式；《公务员法》关于回避、申诉控告等制度的规定也应成为财产申报立法的重要考量因素，等等。因此，将来的财产申报法一定要注意与《公务员法》的协调与平衡，从而维护社会主义法制的统一性。

六、公职人员财产申报法与信息公开法

公开透明是法治的基本特征和重要内涵，“法治政府应该是透明的、阳光下的、廉洁的政府”[①]。第二次世界大战以后，随着经济全球化、政治民主法治化、文化多元化、信息网络化的快速推进，世界各国兴起了信息公开立法的浪潮。财产申报法的精髓在于财产申报公开制度，财产申报法也因此被称为“阳光法案”，这足可见其与信息公开法之间的深厚渊源和内在联系。从信息公开的视角来看，财产申报法中关于财产申报公开的规定属于信息公开法的特别法，是信息公开法的重要组成部分。在财产申报法制定还面临较大阻力的情形下，也有学者务实地主张先将财产申报公开制度纳入信息公开法的内容中去，通过制定较易出台的统一的信息公开法来应对当前财产申报公示制度难产的困境。[②]但是也有学者将财产申报制度的整体视为信息公开法的组成部分，[③]这可能就属于一种非严谨的学术态度：一是“阳光法案”的称号仅仅说明了财产申报公开制度可以成为财产申报制度的

① 马怀德：《法治政府特征及建设途径》，载《国家行政学院学报》2008年第2期。

② 参见马怀德：《源头反腐尚需制定三部法律》，载《中国社会科学报》2012年12月12日，第A07版。

③ 参见何平立：《建立公职人员财产申报制度势在必行》，载《探索与争鸣》2010年第4期；王锡锌：《官员财产申报制度：立法、实践与制度完善》，载《中国法律》2010年第4期；等等。

标志，但这并不能代表整个财产申报制度都与公开有关；二是财产申报公开制度尽管是财产申报制度的精髓和最重要机制，但它并不是制度的全部，事实上，申报义务主体、财产申报范围、财产申报种类和法律责任制度构成了财产申报制度规范的大多数条文，而财产申报公开仅有少数的几个条款；三是事实上有些国家或地区并没有建立财产申报公开制度，那么又如何能够将财产申报制度笼统地视为信息公开法的组成部分呢？

在中国语境下，《政府信息公开条例》已于2007年正式颁布。当前，财产申报制度与《政府信息公开条例》之间存在一定的张力：首先，《政府信息公开条例》的政府信息是指行政机关在履行职责过程中制作或者获取的，以一定形式记录、保存的信息。[①] 而当前《2017年规定》确立由组织（人事）部门负责受理申报事项，[②] 因此，组织（人事）部门记录、保存的申报信息属于党务信息，属于《中国共产党党务公开条例（试行）》的调整范围，不属于《政府信息公开条例》的调整范围。其次，《政府信息公开条例》作为行政法规，尚无法很好地协调与《档案法》《保守国家秘密法》等法律的关系，若将财产申报公开制度纳入《政府信息公开条例》，由其来平衡公职人员的隐私权与公众的知情权则会更显捉襟见肘。因此，协调财产申报公开制度与信息公开法可能存在两种较好的路径：一是制定专门的财产申报法，该法中的财产申报公开条款可作为信息公开法的特别法存在；二是制定统一的信息公开法或政务公开法，将财产申报公开制度纳入信息公开法或政务公开法的调整范围。

此外，财产申报法还涉及与其他相关法律的竞合适用，如不动产登记法、金融实名法、反洗钱法等，这一方面凸显了财产申报法的广泛辐射性，另一方面也说明了廉政行政法的系统性。囿于本书篇幅的限制，对财产申报法与上述法律的关系在此就不一一具体介绍。

---

① 《政府信息公开条例》第二条。
② 《2017年规定》第七条。

第三章 公职人员财产申报的立法模式与策略

财产申报制度在中国其实并非陌生，如前述及，早在1987年第六届全国人大常委会第二十三次会议上，王汉斌同志就曾明确提出要在相关法律中研究建立申报财产制度。随后，财产申报制度成为国家立法机关、公职人员、舆论媒体和社会公众共同关注的焦点。自1995年起，中国共产党相关部门相继颁布多个调整财产申报的党内政策文件。客观地说，中国已经初步建立起具有鲜明中国特色、以中国共产党为主体的领导干部财产申报制度。在当前各界热烈呼吁制定财产申报法的背景下，在一个相对宏观的层面上有必要认真梳理我国财产申报制度的历史发展，细致分析财产申报立法的立法必要性和立法困境，理性思考财产申报的立法模式，审慎考量财产申报法的立法策略和施行策略，这些针对方向性、道路性的宏观立法问题的思考或许能够更快推动财产申报立法进程，更好地服务于财产申报法律制度的微观建构。

第一节 历史溯源与现状梳理

从1995年中共中央办公厅和国务院办公厅联合印发《1995年规

定》以来，[①]中国正式在中央层面启动公职人员财产申报的制度建设进程。严格来说，在1995年至2008年之间，中央层面的财产申报制度建设与地方层面的财产申报制度建设大致是同步的：地方要么直接适用中央相应的财产申报制度，要么结合本地实际发布执行中央层面相应政策的实施办法，而这些实施办法与中央文件大同小异。但是从2008年5月新疆阿勒泰发布《关于县（处）级领导干部财产申报的规定（试行）》（以下简称《阿勒泰规定》）以来，财产申报制度建设在中国开始有了中央和地方的分野：中央继续沿着既有的财产申报制度建设方向前进，在申报义务主体、申报范围、责任机制等方面进行不断完善，而地方则开始不断试点和探索财产申报社会公开制度，试图将财产申报制度引向真正的良性运行轨道。下面分别对中央层面制度建设的尝试及问题和地方层面制度建设的努力及困境做一番简要的梳理和分析。

一、中央层面制度建设的尝试及问题

中央层面到底制定了哪些调整财产申报的政策文件？这些文件在制度设计上有何差异？中央层面的制度建设呈现哪些特点又面临什么样的问题？以上问题正是我们在梳理中央层面财产申报制度的历史发展和建设现状时需要认真加以回答的。

---

① 很多人将《1995年规定》视为中国第一个调整公职人员财产申报的政策文件，这其实是一种误解。早在1994年10月5日，最高人民检察院就发布过《最高人民检察院机关领导干部个人及家庭重要事项报告制度》，这是目前所能检索到的中国最早规范公职人员财产申报的政策文件。可以这样说，《1995年规定》是中国第一个调整公职人员财产申报的综合性规范，而《最高人民检察院机关领导干部个人及家庭重要事项报告制度》则是中国最早规范公职人员财产申报的政策文件，但它的调整范围仅限于最高人民检察院机关领导干部。

（一）中央层面财产申报制度建设的历史梳理

如前述及，自1995年以来，我国在中央层面共颁布过6个涉及公职人员财产申报的综合性党内法规，分别是：中共中央办公厅和国务院办公厅于1995年4月30日发布的《1995年规定》、中共中央办公厅和国务院办公厅于1997年1月31日发布的《1997年规定》、中央纪委和中央组织部于2001年6月15日发布的《2001年规定》、中共中央办公厅于2006年9月24日发布的《2006年规定》、中共中央办公厅和国务院办公厅于2010年5月26日发布的《2010年规定》以及中共中央办公厅和国务院办公厅于2017年4月19日发布的《2017年规定》。除去已经被废止的四个文件，目前《2001年规定》和《2017年规定》这两个文件还现行有效。除此之外，一些党中央颁布的其他重要文件也涉及财产申报制度，如2005年1月中共中央印发的《建立健全教育、制度、监督并重的惩治和预防腐败体系实施纲要》就明确提出要“完善领导干部重大事项报告和收入申报制度”，2013年1月《中国共产党第十八届中央纪律检查委员会第二次全体会议公报》提出要“认真执行领导干部报告个人有关事项制度，并开展抽查核实工作”。

除以上中国共产党发布的调整公职人员财产申报的综合性文件外，还有一些中央部门也发布了调整本单位、本系统内公职人员财产申报的文件，如1994年10月最高人民检察院发布的《最高人民检察院机关领导干部个人及家庭重要事项报告制度》、1995年6月原对外贸易经济合作部发布的《对外贸易经济合作部关于贯彻执行〈关于党政机关县（处）级以上领导干部收入申报的规定〉的通知》、1997年6月国家税务总局发布的《关于税务系统领导干部报告个人重大事项的实施意见》、1995年11月原邮电部发布的《邮电部门处级以上领导干部申报个人收入的办法》、2008年6月中央军委总政治部和中央军委纪委颁布的《关于军队党员领导干部报告个人有关事项的规定》[①]等。此外，中央纪委、中央组织部等中国共产党部门也针对中央政策文件专门发布一些解释性规定，如1995年6月中央纪委发布的《中共中央纪委关于对〈关于党政机关县（处）级以上领导干部收入申报的规定〉若干问题的答复》、1997年6月中央纪委发布的《中共中央纪律检查委员会、中共中央组织部对〈关于领导干部报告个人重大事项的规定〉若干问题的答复》等。

以上是关于我国中央层面财产申报政策化制度建设的简单梳理，那么，我国财产申报立法又在经历着怎样坎坷的历程呢？早在1988年，原国家监察部和原国务院法制局就起草了一份《关于国家行政工作人员报告财产和收入的规定草案》；在1994年，第八届全国人大常委会公布的《八届全国人大常委会立法规划》中将由原监察部负责起草的《财产收入申报法》列入第二类研究起草、成熟时安排审议的法律草案[②]，但最终没能进入正式立法程序，也未进行审议[③]；1999年，原国家监察部曾向国务院上报国家公职人员财产收入申报法的立法项目，建议列入第九届全国人大常委会立法规划，但未被列入《九届全国人大常委会立法规划（共89件）》；2003年出台的《十届全国人大常委会立法规划（共76件）》中依然没有公职人员财产申报立法的规划；2005年《公务员法》立法时，虽然有过公务员财产申报制度是否入《公务员法》的争论，但是出台的《公务员法》中没有相关规

---

① 在《2010年规定》发布之后，总政治部和军委纪委也于2010年对《关于军队党员领导干部报告个人有关事项的规定》进行了及时修订。

② 《八届全国人大常委会立法规划（共152件）》，载《人大工作通讯》1994年第5期。

③ 全国人大常委会法工委立法规划室编：《中华人民共和国立法统计》，中国民主法制出版社2008年版，第340页。

定[①]；2007年，《中央纪委、监察部2007—2010年党风廉政和反腐败法规制度建设工作规划》将“参与研究起草《国家公职人员财产收入申报法》”列入“调研论证，待条件成熟时起草制定的法规制度项目”；2008年通过的《十一届全国人大常委会立法规划》没有将《国家公职人员财产申报法》正式纳入立法规划，但是在结尾处的文字说明中指出，“有关方面还提出修改商业银行法、证券投资基金法、环境保护法等，制定能源法、机构编制法、户籍法、志愿服务法等，研究论证建立国家公职人员财产申报、社会信用、个人信息保护等方面的法律制度。这些立法项目由有关方面继续开展研究论证，视情况作出相应安排”[②]。此外，一些全国人大代表也在积极推动财产申报立法进程。第十届全国人大代表、烟台大学教授王全杰曾在2005年和2007年连续提出“关于建立党政官员财产公示制度”的议案和建议；第十届和第十一届全国人大代表、重庆律师韩德云也是连续几年提出制定《公务员财产申报法》的议案，并专门提交了6000多字的法律草案[③]；从2008年以来，第十一届全国人大代表、河南财经政法大学法学院教授邸瑛琪也已连续5次向全国人大常委会建议尽快制定和颁布公务员财产申报法[④]。

（二）五大规定的制度内容比较

《1995年规定》《1997年规定》《2001年规定》《2006年规定》

① 姜明安：《重视制度设计，保障〈公务员法〉立法目的的实现》，载《华东政法学院学报》2005年第2期。

② 《十一届全国人大常委会立法规划（共64件）》，载中国人大网，http：//www.npc.gov.cn/wxzl/gongbao/2008-12/26/content_1467452.htm，2018年7月11日最后访问。

③ 《人大代表提交议案建议制定公务员财产申报法》，载新浪网，http：//news.sina.com.cn/c/2009-03-04/050817330326.shtml，2018年7月11日最后访问。

④ 《邸瑛琪代表连续5次向全国人大常委会建议应尽快制定公务员财产申报法》，载法制网，http：//www.legaldaily.com.cn/index_article/content/2012-03/05/content_3396273.htm?node=5955，2018年7月11日最后访问。

和《2010年规定》这五大规定是我国中央层面迄今颁布的调整公职人员财产申报的最重要文件，也是构成我国财产申报制度建设的最主要传统。虽然《1997年规定》被《2006年规定》所废止，《1995年规定》和《2006年规定》被《2010年规定》所废止，目前仍然现行有效的只有《2001年规定》和《2010年规定》，而《2001年规定》是规范专门省部级领导公职人员财产申报的规范，具有相对的独立性，但是总体而言，《1995年规定》《1997年规定》《2006年规定》《2010年规定》这四个规定之间存在着紧密的历史继承性和连续性，而它们与《2001年规定》也有某种制度设计理念的相似性，因此，对上述五个规定的制度内容进行比较分析，有助于更为全面、深入地认识我国财产申报制度在纵向层面的历史演变及特点，同时也可为我国将来的财产申报立法提供富有意义的制度借鉴和传统资源。将来的财产申报立法不可能推倒一切重来，而必定会是以现有的相关制度为历史渊源和制度传统。“在传统中寻求变革，在变革中延续传统。”① 我们不能死守传统而不追求改革，也不能在激进改革中而丢失了传统。对五大规定的制度内容进行比较是我国财产申报立法实践的客观需要，也是财产申报理论研究回应制度传统的必然。

① 林同奇:《人、自然、超越者: 忆老友本·史华慈——希·普特南教授访谈录》，载许纪霖、宋宏编:《史华慈论中国》，新星出版社2006年版，第480页。

表一　中央层面六大规定的制度内容比较[①]

	1995 年规定	1997 年规定	2001 年规定	2006 年规定	2010 年规定	2017 年规定
申报义务主体	第二条　各级党的机关、人大机关、行政机关、政协机关、审判机关、检察机关的县（处）级以上（含县、处级，下同）领导干部须依照本规定申报收入。 社会团体、事业单位的县（处）级以上领导干部，以及国有大、中型企业的负责人，适用本规定。	第二条　本规定所称领导干部包括：各级党的机关、人大机关、行政机关、政协机关、审判机关、检察机关担任领导职务和非领导职务的副县（处）级以上（含副县〔处〕级，下同）干部。 社会团体、事业单位中相当于副县（处）级以上干部，国有大型、特大型企业中层以上领导干部，国有中型企	第二条　省部级现职领导干部（以下简称领导干部）是家庭财产报告的义务人。 第三条　本规定适用于党的机关、人大机关、行政机关、政协机关、审判机关、检察机关和人民团体、国有企业、事业单位中的省部级现职领导干部。	第二条　本规定所称党员领导干部包括：（一）各级党的机关、人大机关、行政机关、政协机关、审判机关、检察机关县处级副职以上（含县处级副职，下同）的党员干部；（二）人民团体、事业单位中相当于县处级副职以上的党员干部；（三）国有大型、特大型企业中层以上领导人员中的党员，国有中型企	第二条　本规定所称领导干部包括（一）各级党的机关、人大机关、行政机关、政协机关、审判机关、检察机关、民主党派机关中县处级副职以上（含县处级副职，下同）的干部；（二）人民团体、事业单位中相当于县处级副职以上的干部；（三）大型、特大型国有独资企业、国有控股企业（含国有独资金	第二条　本规定所称领导干部包括：（一）各级党的机关、人大机关、行政机关、政协机关、审判机关、检察机关、民主党派机关中县处级副职以上的干部（含非领导职务干部，下同）；（二）参照公务员法管理的人民团体、事业单位中县处级副职以上的干部，未列入参照公务员法管理的人民团体、事业单位的

① 不同规定的制度差异之处用下划线标明。

续表

	1995年规定	1997年规定	2001年规定	2006年规定	2010年规定	2017年规定
申报义务主体		业领导干部，实行公司制的大中型企业中由国有股权代表出任或由国有投资主体委派（包括招聘）的领导干部、选举产生并经主管部门批准的领导干部、企业党组织的领导干部。		业领导人员中的党员，实行公司制的大中型企业中由上级党组织、行政机关或者国有资产授权经管单位委派、任命、招聘的领导人员中的党员以及其他经上述单位批准执行职务的领导人员中的党员。 副调研员以上非领导职务的党员干部报告个人有关事项，适用本规定。	融企业和国有控股金融企业）的中层以上领导人员和中型国有独资企业、国有控股企业（含国有独资金融企业和国有控股金融企业）的领导班子成员。 副调研员以上非领导职务的干部和已退出现职、但尚未办理退（离）休手续的干部报告个人有关事项，适用本规定。	领导班子成员及内设管理机构领导人员（相当于县处级副职以上）； （三）中央企业领导班子成员及中层管理人员，省（自治区、直辖市）、市（地、州、盟）管理的国有企业领导班子成员。 上述范围中已退出现职、尚未办理退休手续的人员适用本规定。

续表

		1995 年规定	1997 年规定	2001 年规定	2006 年规定	2010 年规定	2017 年规定
申报范围	申报事项范围	第三条　申报人必须申报下列各项收入：1. 工资；2. 各类奖金、津贴、补贴及福利费等；3. 从事咨询、讲学、写作、审稿、书画等劳务所得；4. 事业单位的领导干部、企业单位的负责人承包经营、承租经营所得。	第三条　报告人应报告下列重大事项：（一）本人、配偶、共同生活的子女营建、买卖、出租私房和参加集资建房的情况；（二）本人参与操办的本人及近亲属婚丧喜庆事宜的办理情况（不含仅在近亲属范围内办理的上述事宜）；（三）本人、子女与外国人通婚以及配偶、子女出国（境）定居的情况；（四）本人因私出国（境）和在国（境）外活动的情况；（五）配。	第五条　领导干部应当报告下列各项家庭财产：（一）人民币现金、存款；（二）外币现金、存款；（三）有价证券，包括人民币和外币；（四）合计价值 10000 元人民币以上的债权，合计价值 10000 元人民币以上的债务；（五）私有房产；（六）单件（套）价值 10000 元人民币以上的贵重物品；（七）名人字画、古董；（八）领导干部的配偶和由其抚养的子女	第三条　党员领导干部应当报告下列事项：（一）本人的婚姻变化情况；（二）本人持有因私出国（境）证件的情况；（三）本人因私出国（境）的情况；（四）子女与外国人、港澳台居民通婚的情况；（五）配偶、子女出国（境）定居及有关情况；（六）配偶、共同生活的子女（指同财共居的子女，下同）私人在国（境）外经商办企业的情况；（七）配偶、共同生活的子女担任	第三条　领导干部应当报告下列本人婚姻变化和配偶、子女移居国（境）外、从业等事项：（一）本人的婚姻变化情况；（二）本人持有因私出国（境）证件的情况；（三）本人因私出国（境）的情况；（四）子女与外国人、无国籍人通婚的情况；（五）子女与港澳以及台湾居民通婚的情况；（六）配偶、子女移居国（境）外的情况；（七）配偶、子女从业情况，包括配	第三条　领导干部应当报告下列本人婚姻和配偶、子女移居国（境）外、从业等事项：（一）本人的婚姻情况；（二）本人持有普通护照以及因私出国的情况；（三）本人持有往来港澳通行证、因私持有大陆居民往来台湾通行证以及因私往来港澳、台湾的情况；（四）子女与外国人、无国籍人通婚的情况；（五）子女与港澳以及台湾居民通婚的情况；（六）配偶、子女

续表

		1995年规定	1997年规定	2001年规定	2006年规定	2010年规定	2017年规定
申报范围	申报事项范围		偶、子女受到执法执纪机关查处或涉嫌犯罪的情况；（六）配偶、子女经营个体、私营工商业，或承包、租赁国有、集体工商企业的情况，受聘于三资企业担任企业主管人员或受聘于外国企业驻华、港澳台企业驻境内代办机构担任主管人员的情况。 本人认为应当向组织报告的其他重大事项，也可以报告	经商办企业或者从事其他经营性活动的除本条第三项规定以外的投资、股份；（九）土地使用权；（十）本人认为应当报告的其他财产。前款所称“以上”，均包含本数。	外国公司驻华、港澳台公司驻境内分支机构主管人员的情况；（八）配偶、子女被司法机关追究刑事责任的情况；（九）本人认为应当向组织报告的其他事项。	偶、子女在国（境）外从业的情况和职务情况；（八）配偶、子女被司法机关追究刑事责任的情况。 第四条 领导干部应当报告下列收入、房产、投资等事项：（一）本人的工资及各类奖金、津贴、补贴等；（二）本人从事讲学、写作、咨询、审稿、书画等劳务所得；（三）本人、配偶、共同生活的子女的房产情况；（四）本人、配偶、共同生活的子女投资或者以其	移居国（境）外的情况，或者虽未移居国（境）外，但连续在国（境）外工作、生活一年以上的情况；（七）配偶、子女及其配偶的从业情况，含受聘担任私营企业的高级职务，在外商独资企业、中外合资企业、境外非政府组织在境内设立的代表机构中担任由外方委派、聘任的高级职务，以及在国（境）外的从业情况和职务情况；（八）配偶、子女及其配偶被司法

续表

		1995 年规定	1997 年规定	2001 年规定	2006 年规定	2010 年规定	2017 年规定
申报范围	申报事项范围					他方式持有有价证券、股票（包括股权激励）、期货、基金、投资型保险以及其他金融理财产品的情况；（五）配偶、共同生活的子女投资非上市公司、企业的情况；（六）配偶、共同生活的子女注册个体工商户、个人独资企业或者合伙企业的情况。	机关追究刑事责任的情况。本规定所称“子女”，包括领导干部的婚生子女、非婚生子女、养子女和有抚养关系的继子女。 本规定所称“移居国（境）外”，是指取得外国国籍或者获取国（境）外永久居留资格、长期居留许可。 第四条　领导干部应当报告下列收入、房产、投资等事项： （一）本人的工资及各类奖金、津贴、补贴等；

续表

		1995年规定	1997年规定	2001年规定	2006年规定	2010年规定	2017年规定
申报范围	申报事项范围						（二）本人从事讲学、写作、咨询、审稿、书画等劳务所得； （三）本人、配偶、共同生活的子女为所有权人或者共有人的房产情况，含有单独产权证书的车库、车位、储藏间等（已登记的房产，面积以不动产权证、房屋所有权证记载的为准，未登记的房产，面积以经备案的房屋买卖合同记载的为准）； （四）本人、配偶、共同生活的子女投

续表

		1995 年规定	1997 年规定	2001 年规定	2006 年规定	2010 年规定	2017 年规定
申报范围	申报事项范围						资或者以其他方式持有股票、基金、投资型保险等的情况； （五）配偶、子女及其配偶经商办企业的情况，包括投资非上市股份有限公司、有限责任公司，注册个体工商户、个人独资企业、合伙企业等，以及在国（境）外注册公司或者投资入股等的情况； （六）本人、配偶、共同生活的子女在国（境）外的存款和投资情况。 本规定所称“共同

续表

		1995年规定	1997年规定	2001年规定	2006年规定	2010年规定	2017年规定
申报范围	申报事项范围						生活的子女”，是指领导干部不满18周岁的未成年子女和由其抚养的不能独立生活的成年子女。
	家庭成员范围	没有规定。	根据第三条的规定，既涉及配偶、子女的相关事项，也涉及配偶、共同生活的子女的相关事项。	第四条　本规定所称“家庭财产”，是指领导干部本人及其配偶和由其抚养的子女的个人财产和共有财产。前款所称“由其抚养的子女”，是指由领导干部抚养的未成年子女和不能独立生活的成年子女。	根据第三条的规定，既涉及配偶、子女的相关事项，也涉及配偶、共同生活的子女的相关事项。	根据第三条的规定，涉及配偶、子女的移居国（境）外、从业等事项；根据第四条的规定，涉及配偶、共同生活的子女的房产、投资等情况。	根据第三条的规定，涉及配偶、子女的移居国（境）外、与外国人通婚等事项；配偶、子女及其配偶的从业情况、被追究刑事责任情况。根据第四条规定，涉及配偶、共同生活的子女的房产、投资、境外存款和投资等情况。

续表

		1995 年规定	1997 年规定	2001 年规定	2006 年规定	2010 年规定	2017 年规定
主管机关	受理机关	第五条　各单位组织人事部门负责接受本单位申报人的收入申报，并须按照干部管理权限将申报材料报送相应的上级组织人事部门备案。	第五条　各级党委及其纪委，各级人大、政府、政协、法院、检察院党组，以及上述领导机关所属的部门和单位（包括事业单位，下同）的党组（党委），负责受理本级领导干部的报告（不设党组、党委的部门和单位，由相应的机构受理，下同）。各部门和单位内设机构的领导干部的报告，由本部门、本单位的组织人事部门负责受理。 本规定第二条中社	第八条　中央组织部是《领导干部家庭财产报告书》的接受部门。报告义务人填写《领导干部家庭财产报告书》一式两份，一份报中央组织部，一份报中央纪委备案。	第六条　党员领导干部报告个人有关事项，按照干部管理权限由相应的组织（人事）部门负责受理： （一）属于本单位管理的党员领导干部，向本单位的组织（人事）部门报告；（二）不属于本单位管理的党员领导干部，向上一级党委（党组）的组织（人事）部门报告，报告材料由该党员领导干部所在党委（党组）的组织（人事）部门转交。党员领导干部	第八条　领导干部报告个人有关事项，按照干部管理权限由相应的组织（人事）部门负责受理：（一）中央管理的领导干部向中共中央组织部报告，报告材料由该领导干部所在单位主要负责人审签后，交所在党委（党组）的组织（人事）部门转交。（二）属于本单位管理的领导干部，向本单位的组织（人事）部门报告；不属于本单位管理的领导干部，向上一级党委	根据第七条规定，领导干部报告个人有关事项，按照干部管理权限由相应的组织（人事）部门负责受理。

续表

		1995年规定	1997年规定	2001年规定	2006年规定	2010年规定	2017年规定
主管机关	受理机关		会团体、企业事业单位的领导干部个人重大事项的报告，由本单位党委（党组）负责受理。		因发生职务变动而导致受理机构发生变化的，原受理机构应当及时将该党员领导干部的报告材料按照干部管理权限转交新的受理机构。	（党组）的组织（人事）部门报告，报告材料由该领导干部所在单位主要负责人审签后，交所在党委（党组）的组织（人事）部门转交。	
	核查机关	没有规定。	没有规定。	第九条　中央组织部发现填写不符合要求的《领导干部家庭财产报告书》，应将有关情况通知该领导干部，并要求其更正。中央纪委、中央组织部对领导干部的家庭财产报告，可以核查。	没有规定。	第十三条　纪检监察机关（机构）、组织（人事）部门接到有关举报，或者在干部考核考察、巡视等工作中群众对领导干部涉及个人有关事项的问题反映突出的，按照干部管理权限，经纪检监察机关（机构）、组	第十条　组织（人事）部门在干部监督工作和干部选拔任用工作中，探照干部管理权限，经本机关、本单位负责人批准，可以查阅有关领导干部报告个人有关事项的材料。 纪检监察机关（机构）在履行职责时，

续表

		1995年规定	1997年规定	2001年规定	2006年规定	2010年规定	2017年规定
主管机关	核查机关					织（人事）部门主要负责人批准，可以对有关领导干部报告个人有关事项的材料进行调查核实。	按照干部管理权限，经本机关负责人批准，可以查阅有关领导干部报告个人有关事项的材料。 巡视机构在巡视工作期间，根据工作需要，经巡视工作领导小组负责人批准，可以查阅有关领导干部报告个人有关事项的材料。 检察机关在查办职务犯罪案件时，经本机关负责人批准，可以查阅案件涉及的领导干部报告个人有关事项的材料。

续表

	1995年规定	1997年规定	2001年规定	2006年规定	2010年规定	2017年规定
申报种类	第四条　申报人于每年7月1日至20日申报本年度上半年的收入；次年1月1日至20日申报前一年度下半年的收入。因特殊情况不能按时申报的，经接受申报部门批准，可以适当延长申报时限。	第四条　本规定第三条所列事项，应由报告人在事后一个月内以书面形式报告。因特殊原因不能按期报告的，应及时补报，并说明原因。按照有关规定需要事前请示批准的，应按规定办理。本人认为需要事前请示的事项，也可事前请示。	第六条　领导干部报告家庭财产每二年由各单位统一组织报告一次，报告时间为奇数年份的一月一日至一月三十一日。因特殊原因不能按时报告的，经接受报告部门批准，可以适当延长报告时间。领导干部成为报告义务人的一个月以内，应当报告家庭财产。领导干部任职期间，家庭财产有重大变化的，应当随时报告。领导干部退（离）	第四条　党员领导干部发生本规定第三条所列事项的，应当在事后30日内填写《党员领导干部个人有关事项报告表》，并按照规定报告。因特殊原因不能按时报告的，特殊原因消除后应当及时补报，并说明原因。 第五条 党员领导干部应当于每年1月31日前集中报告一次上一年度本规定第三条所列事项，所列事项没有发生或者没有变动的，应当予以明示。	第五条　领导干部应当于每年1月31日前集中报告一次上一年度本规定第三条、第四条所列事项。 第六条 领导干部发生本规定第三条所列事项的，应当在事后30日内填写《领导干部个人有关事项报告表》，并按照规定报告。因特殊原因不能按时报告的，特殊原因消除后应当及时补报，并说明原因。 第七条 新任领导干部应当在符合报告条件后30日内按	第五条　领导干部应当于每年1月31日前集中报告一次上一年度本规定第三条、第四条所列事项，并对报告内容的真实性、完整性负责，自觉接受监督。 非本规定第二条所列范围的人员，拟提拔为本规定第二条所列范围的考察对象，或者拟列入第二条所列范围的后备干部人选，在拟提拔、拟列入时，应当报告个人有关事项。 本规定第二条所列

续表

	1995年规定	1997年规定	2001年规定	2006年规定	2010年规定	2017年规定
申报种类			休后的一个月以内，应当进行家庭财产的报告，以后不再报告。 领导干部报告家庭财产，应当填写《领导干部家庭财产报告书》。		照本规定报告个人有关事项。 领导干部辞去公职的，在提出辞职申请时，应当一并报告个人有关事项。	范围的人员辞去公职的，在提出辞职申请时，应当一并报告个人有关事项。 第六条　年度集中报告后，领导干部发生本规定第三条所列事项的，应当在事后30日内按照规定报告。因特殊原因不能按时报告的，特殊原因消除后应当及时补报，并说明原因。

续表

	1995年规定	1997年规定	2001年规定	2006年规定	2010年规定	2017年规定
申报程序①	没有规定核查程序和公开程序。	第七条　对报告的内容，一般应予保密。组织认为应予公开或本人要求予以公开的，可采取适当方式在一定范围内公开。	第七条　每二年一次统一组织报告的《领导干部家庭财产报告书》的内容，由报告义务人在所在单位领导班子内或者规定的范围内通报。新任省部级职务的领导干部的家庭财产报告和领导干部任职期间的家庭财产重大变化的报告，不单独通报。领导干部退（离）休后的家庭财产报告，不通报。 第九条　中央组织	第十条　对报告的内容，应当予以保密。组织认为应当予以公开或本人要求予以公开的，可采取适当的方式在一定范围内公开。 第十一条　党员领导干部必要时应当在参加民主生活会、进行述职述廉时，对发生的个人有关事项情况进行说明。	第十三条　纪检监察机关（机构）、组织（人事）部门接到有关举报，或者在干部考核考察、巡视等工作中群众对领导干部涉及个人有关事项的问题反映突出的，按照干部管理权限，经纪检监察机关（机构）、组织（人事）部门主要负责人批准，可以对有关领导干部报告个人有关事项的材料进行调查核实。 第十二条　组织（人	第八条　领导干部在执行本规定过程中，认为有需要请示的事项，可以向受理报告的组织（人事）部门请示。受理报告的组织（人事）部门应当认真研究，及时答复。 第十一条　组织（人事）部门应当按照干部管理权限，对领导干部报告个人有关事项的真实性和完整性进行查核。查核方式包括随机抽查和重

① 这里的“申报程序”仅列举具有实质监督意义的申报核查程序和申报公开程序，一般的申请程序、受理程序、移送程序、请示程序、查阅程序等则不纳入。

续表

	1995 年规定	1997 年规定	2001 年规定	2006 年规定	2010 年规定	2017 年规定
申报程序			部发现填写不符合要求的《领导干部家庭财产报告书》，应将有关情况通知该领导干部，并要求其更正。中央纪委、中央组织部对领导干部的家庭财产报告，可以核查。 第十二条 《领导干部家庭财产报告书》的接受部门要有专人负责这项工作并注意保密。		事）部门在干部监督工作和干部选拔任用工作中，按照干部管理权限，经本机关、本单位主要负责人批准，可以查阅有关领导干部报告个人有关事项的材料。 纪检监察机关（机构）在履行职责时，按照干部管理权限，经本机关主要负责人批准，可以查阅有关领导干部报告个人有关事项的材料。检察机关在查办职务犯罪案件时，经本机关主要负责人批准，可	点查核。 随机抽查每年集中开展一次，按照10%的比例进行。 第十二条　查核发现领导干部的家庭财产明显超过正常收入的，应当要求其作出说明，必要时可以对其财产来源的合法性进行验证。

续表

	1995年规定	1997年规定	2001年规定	2006年规定	2010年规定	2017年规定
申报程序					以查阅案件涉及的领导干部报告个人有关事项的材料。 第十四条 受理报告的组织（人事）部门对报告人的报告材料，应当设专人妥善保管。	
责任追究	第六条 申报人不申报或者不如实申报收入的，由所在党组织、行政部门或者纪检监察机关责令其申报、改正，并视情节轻重给予批评教育或者党纪政纪处分。	第八条 领导干部不按本规定报告或不如实报告个人重大事项的，其所在组织应视情节轻重，给予批评教育、限期改正、责令作出检查、在一定范围内通报批评等处理。	第十一条 领导干部无正当理由不报告或者不按时报告的，应责令其限期报告，并根据情节给予批评教育或者党纪政纪处分；对瞒报、伪报的，要从严处理。	第十三条 党员领导干部有下列情形之一的，有关单位、组织或者部门应当调查核实，并视情节轻重，采取批评教育、限期改正、责令作出检查、诫勉谈话、通报批评等方式予以处理：（一）无正当理由不按时报告	第十七条 领导干部有下列情形之一的，根据情节轻重，给予批评教育、限期改正、责令作出检查、诫勉谈话、通报批评或者调整工作岗位、免职等处理；构成违纪的，依照有关规定给予纪律处分：（一）无正当理由不按时报	第十三条 领导干部有下列情形之一的，根据情节轻重，给予批评教育、组织调整或者组织处理、纪律处分。 （一）无正当理由不按时报告的； （二）漏报、少报的；（三）隐瞒不报的；（四）查核发现有其他违规违纪问

续表

	1995 年规定	1997 年规定	2001 年规定	2006 年规定	2010 年规定	2017 年规定
责任追究				的；（二）不如实报告的； （三）隐瞒不报的； （四）不按党组织答复意见办理的。	告的；（二）不如实报告的；（三）隐瞒不报的；（四）不按照组织答复意见办理的。不按照规定报告个人有关事项，同时该事项构成另一违纪行为的，依照有关规定进行合并处理。	题的。 第十六条 组织（人事）部门和查核联系工作机制成员单位，应当严格遵守工作纪律和保密纪律，设专人妥善保管领导干部的个人有关事项报告和汇总综合、查核等材料。对违反工作纪律、保密纪律或者在查核工作中敷衍塞责、徇私舞弊的，追究有关责任人的责任。

（三）中央层面制度建设的特点和问题

回顾我国中央层面财产申报制度的历史，分析相关规定的具体制度内容，我们可以初步归纳出中央层面制度建设的若干特点和问题。

1. 在制度理念上，我国中央层面的制度尚未有公开可见的界定财产申报制度的基本原则，没有明确阐述财产申报范围的标准和原则，也没有清晰表达财产申报公开与秘密的界限与标准。制度理念的不清晰、不明确，导致某些按现行规定需要申报的事项其实已经涉入公职人员个人隐私权的范围，从而突破公职人员财产申报的界限；制度建构的目的也不甚清晰，社会监督、预防腐败的制度目的不足，官僚控制、科层化制约的制度色彩过浓；财产申报公开制度缺乏基础性理念的支撑，目前还面临着一系列公开的困境。

2. 在制度形式上，我国中央层面的制度表现形式主要是中国共产党颁布的党内法规，[①] 法律性严重缺失，呈现“法律不足”状态。党内法规无法解决诸如财产公开与隐私权平衡、刑事责任追究等需要由法律予以规范的基础性问题，党内法规的制定程序相对简单，稳定性和权威性也相对不足。从 1995 年至 2018 年，在短短的二十多年里，中国共产党已发布 6 个调整公职人员财产申报的政策文件，政策制度的频繁变动容易导致其权威性不足，于是制度实施就会遭遇执行和守法的严重困境。

3. 在制度内容上，我国中央层面的制度建设还没有解决以下问题：一是没有建立“谁来监督监督者”的机制。按照我国目前财产申报制度的相关规定来看，党的组织部门一般是财产申报的受理部门，党的组织部门和纪律检查部门一般是财产申报的监督和核查部门，但是相关规定并没有明确规定由哪个部门来主管组织部门和纪律检查部门申

---

① 在这六大规定中，有些是由中国共产党部门单独发布，也有一些是由中国共产党部门和国务院部门联合发布，但是联合发布的文件形式依然难以掩饰执政党主导的财产申报制度建构的强烈色彩。

报义务主体的财产申报。[1]二是程序规范的薄弱。现行规定并没有建立起一套完整的申报材料提交、受理、核查、补正与修改、查阅与公开、保管与销毁等程序制度，财产申报程序残缺不全。三是公开机制和社会化监督的缺失。现行制度在实质上仍然缺乏财产申报公开机制，[2]也没有引入社会监督，这在很大程度上影响了制度的整体运行效果。四是责任机制的虚化。现行制度虽然规定了一些党纪处罚，但是由于处罚依据的弹性化、处罚情形的模糊化、处罚种类的轻刑化等，财产申报的党纪责任不明，这也决定了制度运行和执行效力的效果微乎其微。

4. 在制度演变和进化上，我国中央层面的制度建设还缺乏坚实清晰的理念支撑和全局性顶层设计的周密考量，制度的修改和完善采取的也还是“修补式”的政策性处理，仍停留在小修小补的阶段，由政策化制度向法律化制度演进的路径尚不明朗；同时，过于频繁的政策修改也是我国财产申报制度演变和进化的重要特点。

二、地方层面制度建设的努力及困境——以财产申报公开为视角

地方层面到底制定了哪些关于财产申报制度和财产申报公开制度的政策文件？这些文件在制度设计上有何差异？地方层面的财产申报公开制度建设呈现哪些特点又面临怎样的困境？以上问题正是我们在梳理地方层面财产申报制度的历史发展和建设现状时需要认真回答的。

---

① 或者说，按照现行规定的字面意思来看，组织部门的财产申报应由组织部门来受理，纪律检查部门的财产申报应由纪律检查部门来监督，而这无疑违背了“任何人不能担任自己案件的法官”的自然正义原则。

② 《2001 年规定》曾经简单提及财产申报的内部公开制度，第七条第一款规定：“每二年一次统一组织报告的《领导干部家庭财产报告书》的内容，由报告义务人在所在单位领导班子内或者规定的范围内通报。”

（一）地方层面制度建设的历史梳理

中共阿勒泰地区纪律检查委员会、阿勒泰地区监察局、阿勒泰地区预防腐败办公室于2008年5月25日联合发布的《阿勒泰规定》是中国财产申报制度建设历史上具有里程碑式的文件，[①]开创了中国财产申报公开制度的新时代。它标志着财产申报公开制度在中国的“破冰”，[②]也开启了地方探索财产申报公开制度的新征程。在《阿勒泰规定》之前，各地也发布过一些规范本地公职人员财产申报的文件，但是这些文件通常都是依据相应的中央文件而制定的，制度内容缺乏创新，如上海市依据《1995年规定》于1995年6月发布的《上海市实施〈关于党政机关县（处）级以上领导干部收入申报的规定〉的办法》、深圳市依据《1995年规定》于1996年7月发布的《中共深圳市委、深圳市人民政府关于深圳市领导干部财产申报的暂行规定》、广东省依据《1997年规定》于1997年10月发布的《关于执行〈关于领导干部报告个人重大事项的规定〉的若干意见》、山东省依据《1997年规定》于2003年8月发布的《山东省实施〈关于领导干部报告个人重大事项的规定〉办法（试行）》、江苏省依据《1997年规定》于2005年12月发布的《关于领导干部个人重大事项报告制度的实施办法》、徐州市依据《1997年规定》于2006年5月发布的《关于领导干部个人重大事项报告制度的实施细则》、安徽省依据《2006年规定》于2007年1月发布的《安徽

---

① 在此需要附带说明的是，《阿勒泰规定》是社会各界普遍公认的中国公职人员财产申报公开制度的破冰之举，但是根据笔者的进一步检索，笔者在山东省东营市垦利县的垦利党风廉政网上搜索到了《科级领导干部廉情公示暂行规定（试行）》，该网站显示该文件是在“2005年11月29日14点43分”上传到网站的。该规定的发布时间还有待进一步认定和确认。参见http://jw.kenli.gov.cn/3.jsp?urltype=news.NewsContentUrl&wbnewsid=15688&wbtreeid=3188，2012年12月22日最后访问。

② 如前述及，《2001年规定》其实已经规定了财产申报内部公开制度，因此《阿勒泰规定》并非第一个规定财产申报公开制度的文件，但它是第一个规定财产申报社会公开的文件，因此具有里程碑式的重大意义。很多媒体和记者简单地将《阿勒泰规定》称为中国第一个规定财产申报公开的文件可能是一种误读和误导。

省贯彻执行〈关于党员领导干部报告个人有关事项的规定〉实施办法》、南京市依据《2006年规定》于2007年2月发布的《〈关于党员领导干部报告个人有关事项的规定〉的实施办法》、安徽省依据《2010年规定》于2010年9月发布的《安徽省贯彻执行〈关于领导干部报告个人有关事项的规定〉实施办法》，[①]等等。

在《阿勒泰规定》出台之后，虽然也有地方依据相应的中央文件制定具体的执行性规定，如安徽省依据《2010年规定》于2010年9月发布的《安徽省贯彻执行〈关于领导干部报告个人有关事项的规定〉实施办法》等，但是更多的地方开始循着阿勒泰的步伐寻求财产申报公开制度的进一步尝试和突破，如2009年1月浙江省慈溪市发布《慈溪市领导干部廉情公示暂行规定（试行）》，2009年3月湖南省浏阳市发布《建立健全惩治和预防腐败体系的十项廉政制度》，2009年3月重庆市黔江区发布《黔江区新提任区管领导干部廉情公示暂行办法》，2009年12月重庆市发布《中共重庆市委关于贯彻〈中共中央关于加强和改进新形势下党的建设若干重大问题的决定〉的意见》[②]，2009年12月重庆市开县发布《开县新任党政主要领导干部履职廉政监督办法》，[③]2011年4月浙江省临海市发布《新提拔市管领导干部个人财产申报办法（试行）》，2012年5月江西省抚州市临川区发布《临川区新任科级领导干部财产申报办法（试行）》，2012年5月江苏省灌云县发布《灌云县新任科级干部财产申报办法（试行）》等。2012年12月，一则新闻消息引起国内各界的广泛关注，根据《中共广东省委关于从严治党五年行动计划》[④]，广东省纪委选择珠海横琴新区、广州南沙新区和韶关始兴县

① 上述地方层面调整公职人员财产申报的政策文件由笔者在北大法宝上搜索而得。

② 该意见提出对重庆市司法机关部分重要岗位领导干部实行财产申报制度试点。

③ 罗静雯：《14名新任“一把手”齐“晒”家产》，载《重庆日报》2010年2月5日，第A07版。

④ 《中共广东省委关于从严治党五年行动计划》提出要探索实行党员领导干部家庭财产申报并在一定范围公示制度，2014年前完成试点，在此基础上逐步推开。

开展公职人员财产公示试点。[①]

（二）地方层面财产申报公开制度建设的特点和问题

以《阿勒泰规定》为代表的地方层面财产申报制度开始进行财产申报公开的尝试与探索。新疆阿勒泰、浙江慈溪、湖南浏阳等地都建立起各富特色的财产申报公开制度，这些制度的探索对于挖掘财产申报制度潜力、保障财产申报制度的贯彻落实、实现通过财产申报的腐败治理具有一定意义。[②] 自 2008 年《阿勒泰规定》发布至今已有 10 年，目前全国已有数十个地方出台涉及财产申报公开的财产申报制度文件。[③] 通过对这些文件进行理性地审视与观察，可以发现我国地方层面财产申报公开制度建设具有以下特点和问题：

1. 规范层级低，权威性不足。目前，地方出台的涉及财产申报公开的制度文件多是区县级的，少数是由地市级发布的，更没有专门的省级财产申报制度文件。[④] 由于相关文件的层级过低，一方面，制度设计的科学性、实用性尚待进一步提升；另一方面，财产申报是一项亟须配套制度支撑的制度，而金融实名制、不动产登记、财产信息共享系统等属于全国性制度，财产申报公开制度的地方化、低层级化也严重影响制度的执行力和实施效果。此外，更为重要的是，在腐败日趋社会化、集体化的今天，基层地方的公权力机关本来就是腐败的重灾区，腐败治理最需要自上而下的推进，由此也可以预见地方试点的实际效

---

① 凤凰网 http://news.ifeng.com/shendu/zgjyb/detail_2012_12/08/19974818_0.shtml，2018 年 7 月 9 日最后访问。

② 地方层面制度探索的得与失，可参见廖晓明、邱安民著：《我国官员财产申报制度影响因素及实现路径探索》，社会科学文献出版社 2014 年版，70—95 页。

③ 一些代表性财产申报公开制度文件的具体内容，参见本书第四章第二节的内容。

④ 虽然省、自治区、直辖市没有发布涉及财产申报公开的专门性财产申报文件，但是目前有 1 个文件提及了财产申报公开，2012 年 9 月发布的《中共广东省委关于从严治党五年行动计划》提出要探索党员领导干部家庭财产申报，并在一定范围内公示。至于被媒体广泛宣传的《中共重庆市委关于贯彻〈中共中央关于加强和改进新形势下党的建设若干重大问题的决定〉的意见》只是提到“对司法机关部分重要岗位领导干部实行财产申报制度试点”，并没有提及财产申报公开。

果会极其有限。

2. 制度的规范性差，用语不严谨。目前，各个地方多是从廉政建设、党内监督的视角来看待财产申报制度，因此，地方发布的文件也带有鲜明的党内文件色彩，规范性严重不足。这从文件的标题就可见一斑，如湖南浏阳的《建立健全惩治和预防腐败体系的十项廉政制度》、浙江慈溪的《慈溪市领导干部廉情公示暂行规定》、重庆开县的《开县新任党政主要领导干部履职廉政监督办法（试行）》、山东垦利的《科级领导干部廉情公示暂行规定（试行）》等。此外，如果再仔细阅读这些文件具体的内容，规范性不足、政治性过强的特点就更加一览无余。

3. 申报公开义务主体的有限性。一方面，地方性规定多将科级公职人员纳入财产申报，这显然扩大了中央层面制度规定的申报义务主体范围；另一方面，这些地方性规定又存在诸多申报公开义务主体的限制，一是新旧的限制，地方性规定一般多规定新提拔官员才负有财产申报公开义务，如重庆市开县的《开县新任党政主要领导干部履职廉政监督办法（试行）》；二是级别的限制，地方性规定一般规定科级以上的官员才负有财产申报公开义务，如山东垦利的《科级领导干部廉情公示暂行规定（试行）》；三是领域的限制，如重庆市颁布的《中共重庆市委关于贯彻〈中共中央关于加强和改进新形势下党的建设若干重大问题的决定〉的意见》只规定“对司法机关部分重要岗位领导干部实行财产申报制度试点”，即司法领域的重要岗位领导干部才负有申报与公开义务。各地对申报公开对象的划分缺乏一个理性、周全的设计和考量，也缺少法律基本原则的指导。

4. 财产申报公开方式的内部化。除《阿勒泰规定》采取网络公开方式[①]，湖南浏阳采取网络、报纸方式等个别化案例外，大多数地方的财产申报公开采取的则是内部公开方式，如浙江省慈溪市的《慈溪市

① 《阿勒泰规定》第十六条规定：“本规定实行有限公开原则，即第八条第一项至第四项申报内容，可以在阿勒泰地区廉政网予以公开，以便将党员领导干部个人财产收入置于社会的有效监督之下。”但是随着阿勒泰原纪委书记吴伟平的去世，阿勒泰财产申报公示的实践也悄然停止了。

领导干部廉情公示暂行规定（试行）》等[①]。科层制组织背景下财产申报公开方式的内部化无法有效应对集体腐败的困境，同时由于缺少社会监督，也无法获得社会对国家腐败治理的真正认同与参与。此外，财产申报公开方式的内部化也没有回应互联网的时代背景，没有为网络在财产申报制度建构中发挥积极作用提供制度空间。

第二节　公职人员财产申报的立法必要性与立法难度

其实我们从全国人大常委会立法规划的历史进程中就可鲜明地观察和感知到财产申报的立法必要性及其立法难度。《八届全国人大常委会立法规划》曾经将《财产收入申报法》纳入立法规划，最高国家权力机关的这一重要实践本身就已充分表明财产申报制度的立法必要性。时任全国人大常委会秘书长的曹志同志在 1993 年 12 月 9 日全国人大常委会召开的立法座谈会上对立法规划草案作说明时曾指出："立法的进程要同改革的进程相适应，立法要体现改革精神，用法律引导、推进和保障改革的顺利进行。制定立法规划必须从这一实际需要出发，把应兴应革的事情尽可能用法律肯定下来。"[②] 这一"把应兴应革的事情尽可能用法律肯定下来"的表态也是对包括财产申报制度在内的众多制度立法必要性的最好注解。原最高人民法院院长肖扬同志也指出："国家公职人员财产申报制度的立法在我国当前的惩治贪污腐败斗争中具有特别重要的现实意义。"[③] 与此同时，《财产收入申报法》后来并没有进入八届全国人大常委会的立法审议，九届全国人大常委会、十届全

① 严格说来，《2001 年规定》就已规定财产申报内部公开制度，如果仅仅在内部公开方式上做文章，那么这些制度就没能超越《2001 年规定》，也无法适应社会化监督的发展趋势。

② 曹志：《关于〈八届全国人大常委会立法规划（草稿）〉的说明》，载《人大工作通讯》1994 年第 5 期。

③ 肖扬著：《反贪报告：共和国第一个反贪污贿赂工作局诞生的前前后后》，法律出版社 2009 年版，第 327—328 页。

国人大常委会和十一届全国人大常委会[①]甚至都没有将财产申报法纳入其立法规划，这也充分说明财产申报制度的巨大立法难度。

一、公职人员财产申报立法的必要性

中国共产党开始注重制度建设，重视法律在社会治理中的作用。腐败治理领域也是如此，执政党开始日益强调制度特别是预防腐败制度在治理腐败中的重要作用。“执政党能不能解决自身的腐败问题，既要看惩治的力度，更要看预防的效果。我们要明确惩治腐败是成绩，预防腐败也是成绩。按照中央的要求，在坚决惩治腐败的同时，更加注重治本，更加注重预防，更加注重制度建设。”[②]但是，制度既可以表现为政策，也可以表现为法律。在改革转型的初期，政策性制度无疑对降低改革的风险、及时推进改革的进程、控制改革的后果等具有重要意义[③]。但是随着改革的进一步深入推进，政策性制度的调整对象有效性、政党主导性、经常变动性、弱程序性、权威性不足等弊端也会逐渐暴露，使得政策化制度的法制建构变得日益紧迫[④]。中国腐败治理的困境恰恰在于政策化制定、运动式执行和内部性监督的腐败治理逻辑与运行方式。也就是说，绝大多数腐败治理制度都是通过党中央和地方的各部门制定，再由中国共产党领导的各种执法运动（而不是群众性政治运动）来执行，并依赖于党的纪律检查部门、组织部门来实施内部化监督。

---

① 《十一届全国人大常委会立法规划》虽没有将财产申报法纳入正式立法规划，但是在结尾处的文字说明中指出国家公职人员财产申报等立法项目由有关方面继续开展研究论证，视情况作出相应安排。

② 马馼:《努力提高预防腐败工作的能力和水平》，载《中国监察》2009 年第 18 期。

③ “尤其在改革中，新的事物、新的问题不断涌现，由于政策的变动无论在程序上还是准备工作上都要迅速得多，因此，对改革中新出现的社会关系，大都首先是由党的政策来调整。”参见沈宗灵主编:《法理学》(第二版)，高等教育出版社 2009 年版，第 185 页。

④ 党的十八大以来，我国事实上已经形成了国家法律和党内法规二轮驱动的法治模式，但是以党内法规为核心的反腐败立法模式仍然存在诸多困境，隐藏不少制度盲区，值得我们进一步去思考。

许多学者都已指出政策性财产申报制度内容的不足与缺乏权威性，需要法律化的建构。[①]“法律是一个美好的事物，是对抗官员专断恣意的屏障，是对经济贪婪的制约，是促进容忍和良性社会变迁的力量。”[②]我们迫切需要借助法律的普遍性、明确性、强制性和改良性来真正推行和落实财产申报制度。通过伦理规则的法制化，既可明确表达我们的道德观念，也可增强适用规则的意识。[③]综合各种因素，财产申报立法的必要性突出地表现在制度内容、制度功能、制度权威、国际经验和民意考量五个方面。

（一）制度内容的视角

从制度内容来看，财产申报制度涉及公职人员隐私权与财产申报公开的平衡、超越不同党派的申报义务主体建构、财产申报主管机构（包括受理机构和核查机构）的设置、违法行为的责任追究（包括刑事责任）等方面，而这些内容都需要在法律的层面进行平衡和规范。

隐私权是现代社会公民的重要法律权利，公职人员的财产申报与公开并非意味着公职人员隐私权的丧失，而是公共利益对隐私权的某种限制，至于如何平衡公职人员隐私权与财产申报公开、建构财产申报公开的方式和范围则应由法律作出判断和界定。“从法律的角度观之，公职人员财产申报制度的设立，既涉及维护廉洁政制的公共利益，又涉及对公职人员财产隐私权的限制问题。无论从哪方面讲，都不宜使用政策性文件予以调整，而应用更为稳定、权威的

① 参见林喆：《当代中国官员财产申报制度建立的难点及对策》，载《中国党政干部论坛》2009 年第 9 期；孙国祥：《财产申报制度建构中的相关问题》，载《江海学刊》2010 年第 2 期；等等。

② Robert A. Kagan，Adversarial Legalism and American Government，Journal of Policy Analysis and Management，Vol.10，No.3（1991），p.371.

③ Archibald Cox，Ethics in Government：the Cornerstone of Public Trust，West Virginia Law Review，Vol.94，No.2（1991-1992），p.300.

国家法律予以规范。”①

为了不分党派身份将根据我国国情应当申报财产的公职人员都纳入制度的调整范围，需要在国家立法层面上作出既源于中国共产党意志又高于中国共产党意志的判断，善于将党的意志上升为国家意志，而不是直接以党的意志代替国家意志。

至于财产申报的受理机构和核查机构到底是采取合并模式还是分离模式，受理职能和核查职能具体又应该由哪个部门来行使，这将牵涉到腐败治理机构的整体布局和权力配置，涉及宪法、相关组织法的修改与完善，因此，也需要在法律层面上进行具体的机构设置与权力分配。

此外，为了加强财产申报法的执行力和威慑力②，域外国家和地区一般都将刑事责任作为公职人员严重违法行为的责任形式，而根据我国《立法法》的规定，犯罪和刑罚只能通过法律规定③。因此，需要通过法律的形式来规定相关主体在财产申报过程中严重违法行为的刑事责任。

（二）制度功能的视角

财产申报制度具有主动发现和揭露腐败、有效预防腐败、保护公职人员依法从事公务活动、保持公务活动的廉洁性和维系人民对公职人员信赖等制度功能。但是，这些制度功能的有效发挥需要依赖于财产申报制度本身的内容设计合理以及配套制度支撑。当前零散的、政治化的、弱权威性的财产申报政策文件在制度自身设计上存在着很大问题，申报义务主体、申报范围、申报核查、申报程序、责任追究等制度都有进一

① 赵秉志、赫兴旺：《论中国公职人员财产申报制度及其完善》，载《政法论坛》1995年第5期；赵秉志：《完善我国公职人员财产申报制度》，载《政治与法律》1996年第2期。

② “通过刑事法治开展的反腐败斗争，具有特别的威慑力和特殊的严厉性，当然也是最后的手段。”赵秉志：《中国反腐败刑事法治的若干重大现实问题研究》，载《法学评论》2014年第3期。

③ 《立法法》第八条规定：“下列事项只能制定法律：……（四）犯罪和刑罚……”

步完善的制度空间，而财产申报公开制度则有确立的必要。

同时，由于腐败治理是一个综合性、系统化、相互协调式的制度体系，除了制度本身的内容合理以外，财产申报制度功能的有效发挥还依赖于相关配套制度的支撑。“建立普遍的财务金融监管体系是有效实行财产申报与公示制度的重要技术前提。”① 在我国当前金融实名制、不动产登记制、信息化系统等配套制度还不完善的情形下，政策化财产申报制度由于权威性不足、执行力弱、制度设计本身缺陷等原因，它对于相关配套制度健全和完善的推动作用极其有限。因此，我们需要借助财产申报法的平台，通过法律来形成对相应配套制度的倒逼机制，推动财产申报配套制度的发展与完善，进而有效发挥财产申报制度的功能。

（三）制度权威的视角

中国共产党是社会主义现代化建设的领导核心，我国腐败治理也是中国共产党主导下的腐败治理模式，在各个历史时期特别是在某项制度的初步探索时期，中国共产党通常会通过颁布相关党内法规来进行某种制度的尝试。而某项制度成果的成熟与稳定传播又需要借助法律的确认。因此，在腐败治理领域必然会涉及党内法规和国家立法的协调、统一与转化。“要处理好党内法规制度建设与国家立法的关系。党中央和地方党委提出的反腐败措施必然要涉及国家的法治建设，需要国家机关和国家公务员遵照执行的廉政制度若不能提高到法律的高度，其权威性就要被大大降低，从而使执行遇到困难。各级党委、纪委要认真分析党风廉政建设和反腐败工作的政策和措施，研究哪些可以继续由党内法规和制度来规定，哪些可以转化为国家法律法规，并适时地将那些经过实践检验的、比较成熟的、可以转化为国家法律法规的制度，通过法定程

① 房宁主编：《国外公职人员财产申报与公示制度》，中国社会科学出版社2013年版，第12页。

序向人大或政府提出立法建议。”[①]为了保障腐败治理制度的权威性、稳定性、科学性、威慑力与执行力，切实解决政策化腐败治理制度在制度建构和制度执行过程中所面临的困境，“适时地将那些经过实践检验的、比较成熟的、可以转化为国家法律法规的制度”通过立法程序转化为法律，“让党规上升为国法，让运动积累的反腐能量沉淀为法律制度，”[②]将党的意志转化为国家意志，就显得尤为重要。对于财产申报制度而言，更是如此。“在财产申报制度的建立形式方面，可先采用政策规定的形式，以党纪、政纪保证该制度的实施。在总结政策规定执行情况的基础上，再通过国家立法的形式使之法制化，增强该制度的强制力和约束力。”[③]自《1995年规定》发布至今已近23年，其间也针对《1995年规定》发布若干个对其进行修改完善的政策文件，地方层面的财产申报公开实践也已开展多年，可以说，我国财产申报制度的尝试与探索已经足以充分，为了确保制度的权威性和执行力，真正回应制度的执行困境，制定财产申报法的时机已经基本成熟。特别是在腐败日趋社会化、集体化、制度化的今天，加快财产申报立法、保障财产申报制度的权威性和执行力具有更为现实的重大意义。

（四）其他国家和地区经验的视角

就财产申报法律制度建立而言，其他国家和地区一般存在两种立法模式：一是通过综合性的腐败治理法或公职伦理法来建立财产申报制度，如美国的《政府伦理法》[④]、俄罗斯的《俄罗斯联邦反腐败法》等；

---

① 吴官正：《不断推进党风廉政建设和反腐败工作法制化》，载《中国监察》2003年第24期。

② 何家弘：《领导干部财产申报制度之改进》，载《理论视野》2016年第2期。

③ 干以胜：《建立我国财产申报制度的意义和步骤》，载《中国监察》1994年第12期。

④ 美国《政府伦理法》第一章、第二章和第三章分别对立法人员的财产申报及公开、行政人员的财产申报及公开、司法人员的财产申报及公开作了详细规定。关于《政府伦理法》立法进程及法律内容的详细解析，see Thomas J. Satery，The Ethics in Government Act of 1978 and Subsequent Reforms：The Effect of Political and Practical Influences on the Creation of Public Policy，Seton Hall Legislative Journal，Vol.13（1990），pp.243-269.

二是以专门立法的形式来确立财产申报制度，如法国的《关于政治生活财务透明度的法律》、我国台湾地区的“公职人员财产申报法”、澳门特别行政区的《财产及利益申报法律制度》等。然而无论是采取综合立法模式还是专门立法模式，世界范围内财产申报制度建设的一个共同特点是普遍采用法律的形式来规范公职人员的财产申报。

《联合国反腐败公约》第八条第（五）项规定：“各缔约国均应当根据本国法律的基本原则，酌情努力制订措施和建立制度，要求公职人员特别就可能与其公职人员的职能发生利益冲突的职务外活动、任职、投资、资产以及贵重赠予或者重大利益向有关机关申报。”虽然该条款并没有强制要求各缔约国应制订法律措施和建立法律制度，但是鉴于财产申报制度所规范内容的重要性和敏感性，同时也遵守《联合国反腐败公约》所提出的“各缔约国均应当根据本国法律的基本原则”的要求，其他国家或地区一般都依据《联合国反腐败公约》的要求来制定规范公职人员财产申报的法律措施和法律制度。

（五）民意考量的视角

依据民意表达的方式不同，民意可以分为两类：一类是民众通过民意代表间接表达的民意，另一类是普通民众直接表达的民意。就民意代表而言，近年来一直有全国人大代表呼吁尽快制定财产申报法：第十届全国人大代表、烟台大学教授王全杰曾在2005年和2007年连续提出“关于建立党政官员财产公示制度”的议案和建议；第十届和第十一届全国人大代表、重庆市律师韩德云也连续几次提出制定《公务员财产申报法》的议案，并专门提交了6000多字的法律草案；从2008年以来，第十一届全国人大代表、河南财经政法大学法学院教授郿瑛琪也已连续5次向全国人大常委会建议尽快制定和颁布公务员财产申报法，等等。

除了全国人大代表的声音以外，在中国共产党以党内法规形式建立的财产申报制度陷于执行困境、流于形式化的背景下，舆论媒体和社会民众也一直在强烈呼吁推进财产申报立法。“遏制公共官员腐败的另一个普遍的法律措施是要求官员公布财产和收入。对于这一法律措施，民众最欢迎，官员抵制最强烈。”[①] 对于民意的表达和诉求，立法机关不能一以贯之地以各种理由漠视或者拒绝，而应秉承最大的诚意来尊重民意、回应民意和引导民意。“一个健康的社会不仅应当是民意自由表达的社会，而且应当是充分尊重民意的社会。这不仅体现出包括法律制度在内的社会制度的伦理需求，而且在一个追求民主和法治的国家中，更大的意义在于培养民众对法律的信仰与尊重，最大限度地寻求民众认同和支持。”[②]

二、公职人员财产申报的立法难度

如果说1994年《八届全国人大常委会立法规划》将《财产收入申报法》纳入其立法规划标志着我国财产申报法立法进程起点的话，那么可以说我国近二十年的财产申报立法至今仍然停滞在起点，在准备立法阶段，还未进入真正的立法程序，甚至逐渐退却到幕后的准备阶段了。这也从另一个侧面充分说明我国财产申报立法所面临的巨大困境。在政策化财产申报制度面临执行困境、社会各界普遍呼吁财产申报法出台的形势下，分析阻力的来源，解读困难的实质并寻求突破难题的路径是财产申报法研究的当务之急。财产申报法的立法困境主要表现在利益阻力、观念阻力、制度阻力和学术阻力等四个方面。

（一）利益阻力

既得利益集团无疑是财产申报立法的最大阻力。“当前的悖论是，腐败既然是与权力相结合的，既得利益者一定会动用其权力竭力阻止和打压健康力量和正义的声音。”[③] 多次提议财产申报立法的第十届全国人

① 信春鹰：《反腐败之本：约束公共权力》，载《政治学研究》1997年第4期。
② 解冰、康均心：《反腐败刑事政策中的民意考量》，载《管理世界》2010年第1期。
③ 资中筠：《反腐败：自我纠错能力的公式》，载《炎黄春秋》2009年第12期。

大代表王全杰曾作过一项调查，称接受调查的官员中有97%对“官员财产申报”持反对意见。[①]利益阻力具体表现在以下几个方面：一是构成腐败犯罪行为的公职人员，为了防止腐败行为的败露以及随之而来的职务丧失、利益剥夺和严重刑事处罚（甚至是自由权和生命权的剥夺），肯定会寻找各种理由与借口阻碍财产申报立法进程，他们是财产申报立法最顽固、最坚定的反对者；二是虽无腐败犯罪行为但借助转型社会的各种制度漏洞和制度潜规则从而获取巨大利益的公职人员，由于担心既得利益申报公开后所可能引起的社会民怨以及随之而来的制度变革，也会积极给财产申报立法施加各种压力，他们是反对财产申报立法的重要力量；三是既无腐败犯罪行为也没有在社会转型中谋取暴利的公职人员，基于传统的“不露富”思想，担忧财产申报公开后会泄露自己的隐私，给自己和家人的生活、安全造成必要的干扰和威胁，而财产申报公开后又不会给自己带来直接、现实的利益，因此他们对财产申报立法抱着一种消极中立但偏反对的立场，他们是反对财产申报立法的附和者。

（二）观念阻力

除了现实的利益阻力以外，公职人员群体的某些观念也是财产申报立法重要的无形阻力。[②]这些阻碍立法进程的观念主要有：第一，中国人自古以来就有“不露富”的思想与观念，对个人或者家庭财产既不想公开，也不愿公开，因此，很多奉公守法的领导干部从思想上一时也难以接受这一制度。[③]受传统的“不露富”、低调为官等思想影响，

---

① 吴杰、言科、郑春平等：《阿勒泰官员财产申报背景详解》，载《政府法制》2009年第8期；张兮兮、尹卫国、王廷连：《97%的官员反对“财产申报”说明了什么》，载《中国改革报》2009年3月19日，第3版。

② 在此需要说明的是，利益和观念并非完全并列的概念，两者之间存在着一定的交叉，利益阻力有时候也表现为观念阻力，观念阻力有时也是一种利益阻力，比如公职人员担心隐私权受侵害，这既是一种无形的观念，也是一种现实的利益。此处的利益阻力和观念阻力仅是从关注的侧重点而言。

③ 陆彩鸣：《建立领导干部财产申报制度的影响因素与实现路径》，载《领导科学》2010年第16期。

公职人员群体认为财产申报公开会侵害其隐私权，干扰本人及家庭正常的工作、生活秩序，甚至会带来不必要的安全威胁。第二，政治风险论的影响。有相当一部分公职人员和领导人认为当前腐败已经深入社会骨髓，一旦将公职人员的财产公开于社会，势必会引发社会民众的愤怒，造成社会稳定风险和政治风险。第三，配套制度必备论的影响。很多人认为财产申报立法需要建立在金融实名制、不动产登记、财产信息联网等配套制度的基础上，在相关配套制度还未建立或完善的情况下不宜直接进行立法。换言之，他们认为完善的配套制度是财产申报立法的必备条件。

（三）制度阻力

财产申报制度虽然是腐败治理、特别是预防腐败的基础性制度，是举世公认的"反腐利剑"，但是它同时也是最需要相关制度配套与支撑的制度。若缺乏相关制度的配套支撑与协调运转，财产申报制度缺失将难以发挥制度的应然功能，并可能最终沦为制度摆设。当前，我国金融实名制、不动产登记制度、财产总归户制度、反洗钱制度、信息系统建设等方面配套制度和技术的薄弱与不足确实是我国的现实国情，也是财产申报立法的重要阻力。但是，配套制度和技术的薄弱与不足对制度立法的影响被某些想方设法、千方百计阻挠财产申报立法出台的既得利益群体随意放大化，并成为他们反对立法的绝佳理由与借口。

（四）学术阻力

客观而言，我国学术界对于财产申报立法的迟迟难以出台负有一定的责任。一是对财产申报立法的理论支撑不足。当前学术界对于财产申报制度建构的分析和建议缺乏对中国国情的全面和深入分析，缺少对域外相关制度的细致梳理和吸收；对立法路径、立法策略、施行策略、配套制度和立法体例等内容缺少专门的研究；研究路径的依赖造成研究成果的相似性或千篇一律，难以为立法机关提供丰富的智识支撑和理论积累。二是某些学术文献带有一定的理论误导性，如制度常识介绍的错误与矛盾[①]、对制度功能的片面性介绍与强调、对制度条件的误导性分析[②]、制度实施路径的非理性探索[③]等。特别是学者们在介绍和分析财产申报制度功能时，往往只片面论证制度的惩治腐败功能而忽视制度的保护功能，无疑会增加公职人员的心理负担，徒增立法进程中的阻力和反对力量。还有的学者在迎合某些高级官员的心理，将作为技术改良型腐败治理手段的财产申报制度政治化，甚至将其与境外反华势力和社会主义意识形态紧密联系起来。“多年来的宗旨教育和廉洁奉公形象宣传，主导了社会公众对干部和公务员阶层的‘政治正确’期望，一旦与‘官员普遍比老百姓富’的现实形成强烈反差，极有可能被敌对势力利用，挑拨引发对共产党执政和社会主义制度的质疑，

---

① 比如，很多学者认为公职人员财产申报意味着公职人员隐私权的完全丧失，他们认为隐私权是针对普通公众而言的，公职人员没有隐私权。（参见蒲志强：《公职人员财产申报制度的行政伦理研究》，载《政治学研究》2010年第5期；竹立家：《国外官员财产申报制度的政治和法律基础探析》，载《领导科学》2010年第16期；等等。）而事实上，公职人员财产申报仅仅意味着对公职人员隐私权的某些限制，而不是丧失或放弃。通过合理的制度设计和技术手段，现代立法完全可以很好地平衡公职人员隐私权和财产申报之间的关系。

② 比如，有学者认为“在财产申报问题上，有两点需要明确，一是公职人员合法的财产、有正当来源的财产，申报与否并不十分重要，因为这一部分财产并没有廉政制度和法律上的价值，在法律上和廉政建设上有价值的是那些合法财产之外的财产，这是我们必须明确的。二是财产申报与公职人员的认知水平是有密切联系的，即在公职人员行政道德水准达到较高程度时，申报就会成为一个自觉的行为，而在其认知水准相对较低的情况下，申报便不一定具有主动性。”（关保英：《财产申报立法中的财产审查制度》，载《探索与争鸣》2010年第4期。）值得质疑的是，法律是否在申报前事先分清公职人员有正当来源的财产和无正当来源的财产？若没有对公职人员申报的来源合法和非法的财产进行查核和公开，是否能够查清这些财产来源正当与否？此外，财产申报对公职人员而言从来都是一项义务，若非法律明确要求，任何理性的人都不会想要这个法律枷锁。将财产申报与认知水平联系起来，无疑是在错误地宣称公职人员财产申报立法的条件。

③ 比如，有学者认为：“个人财产申报，从实质上说，就是考察官员对党的宗旨的忠诚度问题，官员的道德问题以及官员对国家和人民的忠诚度问题。而要解决这些问题，解决不说实话，不如实申报个人财产和瞒报、漏报问题，必须从文化入手，必须从官员的道德教育方面给予突破。”（张旭东：《对美国廉政文化“三步运用法”的现实思考——以美国财产申报制度的确立与实施为例》，载《中共中央党校学报》2010年第5期。）这些观点将当前政策化公职人员财产申报制度的执行困境归结为官员道德教育的问题，无疑又是在宣扬思想治腐的老路，忽视法治的作用，也不利于推进财产申报立法的进程。

埋下影响政治稳定的因素。”[①] 因此，在分析财产申报立法难度时，我们不能忽视或无视学术研究的薄弱或肤浅给制度立法带来的无形阻力。

三、对公职人员财产申报立法难度的分析

很多国家和地区在进行财产申报立法时都历经磨难，从法律制度的建立到完善经历了一个漫长的过程，如韩国和我国台湾地区[②]等。这一方面说明法律实践的重要性，任何法律制度在建立之初都并非完美，需要在具体的法律实践中不断发展与完善；另一方面也表明立法难度在各个国家和地区其实都普遍存在，问题并不在于立法难度是否存在以及困难的大小，而在于我们如何看待这些问题、有无勇气突破困境以及采取何种策略化解阻力。

（一）对利益阻力的分析

不同的公职人员群体有着不同的利益考量，同时也对财产申报立法施加着程度不等的阻力。构成腐败行为的公职人员特别是某些高级领导干部是公职人员财产申报立法的最大阻力，是我们必须首先要面对、无法回避的利益群体。财产申报法的实施必然会涉及对腐败官员之前腐败行为的追溯，化解这部分群体阻力的关键在于如何对待和追究这些腐败行为，如何理性、科学、平衡地设计立法的施行策略。“毋庸讳言，推进官员财产公示制度的真正障碍在于拥有不适宜公开之财产的官员数量太多，全部实事求是地公开有可能引发社会震荡。然而，官员财产公示的作用是反腐败，不是证明官员的清廉。中国不能等到

---

① 董建萍：《官员财产申报：改革趋势与制度建构》，载《中共浙江省委党校学报》2009 年第 3 期。

② 有关我国台湾地区“公职人员财产申报法”的制定过程及修改过程，可参见台湾地区“法务部”编印：《“公职人员财产申报法”施行成效检讨之研究》（陈英钤教授主持），2010 年 9 月；范忠信：《“阳关法案”与台湾“廉政”问题——台湾“公职人员财产申报法”的特点、局限及其立法史》，载《台湾研究》1994 年第 1 期。

所有官员或大多数官员都成为清官那一天才建立官员财产公示制度。”[①] 值得强调的是，只要有真正治理腐败的决心和决断，再辅以理性、平衡的施行策略，这部分最难化解的阻力也可以通过政治家的智慧和勇气加以突破。至于虽无腐败犯罪行为但借助转型社会的各种制度漏洞和制度潜规则从而获取巨大利益的公职人员以及其他持观望态度的公职人员，只要有制定和执行财产申报法的决心，再通过各种形式对制度惩治功能和保护功能的全面介绍，这部分群体的阻力相对而言是比较好化解的。

（二）对观念阻力的分析

观念中的问题需要通过解放思想、澄清观念来解决。“内心确信并非必然性的检验。”[②] 就隐私权观念而言，我们首先需要澄清和明确的是财产申报法律制度仅仅是限制公职人员的隐私权，而非完全剥夺公职人员的隐私权。公职人员隐私权受限制是其担任公职、行使公权力所应承担的义务，[③] 也是各国的普遍性做法。即使是限制隐私权，对“限制隐私权”的做法也存在多种法律上的限制：一是申报义务主体范围的限制，二是公开义务主体范围的限制，三是拟公开申报材料的安全处理和保护，四是不正当使用申报材料的法律责任。那种认为财产申报公开会对家人带来安全威胁的担忧可以通过理性的制度设计和周密的技术保护加以避免。

就政治风险论而言，实事求是地说，不加任何制度设计和风险考量的财产申报公开并不可取，某些公职人员所公开的巨额财产确实可能会强烈刺痛民众敏感的神经，给社会稳定带来潜在的风险。但是在当

---

① 何家弘、徐月笛：《腐败利益链的成因与阻断——十八大后落马高官贪腐案的实证分析》，载《政法论坛》2016 年第 3 期。

② Oliver W. Holmes，Natural Law，Harvard Law Review，Vol.32，No.1（1918），p.40.

③ “公务人员对隐私的正当期待受到他们所担任职位的公共责任的限制。”See Louis Bernard Jack，Constitutional Aspects of Financial Disclosure under the Ethics in Government Act，Catholic University Law Review，Vol.30（1981），p.593.

前腐败积重难返的情况下，我们首先必须实事求是地承认近些年来确实有许多公职人员有腐败行为并积累巨额财产的事实，然而很多腐败行为也是由于个人的私利、国家制度漏洞和社会整体环境等因素共同所致，并不能将所有责任都完全归咎于腐败官员个人。本着面向未来、对人民负责的态度，我们需要妥协与平衡的政治技艺，努力设计一种既能减少腐败官员立法难度又能减轻社会动荡的财产申报法施行策略，寻求制度治腐、法治治腐的良性起点。如果像政治风险论所担忧的那样，我们若继续安于现状，不对过去腐败行为进行制度化的平衡处理，则中国腐败治理的改革时机将稍纵即逝，本已严重的腐败形势将愈加雪上加霜，最终腐败将会点燃中国一个又一个社会火药桶。因此，政治风险论是耽误中国腐败治理时机的谬论，重要的不是担忧政治风险、拘泥于过去的腐败行为，而是如何处理和化解政治风险、面向未来的腐败治理。

就配套制度必备论而言，配套制度和技术对于财产申报法的有效执行确实至关重要，但是这些制度和技术的不完善并不构成不制定财产申报法的理由。任何制度在制定之初都并非完美，需要在制度执行中不断发展与完善。“你应该将法律建立在遗憾而不是希望之上。”[①] 而且，财产申报法也可给相关配套制度和技术的完善制造一个倒逼机制，从而形成财产申报制度和配套制度相互作用、互相推进完善的良性循环。此外，我国目前已经建立相对完整的财产申报配套制度体系，关键问题在于如何真正落实这些制度。[②] 因此，将财产申报法无法出台的原因归结于配套制度不完善或许更多的是一种托词。“不是目前条件不成熟等客观原因，而是这背后的既得利益群体的主观阻扰问题。换句话说，当我们的某些改革涉及官员自身的权益，而这些人又掌握着决定政策制定和政策走向的巨大权力时，问题就会变得异常

① Oliver W. Holmes，Ideals and Doubts，Illinois Law Review，Vol.10，No.1（1915），p.4.

② 关于对配套制度必备论的详细反驳，参见本书第四章第三节的内容。

艰难。”[①]

（三）对制度阻力的分析

就实质而言，制度阻力与观念阻力中的配套制度必备论有一定的重合之处，但是它们有着不同的表现形式。制度阻力是就现实的制度层面而言，从制度建设的现实情况入手，而观念阻力中的配套制度必备论则是就形而上的观念层面而言，从公职人员对待制度建设的看法入手。但回应这两种阻力的理由则是重合的。对观念层面的配套制度必备论阻力的回应其实也可作为对制度层面的配套制度不完善这一阻力的回应。

（四）对学术阻力的分析

至于学术阻力则是相对主观化、在短期内就可化解的因素。只要学术界集中力量，端正研究态度，以一种务实、开放的姿态面对和研究中国腐败及腐败治理的国情、境外财产申报制度的运作情况及其制度环境、财产申报法的基础理论和立法问题，这些学术成果就可快速地将学术阻力转化为学术动力，为中国财产申报法的制定与实施提供坚实的理论支撑和引导。

财产申报法律制度是现代政治文明的基本标志，是人类社会预防和控制腐败的基本技术和手段。在很大程度上说，当公职人员普遍反对财产申报立法时，这恰恰说明财产申报立法已到了迫不及待的时候。

第三节　立法模式：中央立法抑或地方试点

我国改革开放四十多年的一条重要经验就是某些重大制度先进行

① 汪玉凯：《财产申报：二十多年难有结果的改革》，载《炎黄春秋》2009年第7期。

地方试点，待条件成熟后再由中央统一立法，即采取先行先试、渐进式的立法模式。当前我国财产申报立法中的一个重要争论也是立法模式的选择问题，即到底是采取直接选择中央立法的模式还是采取进一步选择地方试点后再由中央统一立法的模式？在我国腐败愈演愈烈、民众对国家腐败治理日益失去信心的情形下，立法模式的选择不仅直接关系到财产申报法的出台时间，关系到财产申报法的制度设计，而且也会影响到国家治理腐败的决心和民众对于政府腐败治理的信心。

一、现有立法模式的考察

1994 年《八届全国人大常委会立法规划》将《财产收入申报法》列为第二类研究起草、成熟时安排审议的法律草案立法规划，这其实表明当初的立法模式选择是采取直接中央立法的做法。随着《财产收入申报法》立法进程的受挫和《1995 年规定》的出台，财产申报制度开始走上中国共产党主导的政策化制度建设轨道，从《1995 年规定》《1997 年规定》《2001 年规定》《2006 年规定》《2010 年规定》，一直到《2017 年规定》。1995 年至 2008 年《阿勒泰规定》发布以前的这一期间，虽然地方也发布若干个调整财产申报制度的政策文件，但是这些文件都是依据这一时期的相应中央文件制定的，制度缺少创新，内容也大多重复，因此它们更多可以被视为执行性文件，而不是带有制度试点意义的创新性文件。2008 年《阿勒泰规定》标志着中国地方层面财产申报公开制度试点的开始，在《阿勒泰规定》的推动下，中国各地兴起财产申报公开试点的高潮。如果我们将政策化制度建设视为法律化制度进程的前奏和预演，那么我国的中央立法模式其实一直没有中断。但是目前的政策化制度毕竟缺乏被外界视为制度核心的财产申报社会公开机制，那么从这个角度而言，地方层面的财产申报公开探索无疑又是具有制度创新意义的地方试点。由此看来，我国财产申报立法模式似乎更像是一种混合化的模式，是一种中央立法主导整体制度建设情形下的在个别制度内容方面的地方自行试点。

在财产申报法迟迟不能出台的背景下，当前立法模式其实存在以下几种可能性：一是由中央直接进行立法；二是继续由地方自行进行试点，[①]待条件成熟后再由中央进行立法；三是在中央主导下，由中央选择若干地方进行试点，待条件成熟后再由中央进行立法。第一种其实可归纳为中央立法模式，第二种和第三种在本质上都是地方试点，可统一归纳为地方试点模式，只不过第二种是没有路线图和时间安排的地方试点模式，第三种是有路线图和时间安排的地方试点模式。这三种模式都存在一定的合理性，但在当前腐败及腐败治理形势越发严峻的情形下，我们需要从中选择一条最为理性与务实的立法模式。

二、地方试点模式的质疑

以地方试点为主要内容的渐进式改革模式在我国改革开放进程中确实发挥了重要作用，渐进式改革的本质是解放思想，坚持实践是真理的检验标准，但是中国许多问题的复杂性恰恰在于一旦某项改革或活动取得重大成功，[②]这种模式就容易演变成为教条主义从而获得某种“思想专制”的力量，于是人们懒得去思考，懒得去反思，而习惯直接“拿来主义”。同时，社会的复杂性又在于在不同的历史发展阶段，需要有不同的改革模式和思维方式，如果一味地、不假思索地套用过去的改革模式和思维方式可能会严重阻碍社会的发展，因此，马克思主义要求用发展的眼光看问题。对于财产申报立法也是如此，至今仍有许多

---

① 还有学者主张“应当以地方性法规的形式将公职人员家庭财产申报制度固定下来”。邓小兵、孙玉宛：《我国公职人员家庭财产申报的地方立法建议——以甘肃为例》，载《甘肃社会科学》2015年第5期。

② 或许值得指出的是，传统意义上人们谈论的地方试点模式一般是就经济改革而言，很少涉及腐败治理制度，当前我国的腐败治理策略、体制和制度大都直接来自中央自上而下的推行。关于经济领域地方试点模式的理论提炼与分析，参见张建伟：《“变法”模式与政治稳定性——中国经验及其法律经济学含义》，载《中国社会科学》2003年第1期。

人在没有对腐败治理路径和财产申报制度的现状与问题进行深入分析与思考的情况下，就认定财产申报立法也应该沿用传统的渐进式立法模式，认为应该继续采取地方试点，中央立法为时尚早。还有的学者认为地方试点可以对中央造成制度实践的压力，形成“倒逼机制”[①]。其实，无论是地方自行探索的地方试点模式还是中央主导的地方试点模式，它们在当前严峻的腐败形势以及腐败治理的语境下可能都并非最为适宜。

第一，腐败治理路径的自上而下性。与经济改革、文化改革、教育改革不同，腐败治理针对的是人，而且是掌握公权力的人，因此腐败治理的路径选择应该是自上而下，而非自下而上。国家最高领导人治理腐败的决心是腐败治理成败的关键。在腐败现象比较严重或很严重的国家或地区，腐败的制度化、社会化和集体化往往已经成为一种社会常态，而且由于基层公权力的监督缺乏、基层公职人员的操守和道德更易遭受腐蚀、基层腐败更易为民众所普遍感知，因此通常的现象一般都是越到基层越腐败，至少社会民众的感受如此。一个国家或地区腐败问题的严重程度也首先反映为基层腐败的程度，腐败基层化往往是一个国家或地区腐败程度严重的最重要标志之一。因此，腐败治理的地方试点或自下而上性就面临着一个悖论：基层往往是腐败的重灾区，而且由于基层腐败的集体化往往已经导致基层地区腐败监督系统的破坏与运转失灵，此时再由一个已经腐败的主体去探索制定和实施腐败治理制度，这本身就意味着腐败治理地方试点模式的非理性和不科学。即使基层地方的领导人有腐败治理的决心，在权力相互庇护的科层制内，他上面还有级别比他高的官员，该领导人的决心也会随着打压、撤职、调离等方式被慢慢消磨。于是，各国治理腐败一般都采取自上而下的方式，在国家最高领导层的强力推动下制定全国层面

---

① 参见王锡锌:《官员财产申报制度：立法、实践与制度完善》，载《中国法律》2010年第4期；蔡新燕:《我国官员财产申报制度及其绩效》，载《重庆社会科学》2010年第2期；等等。

的腐败治理制度和法律，践行自上而下式的制度反腐和法治反腐，因此，腐败治理法律制度立法路径也呈现鲜明的自上而下性。“根据世界各国的经验，建立官员财产公示制度必须以‘顶层设计’为前提，不能像经济体制改革那样让地方政府‘摸着石头过河’。”[①] 作为基础性的腐败治理法律制度，财产申报立法也应该由中央统一立法。地方试点模式无法解决国家政治领导人的财产申报问题，而国家政治领导人的财产申报是真正落实财产申报制度的最关键之所在，也是制度真正实施和良性运转的逻辑起点。

第二，财产申报配套制度的全国性。腐败治理是一个综合性、全局性、系统性的制度体系。财产申报制度的实施与运作需要相应配套制度的支撑与扶持，否则其制度功能将无法有效的正常发挥，并可能会沦为没有实际法律效力的具文。而金融实名制、不动产登记、财产总归户、反洗钱制度、信息共享系统等配套制度是全国性的，依赖于中央层面的制度制定及其完善，即使一个地区的领导人有着最坚定的治理腐败的决心，该地区财产申报制度及其配套制度又是高度的完善和发达，但是如果没有全国性配套制度的支撑，腐败的公职人员可以轻而易举地将财产转移到其他地方，甚至转移到境外，于是该地区的财产申报制度就变得没有价值。因此，仅仅着眼于一个地方去埋头苦搞财产申报制度，而忽视全国性配套制度的发展和完善并非理性和科学的做法。

第三，腐败治理机构设置的联动性。财产申报法律制度的建构必然会涉及申报受理机构和核查机构等申报主管机构的设置，而申报受理机构和申报核查机构的设置及其职权、它们与现行腐败治理专门机构的关系及协调、谁来监督申报受理机构和核查机构等问题都不是地方试点所能完全解决的，必然会涉及相应法律、法规的修改与调整，因此需要在中央层面做统一、宏观、平衡的制度设计与处理。地方试点在机构设置方面只能着眼于法律现实，而不能违反现行法的规定进行机构革新与职

① 何家弘:《反腐败的战略重心与官员财产公示》，载《法学》2014 年第 10 期。

权重新分配，而机构设置与职权分配对于财产申报制度的执行又具有实质性的意义，因此，从这个角度来看，地方试点的意义也是极其有限的。

第四，地方试点的实践效果分析。在目前开展财产申报公开制度试点的地区中，区县级占了绝大部分，制度试点的影响范围和推广力度极其有限；就申报义务主体和公开义务主体而言，绝大多数集中在科级和县处级干部，而且一般还仅限于新提拔干部，在科层制公共组织体系内，不断蔓延的集体腐败和对纪委等监督机构权力的监督缺乏会极易吞噬财产申报和公开的实际效果；同时，很多试点地方的申报材料仅限于单位内部公开，缺乏社会监督和强有力的申报核查机制；此外，目前还没有涉及试点地区公职人员因不申报、申报不实而被处理的公开案例。与其他经济、文化制度改革不同，由于腐败治理制度规范的对象是公职人员本身，那么由低级别的腐败治理制度规范的对象自身来开展腐败治理制度制定和实施的试点无疑就会存在困难。

三、立法模式的未来展望——基于当前中国腐败治理语境之展开

当然，财产申报制度的地方试点模式存在弊端也并非意味着地方试点就全然没有意义。事实上，地方试点模式在增强人们的心理预期，减少制度实施的阻力和震荡，提炼制度实施的问题，积累制度实施的经验等方面都具有重要意义。分步骤实施、渐进式改革可以减少一些阻力，不至于一下子产生太大的震荡和冲突。美国的财产申报制度也是采取这个策略最终得以完善。[①] 任何制度的建构并非一蹴而就，都需

① 有关美国财产申报制度的历史演变和当代发展，see Hubert G. Locke，Ethics in American Government：A Look Backward，Annals of the American Academy of Political and Social Science，Vol.537（1995）；Thomas J. Satery，The Ethics in Government Act of 1978 and Subsequent Reforms：The Effect of Political and Practical Influences on the Creation of Public Policy，Seton Hall Legislative Journal，Vol.13（1990）；Richard W. Painter，President Obama’s Progress in Government Ethics，Constitutional Commentary，Vol.26（2009-2010）.

要经历制度的酝酿、探索、建立与完善，是一个循序渐进的发展过程。而且实事求是而言，寻求渐进式的制度推进、以地方试点为重要内容的立法模式也曾经在社会主义市场经济法律体系的建构中发挥重要作用。当前探讨和分析财产申报法立法模式的特殊意义在于在当前中国腐败治理的语境下选择何种立法模式是更为适宜的。换言之，当前对财产申报法立法模式的探讨必须置于中国腐败治理的现实语境中，脱离了这一语境，立法模式问题的研究价值就可能会变得抽象与虚幻。

前已述及，当前中国腐败的形势极其严峻：腐败仍在蔓延，腐败的集体化、制度化和社会化不断加重，民众对腐败既痛恨又无可奈何，腐败在互联网时代背景下不断发酵，腐败成为众多群体性社会事件的导火索。而相应的腐败治理却呈现出被动性、选择性、分散性、从属性和政治性五大基本特征，中国的腐败治理在整体上仍未彻底成功。当前中国腐败的严峻形势和腐败治理的相对成功是我们在思考腐败治理策略、推进腐败治理制度建设时必须首先面对的现实国情，也是财产申报立法必须面对的制度逻辑前提。

考虑到腐败治理路径的自上而下性、财产申报配套制度的全国性、腐败治理机构设置的联动性以及当前财产申报公开制度地方试点实践效果的不理想，立即启动中央层面的立法是当前中国腐败治理语境下财产申报立法的最佳模式选择。继续坚持地方自行探索的地方试点模式抑或主张中央主导的地方试点模式，一方面忽视腐败治理路径的特殊性，忽视财产申报立法的特殊性，另一方面也只是在已有的试点基础上的重复劳动而已，徒增立法的成本与地方的压力，而不会给问题探索和经验积累带来实质性的改变。从某种程度上说，盲目地宣扬地方试点模式更多的已成为推迟或拒绝财产申报法立的借口和托词，更像是一种无限期的立法拖延策略。在已有相关地方试点的基础上，特别是在当前中国腐败形势严峻、腐败治理面临困境的背景下，财产申报作为终端腐败治理制度，立即启动财产申报法的中央立法模式可以彰显国家治理腐败的姿态和决心，有效抑制腐败分子的腐败动机，提振民众对国家治理腐败的信心和国家稳定的预期，有利于在国家层面进行腐败治理的顶层设计，综合平衡各方利益、精心设计制度以及推行策略，也有利于推动全国范围内配套制度和技术的发展与完善，实现财产申报制度的良性运转。同时，中央立法模式也可避免无谓的地方试点，显著减少立法成本，从立法的成本—收益视角分析也是一种理性的模式选择。

当然，立即启动中央立法也并不是意味着要在短时间内马上出台财产申报法。立法是讲究立法规律和立法策略的技艺，对于面临巨大困境的财产申报立法来说更是如此。财产申报立法要在科学立法、民主立法、依法立法的原则指引下，既要有足够的勇气去突破既得利益集团的阻力，也要有充足的智慧去广泛吸纳各方意见，理性设计具体制度，精心平衡各方利益。同时，在着手财产申报立法时就要附带思考、设计法律的施行策略，出台法律的施行制度，切不可在法律一出台就因为遭受公职人员群体的抵制和反对而成为文本上的法律，无法付诸实施。

中央立法模式可以考虑的大致内容是：第一步，将公职人员财产申报法纳入最新的全国人大常委会立法规划，启动正式立法程序；第二步，将我国各个地方试点的问题与经验进行提炼和总结，对域外财产申报立法的问题和经验进行分析与研究，为财产申报立法做好基础性研究准备；第三步，按照立法程序，精心设计立法草案，广泛征求各方意见和建议，出台《国家工作人员财产申报和公开法》；第四步，以《国家工作人员财产申报和公开法》的出台为契机，不断完善金融实名制、不动产登记制度、反洗钱制度等配套制度和技术的法律规范；第五步，国家领导人率先公开财产及相关事项，将法律引向真正实施的轨道，并在法律实施过程中不断总结问题与经验，待条件成熟时适时修改和完善《国家工作人员财产申报和公开法》。

社会各界对于财产申报立法寄予厚望，将其视为解决腐败问题的终端机制，如果将来出台的《国家工作人员财产申报和公开法》制定不良、实施不佳并最终成为具文，那将极大挫伤社会与腐败作斗争的信心与士气，根本性动摇民众对国家腐败治理和社会改革的信心，甚至可能会发生大规模的社会动荡和混乱。这更加说明：一方面，由于当前严峻的腐败形势需要立即启动财产申报法的中央立法模式，另一方面，财产申报法的出台对腐败治理和社会改革的意义和影响重大，更需要审慎与智慧。

第四节　立法策略：另起炉灶还是传承历史

财产申报制度建构的首要问题是回应公职人员特别是高级公职人员对自己的隐私权可能会遭受制度侵害而提出的反对意见。如何平衡财产申报与公职人员隐私权的关系是域外各国和地区财产申报立法所面临的共同问题。在我国，财产申报立法的首要阻力来自对制度变革能够施加重大影响或者实际上掌握决策权的高级公职人员群体，有腐败犯罪行为的公职人员大多会以财产申报侵害其隐私权为借口来抵制立法，即使是那些尽职守法的公职人员也可能会觉得财产申报会损害他们的隐私权，从而对立法持谨慎的保留态度。从制度发生学的视角来看，我们需要认真思考的是隐私权该不该受限制是制度建立之初的抵制理由还是制度建立以后立法时的反对理由？具有共产党员身份的高级公职人员在制度建立之初对党的决策持拥护态度，能否在立法时又以隐私权受侵害为由进行反对？财产申报制度和财产申报法律制度是否相同？财产申报制度和财产申报公开制度又有何关系？财产申报制度和财产申报法律制度、财产申报制度和财产申报公开制度的区分已不单单是一个简单的概念澄清问题，就其实质而言，在我国中央层面已建立财产申报制度的背景下，它涉及的其实是财产申报立法策略问题，即我们到底是应该采取否认原有政策文件已建立财产申报制度这一事实的“另起炉灶”策略，还是去选择承认在既有财产申报制度的基础上继续推进立法的“传承历史”策略？不同立法策略直接关系到立法难题的化解与法律出台的时间。

一、在制度与法律制度之间：概念的界分与厘清

关于我国是否已经建立财产申报制度，学术界和实务界还存在着争论。有人认为我国至今未建立财产申报制度，蛰伏多年的财产申报制度难以出台[①]；有人虽没有明确的肯定或否定，但其认为我国还没有真正意义或应然意义上的财产申报制度[②]；也有人认为新疆阿勒泰的《阿勒泰规定》是我国财产申报制度试点的开始[③]；此外，还有人以1995年的《1995年规定》为起点，认为《1995年规定》以及后续的相关政策文件标志着我国财产申报制度的建立[④]。在我国是否已建立财产申报制度争论的背后，其实隐藏的是对财产申报制度概念的不同认识，财产申报制度与财产申报法律制度是否相同？财产申报制度是否直接等同于财产申报公开制度？

（一）制度与法律制度的界分

“制度是一个社会的博弈规则，或者更规范地说，它们是一些人为

---

① 郇天莹：《中国公务员财产申报制度的构建路径研究》，北京大学2009年博士学位论文；蔡宝刚：《经由政府道德法反腐败的法理求解——美国经验与中国借鉴》，载《政法论坛》2011年第4期；等等。

② 许道敏、陈正云：《制度反腐败论》，载《法学家》1999年第6期；劳力：《“干部廉情公示”离财产申报更近一步》，载《检察日报》2009年1月14日，第6版；颜玉华：《“阳关法案”：反腐利剑正出鞘——官员财产申报公示制度透视》，载《江淮法治》2010年第4期；等等。

③ 吴杰、言科、郑春平等：《阿勒泰官员财产申报背景详解》，载《政府法制》2009年第8期；汪玉凯：《财产申报：二十多年难有结果的改革》，载《炎黄春秋》2009年第7期；王瑞娟：《官员财产申报：制度反腐的必然选择》，载《理论探索》2011年第2期；王锡锌：《官员财产申报制度：立法、实践与制度完善》，载《中国法律》2010年第4期；等等。

④ 高斌：《把脉阿勒泰官员财产申报事件》，载《检察日报》2009年1月13日，第5版；谭世贵、宗会霞：《论我国财产申报制度的建立与实施》，载《海南大学学报》（人文社会科学版）2009年第4期；李响：《试解制定〈公务员财产申报法〉的三大难题》，载《法学杂志》2010年第12期；王明高、胡祥勇：《中国家庭财产申报制的建立与健全》，载《湖南社会科学》2004年第1期；余其营：《论我国反腐败法律体系的构建》，载《中央社会主义学院学报》2011年第4期；等等。

设计的、形塑人们互动关系的约束。”① 所有形塑人们互动关系的约束都可以称为制度。制度是许多或大量彼此之间具有同一性或均质性的要素的一种集合②。制度有不同的载体和表现形式，它既可以通过成文法律的形式来表达，也可以以执政党的政策为载体，此外，还可表现为法院的判例和默示的习惯等。法律制度仅仅是制度的一种类型，是以法律形式来形塑人们互动关系的规范，是制度中最为正式、最为规范的形塑人们互动关系的约束规则，但它并不是制度的全部。在大陆法系国家，法律制度是由成文法律所构成的规范体系；在英美法系国家，法律制度既包括成文法律，也包括法院的判例法。制度是法律制度的上位概念，制度包括法律制度、政策制度、宗教制度、道德制度和惯例等。

（二）财产申报制度与财产申报法律制度的界分

财产申报制度是指一定范围内的公职人员依据一定程序向特定机关申报本人和特定家庭成员的财产和相关事项并接受监督的规则。财产申报制度的载体既可以是法律的形式，如美国的《政府伦理法》、我国台湾地区的“公职人员财产申报法”等；也可以是政策文件，如我国大陆地区的《2017年规定》、香港的《公务员事务局通告第8/2006号》等。而财产申报法律制度则是指以法律形式规定的法定范围内的公职人员依据法定程序向法定机关申报本人和特定家庭成员的财产和相关事项并接受监督的规则。财产申报法律制度既可以采取专门制定的体例，如我国台湾地区的“公职人员财产申报法”，也可以在统一的腐败治理法或政府伦理法中加以规定，如美国的《政府伦理法》、俄罗斯的《俄罗斯联邦反腐败法》。财产申报法律制度是财产申报制度的一种类

① ［美］道格拉斯·诺斯著：《制度、制度变迁与经济绩效》，杭行译，格致出版社、上海人民出版社、上海三联书店2008年版，第3页。

② 王亚新：《程序·制度·组织——基层法院日常的程序运作与治理结构转型》，载《中国社会科学》2004年第3期。

型，也是其发展的高级形态和最正式形态。

（三）财产申报制度与财产申报公开制度的区分

财产申报公开是财产申报制度的精髓和重要组成部分，是与申报义务主体、申报范围、申报种类、法律责任等制度相并列的具体机制。但是就现实而言，并非所有国家和地区的财产申报制度中都必然包含财产申报公开制度。诚如前述，从制度的应然价值而言，申报公开是财产申报制度发挥价值和功能的关键和核心，缺少申报公开、缺少社会监督就难以对公职人员的财产申报是否属实进行有效监督，制度运行也会遭遇种种执行困境。但是从制度的实然操作来看，确实有些国家规定公职人员的财产申报是秘密的，不对社会公开，如新加坡。因此，从理论层面或应然意义上说，财产申报公开制度是财产申报制度的下位概念和具体制度；从实践层面或实然意义上说，并不是所有的财产申报制度都有财产申报公开制度，不能因为缺乏财产申报公开就否定财产申报制度本身。

二、现有立法策略勾勒——以领导人的讲话为中心

当前我国学术界、媒体界对财产申报制度与财产申报法律制度、财产申报制度与财产申报公开制度等范畴和概念的界定混乱，表述随意，这直接影响了国家高层的相关话语表达，一些领导人的谈话也自觉不自觉地将财产申报法律制度等同于财产申报制度，将财产申报公开制度视为财产申报制度。

2009 年 2 月 28 日，时任国务院总理温家宝同志做客中国政府网、新华网与网友在线交流时提出：“许多网友在网上提出为什么还不建立官员的财产申报制度，我认为这个建议是正确的，这应该是反对腐败的一项重大举措。我们说要实行政务公开，也要对官员的财产收入实行公开。当然，这件事情要做得真实而不走过场，就必须建立制度和

制定法律，并且长期地保持下去，使它收到真正的效果。我们正在积极准备这项工作。”[①] 在这里，温家宝总理很明显地将财产申报公开制度与财产申报制度等同起来。

2009 年 3 月 7 日，时任中纪委副书记何勇同志在接受记者采访时表示：“中纪委注意到了阿勒泰地区关于官员财产制度的试点，也考虑过阿勒泰的方案……有积极作用。但阿勒泰毕竟是一个地区，对于全国来说，还需进一步完善。”[②]2009 年 3 月 8 日，时任中纪委副书记马馼同志在接受记者采访时指出：“对于新疆阿勒泰地区对公务员财产申报制度的尝试，应该支持。但这项制度需要有完善的一个过程。”[③] 何勇书记和马馼部长都将财产申报公开制度视为财产申报制度，而且他们在肯定新疆阿勒泰是财产申报制度试点地区的同时，其实也表明他们否认《1995 年规定》是财产申报制度的开端，从而将财产申报制度与财产申报公开制度混同起来。2007 年 9 月 13 日，时任监察部副部长、国家预防腐败局副局长屈万祥同志在国家预防腐败局成立新闻发布会上表示：“我们一直在抓紧研究财产申报制度，在适当时候将建立财产申报制度。”[④] 屈万祥部长同样混同了财产申报制度与财产申报法律制度。其实，我们已经建立了财产申报制度，我们将来所要建立的应该是财产申报法律制度。

《中国共产党章程》规定：“党的各级纪律检查委员会是党内监督专责机关，主要任务是：维护党的章程和其他党内法规，检查党的路线、方针、政策和决议的执行情况，协助党的委员会推进全面从严治党、加强党风建设和组织协调反腐败工作。”[⑤] 在我国执政党为主导的腐败治理体制下，中纪委作为最高纪律检查机关，它事实上负责全国性腐败治

① 中国政府网 http：//www.gov.cn/zlft/page_4.htm，2018 年 6 月 30 日最后访问。

② 和讯网 http：//news.hexun.com/2009-03-08/115397258.html，2018 年 7 月 3 日最后访问。

③ 和讯网 http：//news.hexun.com/2009-03-08/115397258.html，2018 年 7 月 3 日最后访问。

④ 新华网 http：//news.xinhuanet.com/newscenter/2007-09/13/content_6715966.htm，2018 年 7 月 1 日最后访问。

⑤《中国共产党章程》第四十六条第一款。

理策略、政策、制度以及法律制度的制定或起草。同时，中国又是典型的奉行下级服从上级的科层制国家，领导人的个人想法对于制度或法律制度的建立有着重要的影响，甚至在很大程度上决定着制度的方向与内容。因此，从这个角度而言，中纪委领导人对财产申报制度与财产申报法律制度、财产申报制度与财产申报公开制度等范畴和概念的模糊使用会直接影响或者是决定财产申报法的立法策略与立法进程。从现有相关国家领导人和中纪委领导人的表态来看，他们都是在强调目前所推进的是财产申报制度的制定，也就是说他们并不承认《1995年规定》以及后续的相关文件标志着中国已建立财产申报制度，这种观点割裂了《1995年规定》等文件与未来财产申报立法之间的历史渊源关系。虽然中纪委没有明确说明采取的是何种立法策略，但是就实质而言，它在无形中所采取的是否认原有相关政策文件已建立财产申报制度这一事实并另外尝试去建立财产申报制度的“另起炉灶”立法策略。

三、现有立法策略的解读及其弊端

前已述及，财产申报制度是指一定范围内的公职人员依据一定程序向特定机关申报本人和特定家庭成员的财产及相关事项并接受监督的规则。从应然角度看，财产申报公开是财产申报制度的精髓，但是从实践层面或实然意义上说，并非所有的财产申报制度都有财产申报公开规定，也不能因为一些国家或地区缺乏财产申报公开就否定其财产申报制度的存在。我国的《1995年规定》已经确立一定范围内的公职人员依据一定程序向特定机关申报一定范围内收入（收入是财产的一部分）并接受监督的规则，它规定了申报义务主体、申报范围、申报主管机关、监督制度、责任机制等，符合财产申报制度的概念界定和内容要求。尽管《1995年规定》显得非常简陋与不足，但是不能因为其内容的不完善、不完整就否认它是我国财产申报制度的起点。而且其后的《1997年规定》《2006年规定》《2010年规定》《2017年规定》是对《1995年规定》的不断补充与完善，也在不断推进我国财产申报制度的健全与发展。《阿勒泰规定》的制度“破冰”意义不在于它是我国第一个财产申报制度，而是在于它是我国第一个规定财产申报社会公开的制度。

从制度发生学的角度来看，法律制度是制度的高级形式，如果说隐私权可能会受侵害的说法在财产申报制度建立之初可以构成主要反对理由，公职人员隐私权该不该受限制是制度建立之初需要认真解释与讨论的话，那么在制度建立之后并在向立法迈进的过程中，财产申报制度的建立本身就意味着公职人员隐私权受到限制的既定事实，对于广大共产党员领导干部而言，在财产申报立法中我们需要进一步讨论和研究的就不应该是党员身份的公职人员隐私权该不该受限制的问题，而是如何对党员身份的公职人员的隐私权进行限制、限制程度如何的问题。在我国当前财产申报制度框架下，公职人员隐私权的限制问题其实已经得到部分解决，制度的进一步发展趋势应该是实行财产申报公开，由党内监督迈向社会监督。党内监督是对公职人员隐私权的限制，而社会监督则是对公职人员隐私权更大范围的限制。因此，如果说我国当前财产申报制度已经主要解决党员身份公职人员隐私权该不该受限制的问题，那么未来财产申报立法则是要重点解决公职人员隐私权该如何受限制的问题。

值得指出的是，本书并非绝对地认为财产申报立法进程中就完全不需要讨论公职人员隐私权该不该受限制的问题，因为我国当前建立的是中国共产党内部的党员领导干部财产申报制度，在立法涉及所有政治身份的公职人员时，公职人员隐私权该不该受限制还有进一步讨论的空间，同时立法本身就是一个民主的过程，各方面的意见和建议包括公职人员隐私权可能受侵害在内的各种反对意见都可以提出来。本书所要强调的是，“历史传承”立法策略可以相对简化公职人员隐私权该不该受限制的理念争论，从而重点进入公职人员隐私权该如何限制的技术权衡层面的讨论。因此，本书专门探讨立法策略的真实意图在于，“历史传承”立法策略可以有效回应高级领导干部的反对意见，极大减少财产申报立法难度，立法出台的进程也将迅速加快，从而服务于财产申报立法的大局。

当前拒绝承认《1995年规定》已建立财产申报制度而将《阿勒泰规定》视为制度起点的“另起炉灶”立法策略，实质上混淆了财产申报制度与财产申报公开制度的差异，相当于承认我国在中央层面还未建立财产申报制度。而如果采取“另起炉灶”立法策略寻求在中央层面建立财产申报制度或者立法，那么首先要面对的就是既得利益者提出的隐私权可能受侵害的质疑，这等于是丧失或浪费了可以相对简化公职人员隐私权该不该受限制的理念争论而重点进入公职人员隐私权该如何限制的技术权衡的历史良机。理念争论涉及的是观念或思想层面的问题，较难去说服和争取；而技术权衡涉及的则是技术或器物层面的问题，较易通过事实和具体的制度设计方案去突破。在反对财产申报立法的既得利益集团千方百计寻求那些既有学术支撑又有域外事实支持的理由或借口时，鉴于公职人员隐私权与财产申报的关系本来就是世界各国在建立财产申报制度时所共同面对的问题，也是学术界承认的需要加以认真讨论和平衡的学术难题，那么隐私权问题自然就会成为高级公职人员阶层反对立法的最重要武器之一。而当前否认中央层面已建立财产申报制度的“另起炉灶”立法策略则是将隐私权该不该受限制的问题又突出地摆上桌面，无疑是将本已通过制度实施的事实得以部分解决而无须重点争论的问题重新释放出来，极大增加了立法难度，相对延缓了立法进程。

四、立法策略的重新审视：寻求制度传统的延续性

基于当前所面临的立法困境，无论是从历史的客观事实还是从立法的成本收益角度看，我们都需要回归历史，在财产申报制度传统中

寻找未来立法的有益资源和推动力量，并重新审视和调整当前的立法策略。“与过去的连续性仅仅是一种必需而不是一种义务。”[①] 以制度传统为依归，我们需要采取在承认既有制度传统基础上推进立法的“传承历史”策略，以《1995年规定》作为财产申报制度的起点。将来的财产申报立法是在承认我国中央层面已建立财产申报制度的前提下，并在《1995年规定》以及相关政策文件基础上的发展与完善。《阿勒泰规定》仅仅是财产申报社会公开制度的地方试点，不足以构成对《1995年规定》以及相关政策文件所开启的财产申报制度传统的否定与颠覆。

“传承历史”的立法策略可以借助以执政党为主导的腐败治理体制的有限优越性，利用执政党自上而下集中性地制定和推动财产申报制度的便利性和弱阻力性，通过财产申报制定建立并实施的既有事实来回应具有党员身份的高级领导干部在立法进程中提出的隐私权质疑。它在本质上是一种最大限度地挖掘现实资源，以现实优势对抗现实阻力的实用主义策略和现实主义技艺。对于这些高级领导干部而言，隐私权该不该受限制是在财产申报制度建立之初就应该争论的话题，而非制度建立之后的制度高级发展阶段——立法进程中需要再次探讨的问题。既然他们在制度建立之初没有提出反对意见并表现出对党中央决策的大力拥护和支持，那么他们就不应在立法进程中再以隐私权为借口来反对党中央所主导制定的财产申报制度高级发展形态——财产申报法律制度，否则他们就违反了《中国共产党章程》第三条规定的党员义务。由于共产党员是公职人员的最主要组成部分，而具有共产党员身份的高级领导干部又是掌握现实话语权并对立法制定施加决定性影响的群体，因此化解来自这部分既得利益群体的阻力就显得最为重要。在隐私权可能受侵害成为他们最重要反对理由、隐私权该不该受到公共利益限制仍然是他们最大质疑的背景下，“传承历史”立法策

① Oliver W. Holmes，Law in Science and Science in Law，Harvard Law Review，Vol.12，No.7（1899），p.444.

略可以有效回应他们的反对理由和质疑；同时在中国的科层制体制和政党制度下，只要有效地回应并解决了高级党员领导干部的反对和质疑，那么来自中下层公职人员和非党员公职人员的阻力就可轻而易举地突破了。

此外需要进一步指出的是，在当前相关概念模糊与混乱的背景下，选择“历史延续”的立法策略意味着在立法进程中需要同时采取几个辅助性措施：一是学术界要加强财产申报立法研究，认真梳理并厘清公职人员财产申报的相关概念和范畴，明晰我国财产申报制度的历史渊源与发展进程。学术界需要的是为财产申报立法实践提供扎实的理论支撑和智识累积，而不是增加立法实践的理论误导和无谓的立法难度。二是媒体界也需要以严谨的职业态度，本着实事求是、尊重事实、尊重历史的原则，规范公职人员财产申报相关概念和范畴的使用，为高层领导的观念转变提供有利的舆论环境。三是要认真贯彻实施《2017年规定》有关抽查核实的规定，加强对申报义务主体申报材料的核查力度，这种行动可以有效地应对当前申报材料核查基本处于形式化、公职人员没有真正感受到隐私权受限制的困境，通过相关政策文件的贯彻落实来对公职人员隐私权施加现实的限制，让其真正感受到财产申报制度的存在和制度对其隐私权限制的存在，在制度的实施现实中感知并追溯制度的历史传统。

第五节 施行策略：一种平衡的政治决断

中国法治建设的最大问题和困境在于法律的实施，从国家根本法——宪法的实施现状就足可窥探出我国法治进程的艰难。中国向来不缺乏优美的法律条款，缺少的却是良好的法律实施。法律实施困境的原因固然有很多，但是立法者在立法过程中缺乏对法律实施机制的充分考量是法律不幸成为具文的重要因素。对于财产申报立法来说，施行策略研究具有特殊意义：一方面是为了法律颁布后的有效执行和实施，另一方面也是为了有效地化解立法过程中的阻力，加快财产申报立法进程。不受遏制的腐败会引发社会不稳定的政治风险，不加思考的腐败治理同样也会导致社会不稳定的政治风险。财产申报公开所可能引发的政治风险是财产申报法律实施所必须面对的现实问题。此外，财产申报制度被誉为腐败治理的终端机制，社会民众对其寄予过多的功能期待和情感寄托，如果不认真思考财产申报立法的施行策略，一旦该法成为具文，则会击碎社会民众的又一个制度寄托和美好愿望，有可能会引发更为可怕的政治风险。因此，我们不得不认真对待财产申报法的施行策略。

就公职人员财产申报而言，如果说要不要立法是第一次政治决断，更多考验的是政治领导人和立法者的勇气，那么如何施行则是第二次政治决断，更多考验的是政治领导人和立法者的智慧。在财产申报法施行策略的考量中，有几对关系需要我们始终如一地关注与平衡：官员的阻力与民众的力量；腐败行为的过去与腐败治理的未来；法律的权威性与法律的灵活性。

一、财产申报法实施的政治风险考量

立法是对不同群体利益的调整和平衡。不同的群体有着不同的利益诉求和制度期待，相互之间的利益冲突在所难免，如果立法者的制度设计缺乏对不同群体利益的准确把握与精细衡量，那么立法活动本身会释放出调整对象之间的利益冲突与对抗，可能引发社会不稳定的政治风险。从这个角度看，其实任何立法都存在政治风险，政治风险是立法考量的重要内容。毕竟立法是一次重要的利益调整和分配活动，而利益的调整与分配总是伴随着利益的冲突和对抗，利益的冲突和对抗则往往与影响社会稳定的政治风险联系在一起。“法律不是关于束缚与限制的法典，也不是关于禁止与许可的陈词滥调。它是行为习惯的包裹与渗透，反映了那些被授权去调和冲突利益之间压力的人们之间理性的协商。”[①] 所以，一味、单纯地凸显和强调财产申报立法的政治风险来推迟或抵制立法并非理性的态度和明智的选择。

但是，与经济立法、民生立法、文化立法、教育立法、刑事立法等领域的法律相比，腐败治理立法作为专门治吏的法律，确实存在特殊的政治风险，因此需要做更为精细与缜密的思索与考量。在腐败猖獗的国家或地区，腐败存在于生活中，围绕在每个人左右，腐败治理是社会民众极为关注的政治问题并与其利益息息相关，腐败蕴含着官民直接对抗的政治因子，如果腐败治理立法过于偏向作为治理对象的公职人员，那么普通民众就会对法律的制定和实施表达不满，甚至会演变成抗议政府不作为的社会运动。同时，腐败治理立法的规制对象是掌握公共权力的公职人员，如果立法的制度内容过于严苛，并涉及公职人员身份、人身自由甚至生命的剥夺，则又会激起公职人员阶层的集体抗争。即使立法顺利通过，在法律实施过程中也会遭遇执行困境，要么成为没有实际效力的具文，要么在国家领导人的强力推动下引发公职人员群体的集体运动。即使法律顺利实施，也会导致腐败官员的大规模去职，造成严重的政治动荡。韩国、我国香港特别行政区等地在通过法律治理腐败的过程中都发生过大规模的政治动荡，危害社会稳定。比如 1993 年 8 月 12 日，时任韩国总统金泳三根据《韩国宪法》第七十六条“总统紧急命令权”的规定发布了韩国实施金融实名制的命令，包括国会议员、法院院长、海军总长、空军总长、部门首长、市长等 5000 多名腐败的政府高层公职人员受到法律的追究和惩治，引发韩国政坛的动荡。[②]

---

① Felix Frankfurter, John Marshall and the Judicial Function, Harvard Law Review, Vol. 69, No. 2 (1955), p. 235.

② 参见马占稳：《扬汤止沸：韩国现代化中的早期反腐败——韩国现代化进程中反腐败问题研究之一》，载《北京行政学院学报》2004 年第 1 期，马占稳：《釜底抽薪：韩国现代化中的后期反腐败——韩国现代化进程中反腐败问题研究之二》，载《北京行政学院学报》2004 年第 2 期。

财产申报法作为腐败治理法律的一种，而且是最为重要的预防腐败制度，也在经受着政治风险的立法考量。财产申报立法的政治风险主要集中在以下几个方面：一是财产申报公开所可能引发的政治风险。财产申报公开制度是财产申报法的核心，一旦财产申报公开制度付诸实施之后，公职人员所公开的财产状况就会揭示出不同领域公职人员之间、不同级别公职人员之间、不同区域公职人员之间以及公职人员和普通民众之间的财产数额差距。“社会稳定确实是国家决策者必须要考虑的问题。倘若众多官员名下都拥有大量财产，那么实事求是地公布开来确实有可能引发社会震荡。由此可见，推进官员财产公示制度的真实障碍就在于当下中国拥有不适宜公开之财产的官员数量太多。”[①]基于对我国腐败现状的判断和相关腐败案件涉案金额的推测，许多经历多年腐败积累的公职人员已拥有巨额财富，即使他们不如实公开全部家庭财富，就他们所公开部分的财产状况也可能会刺激社会敏感的神经，引发低收入公职人员和社会民众的愤怒和仇恨，可能爆发反对腐败、惩治腐败官员、追求社会公平的社会运动，而一旦民主的社会运动缺乏法律的有效约束和规范又极易演变为政治动乱。

二是缺乏妥协措施所可能引发的政治风险。财产申报法的实施意味着公职人员的财产状况需要接受相关主管部门和社会的审查和监督，公职人员面临着选择上的困境：如果选择不实申报，则会面临财产申报法针对不实申报的纪律处分、行政处分甚至刑罚处罚，而且在当今互联网时代背景下，不实的财产申报极易被社会公众和媒体所揭露，选择不实申报的公职人员到时会面临财产申报法（针对不实申报行为）和相关腐败治理法律（针对腐败行为后果）的双重处罚；如果决定如实申报，则等于将自己的违法腐败行为公之于众，无疑会遭受严厉的法律制裁。因此，公职人员无论是选择如实申报还是决定不实申报都会面临极高的法律处罚风险，而且此时的法律处罚又直接关系到其公职

① 何家弘：《反腐败的战略重心与官员财产公示》，载《法学》2014年第10期。

人员身份的褫夺、社会声誉的丧失、个人财产的罚没、人身自由甚至生命的剥夺。在处罚概率极高、处罚力度极大而又缺乏相应妥协措施的情形下，公职人员对财产申报法的理性应对无疑是尽力对法律的出台施加阻力，阻止其出台；如果无力阻止法律出台，则在法律实施后极力采取法律规避措施；如果在腐败治理制度严密的情况下无法采取法律规避措施，则基于自我保护的本能，就可能会联合有着共同利益诉求的腐败公职人员一道采取罢工、示威、冲击相关国家机关等过激行为，从而给社会稳定带来极其不利的影响和现实危害。[①]

三是偏袒腐败公职人员所可能导致的政治风险。财产申报立法的试行策略要平衡原则与妥协的关系，如果说依法严厉惩治腐败是过于原则的表现而可能引发政治风险，那么偏袒、无条件赦免腐败公职人员则是过于妥协的象征，同样也会导致政治风险。在计划经济体制向社会主义市场经济体制的转型中，许多公职人员利用贪污、贿赂等犯罪手段积累了大量财富，另有公职人员利用转型时期的制度漏洞和监管缺失获取巨额合法但非正当的财产，拥有一定级别的公职人员与普通民众的收入差距不断扩大；同时，腐败公职人员及其亲属的高高在上姿态、官僚主义作风、气势凌人态度、奢侈消费生活、买官卖官行为严重疏远了公职人员与群众的距离，造成了党群关系、干群关系的紧张；此外，随着真实腐败案件或虚假腐败谣言在互联网的发酵传播，社会民众对腐败公职人员的容忍度已接近临界点。在这种民众心理日趋流行的严峻形势下，任何不顾社会民众对腐败分子的憎恨、单方面偏袒公职人员、赦免公职人员腐败罪行的做法和策略都可能会引燃深埋于普通民众心中的怒火，造成大规模的反对腐败社会运动。

四是法律实施失败后可能导致的政治风险。财产申报法给公职人

---

① 这里其实就提出了一个重要问题：对于腐败严重的国家和地区而言，如果想真正治理腐败、切实落实财产申报法又不想引发公职人员群体的反击性集体运动，就必须认真考虑财产申报法的施行策略，而且法律的施行策略中必须要包含一定的妥协与平衡。

员设定的制度框架内的选择无非两种：如实申报和不实申报[①]。但如上分析，无论是如实申报还是不实申报，腐败公职人员都面临着极高的法律处罚风险和极严厉的法律处罚措施，因此在财产申报法出台后，他们会千方百计地采取各种法律规避措施转移财产或者腐蚀财产申报主管机关人员，软化甚至完全虚置法律的执行力和约束力。对于作为终端腐败治理制度并与公职人员切身利益攸关的财产申报法，腐败公职人员有着抵制法律实施的最强烈意愿和最坚决行动，于是财产申报法也面临前所未有的法律实施失败风险。财产申报法实施失败的特殊政治风险在于：它是世界公认的腐败治理利器和终端机制，在我国的腐败治理语境下，我国社会各界对其抱有无法用言语准确表达的立法需求和功能期待，随着腐败趋势的不断蔓延，社会各界普遍将财产申报法视为有效治理腐败的最后救命稻草。在这种情形下，由于财产申报法的特殊重要性而让民众产生对它治理腐败特殊功能的期待，一旦财产申报法的颁布打开了民众期待的希望之门，而这种期待又随着法律实施的失败而关闭希望之门，那么在社会上压抑已久的社会绝望情绪就会如瘟疫般扩散，一旦再发生某个偶然的突发性社会事件，就会点燃一个个埋藏于社会各个角落的火药桶，整个社会就如一座火山般危险。从这个角度而言，如果最高领导人缺乏治理腐败的政治决断和推行财产申报法的坚定决心，出台财产申报法比不出台财产申报法的政治风险要大得多。[②]

值得注意的是，以上对财产申报法实施政治风险的分析仅仅是从制度实施的可预期事实着眼，但是法律实施政治风险的存在并非能够

① 尽管拒不申报也是制度框架内的选择之一，但是作为科层制下的理性公职人员来说，拒不申报意味着明显的违法行为，绝不是一种理性的行为选择。因此，拒不申报是一种在理论和规范层面存在而在现实和实践中几乎不会出现的行为，除非公职人员已决意脱离官僚体制并甘愿受罚，否则拒不申报不应是他的可能选项。

② 但这并非意味着笔者反对财产申报法的出台，此处仅仅是从政治风险视角所做的理性分析。随着腐败形势的日益严峻、民众意识的觉醒和政治文明的进步，财产申报法的出台终究是一个不可阻挡的必然趋势，而且是越快出台越能掌握腐败治理的主动权。

构成财产申报立法的阻却理由。事实上，我们通过对以上政治风险的分析可以看出，缺乏妥协措施所可能引发的政治风险、偏袒腐败公职人员所可能导致的政治风险和法律实施失败后可能导致的政治风险都是由于财产申报施行制度设计不良、腐败治理制度体系不严密所造成的，这些技术化原因而造成的政治风险完全可以通过制度设计和法制建设的完善加以避免；至于财产申报公开所可能引发的政治风险是我国下决心治理腐败所始终要面对的问题。诚如前述，在当前我国腐败还在不断蔓延和滋长的背景下，最重要的是如何有效遏制并减少腐败，而不是掩盖腐败行为本身；需要正视和解决腐败，而不是回避和纵容腐败；需要寻找腐败治理“疏”的方法，而不是摆弄腐败治理“堵”的技巧。对于财产申报公开所可能引发的政治风险，也可以在坚持法律原则性和法律灵活性相统一的前提下，通过施行制度的平衡考量与周全设计得以最大限度地防范与化解。

完全无视财产申报法施行的政治风险进而盲目、非理性的设计、推行法律施行策略或者过于凸显政治风险以致延误有效治理腐败的历史时机，对腐败形势严峻的国家和民族而言都可能是一个巨大的社会灾难。由于腐败的制度化、社会化和集体化，我国腐败严重的现实不容置疑，但是腐败蔓延所衍生出来的财产申报法实施的政治风险也是客观存在的。在财产申报法是必需的腐败治理法律制度也是未来腐败治理的必然趋势，而财产申报法实施的政治风险又是客观存在的双重背景下，一个理性的态度或许是在承认财产申报法实施存在政治风险的前提下，加快推进财产申报立法以有效遏制腐败的蔓延趋势，并通过法律施行策略的事先布局和灵活设计，最大限度地防范、化解和避免实施过程中的政治风险。财产申报立法和实施的关键并不在于有没有实施的政治风险，而在于如何技术化、制度化地预防和化解政治风险。不少在历史腐败严重的国家或地区也都颁布财产申报立法，实行申报公开，并通过施行策略的良好设计，实现了社会的平稳过渡，如韩国、新加坡、我国香港特别行政区等。

二、施行策略的可能选项及其解读

针对我国财产申报法的立法困境和施行风险，理论界与实务界提出了各种具体施行策略，归纳起来主要有以下五种：新提拔公职人员申报论、重点领域公职人员申报论、赦免原罪论、有条件赦免论和依法执行论。如果将天平的一端视为代表公职人员利益的策略，天平的另一端视为代表民众利益的策略，那么赦免原罪论无疑是代表公职人员利益的策略，依法执行论是代表民众利益的策略，而新提拔公职人员申报论、重点领域公职人员申报论和有条件赦免论则是介于天平两端之间的施行策略，其中新提拔公职人员申报论、重点领域公职人员申报论更偏向于代表公职人员利益，有条件赦免论则更倾向于代表民众利益。如果再从施行策略的确立模式来看，新提拔公职人员申报论、重点领域公职人员申报论都是将施行策略与申报义务主体和公开义务主体的规定融为一体，直接规定在财产申报法中，申报义务主体和公开义务主体的范围规定就直接表达了法律的施行策略；赦免原罪论、有条件赦免论则与申报义务主体和公开义务主体相脱离，一般需要通过专门的施行规定来开展；严格而言，依法执行论是与赦免原罪论、有条件赦免论相对，而与新提拔公职人员申报论、重点领域公职人员申报论有所重合的一种施行策略，将申报义务主体和公开义务主体限定为新提拔公职人员、重点领域公职人员而又不做特别施行规定的策略也是一种依法执行论的形式，此处的依法执行论与新提拔公职人员申报论、重点领域公职人员申报论的区别在于：依法执行论是直接从法律实施角度而言的施行策略，而新提拔公职人员申报论、重点领域公职人员申报论则是直接着眼于申报义务主体和公开义务主体、间接表达为法律实施方法的施行策略。

（一）新提拔公职人员申报论

新提拔公职人员申报论是指将财产申报义务主体限定为新提拔公

职人员，进而减少立法难度和实施压力的一种施行策略。当前，新提拔公职人员申报论在我国学术界和实务界有着广泛的影响，许多地方试点的财产申报公开制度也都将财产申报义务和公开义务主体规定为新提拔公职人员，如浙江临海的《新提拔市管领导干部个人财产申报办法（试行）》、重庆市开县的《开县新任党政主要领导干部履职廉政监督办法（试行）》等。

新提拔公职人员申报论通常认为在我国腐败已到当前严重程度的背景下，为了减少财产申报法的立法难度和施行压力，必须要采取一定的妥协办法，以获取大部分公职人员和社会民众对立法的支持；目前许多在职领导干部拥有巨额财产，一旦让他们申报财产并公之于众，会引起社会民众的愤怒，引发社会稳定的政治风险；针对新提拔的公职人员而言，既然你想提拔，附加财产申报义务也是权利义务相统一的一种表现；通过新提拔公职人员的财产申报，在原职公职人员不断退休、离职、提拔的背景下，实现存量不变、增量跟进进而将全部公职人员纳入财产申报范围的渐进式进路。

新提拔公职人员申报论意识到了我国的腐败现状与财产申报立法的阻力根源，在一定程度上平衡了公职人员和社会民众的利益，也在强调权利义务相统一的法治理念，它是现有法治框架内推行财产申报法的一种施行策略选择，但是严格而言，它仅是一种财产申报法实施的权宜之计，并非治理腐败的根本之道，如果没有进一步的完善措施则无疑会遭遇失败的命运。新提拔公职人员申报论的问题在于：

第一，违反法律平等原则。法律平等原则是法治国家的基本理念，也是我国宪法规定的法律原则。[①]“如果要正确地阐释法律上的平等权，它是指同等的情况同样对待，不同等的情况区别对待。”[②]法律平等原则并不绝对排斥区别对待的情形，但是法律进行区别对待的基础在于合

---

① 《宪法》第三十三条第二款规定：“中华人民共和国公民在法律面前一律平等。”公职人员也是我国公民的一部分，也应受到法律平等原则的保护。

② 蔡定剑著：《宪法精解》（第二版），法律出版社2006年版，第243页。

理的立法归类，如果立法归类不合理就违反了法律平等原则。在财产申报立法中，新提拔公职人员与原职公职人员的差异仅仅在于是否提拔，以是否提拔的事实作为申报义务主体范围的立法归类基础极其牵强，也不符合财产申报立法治理腐败的立法目的。为什么存在更大腐败嫌疑的原职领导干部不负有申报义务？仅仅从减少立法和法律实施阻力的功利主义视角出发来设计施行策略，显然无法承受法律平等原则的审视与检验。

第二，面临制度执行的上级压力，容易导致制度执行困境。在封闭的科层制体制下，权力之间的依赖与庇护是科层制运作的基本支撑。在我国腐败呈现制度化、社会化和集体化的背景下，仅要求新提拔公职人员申报财产并针对这部分人的腐败进行治理，没有解决新提拔公职人员的上级领导腐败问题，也缺乏对腐败治理机构的有效法律监督，并非理性的思维。因为在财产申报法执行过程中如果申报主管机关遭遇相关上级领导的执行压力时，就会使制度的实施面临困境。

第三，揭示我国腐败问题严重的事实。在我国腐败形势依然严峻的情形下，将申报义务主体限定在新提拔公职人员，一方面等于变相默认我国腐败的严重程度和普遍性，这与我们官方对腐败形势的界定不相一致，[①]可能会在官员腐败的基础上进一步损害党和政府的威信；另一方面，财产申报法本来是去解决腐败所可能产生的政治风险，新提拔公职人员申报论却存在偏袒原职公职人员的嫌疑，会激起社会民众的不满与愤怒，在解决政治风险的过程中产生新的政治风险。

第四，仅是推行财产申报法的权宜之计，无法有效治理腐败。新提拔公职人员申报论没有将原职公职人员直接纳入财产申报的范围，没有有效地解决这部分人的腐败问题，在科层制的下级服从上级的权力运行体制下，它的存量不变、增量跟进进而将全部公职人员纳入财

① 中国共产党的一贯对外主张是绝大多数党员是清正廉洁的，而腐败仅是少数思想堕落的党员的行为。

产申报范围的渐进式路径仅是美好的愿望而已。“著名经济学家梯若尔（J.Tirole）的研究进一步表明，官员是廉洁或是腐败会形成一种‘集体声誉’（collective reputation），既有的官员越是腐败，那么新来的官员越是可能接受甚至参与腐败活动。”① 鉴于腐败治理与自身利益的生死攸关性，在既有的集体腐败框架内，担任原职的上级领导干部会极力软化财产申报制度的执行力，继续维持和强化新提拔公职人员与自己的腐败同盟关系，从而使得国家有效治理腐败的战略布局成为泡影。

第五，制度设计和技术操作上的困难。新提拔公职人员申报论的核心在于“新提拔”的界定，但是什么级别的提拔才算是“新提拔”？县处级以下，省级以下还是包括国家级？在中国特殊的政治语境下，存在行政级别与党内地位的差异，如果行政级别不变但是在党内地位获得提升是否属于“新提拔”？② 跨区域、跨行业的“新提拔”如何操作？申报主管机关内受提拔的公职人员应该如何进行财产申报以及采取何种监督措施？

第六，与腐败治理的自上而下性理念背道而驰。腐败治理的关键在于制度建设，在于顶层设计，在于领导人的政治决断。自上而下性是腐败治理的重要特征和理念，缺乏上层领导人的强力推动，缺少中央层面的顶层设计和法律治理，任何与权力腐败作斗争的腐败治理措施都注定会遭遇失败的命运。新提拔公职人员申报论恰恰强调的是腐败治理的自下而上性，企图通过新公职人员的增量式财产申报进而实现上级公职人员财产申报的制度目标，忽视了既有的原职领导干部的腐败现状以及对制度的实施阻力与规避动力。

---

① 邹薇:《腐败问题的制度透视与经济学分析》，载《经济评论》2006 年第 3 期。

② 比如某个地级市的副市长属于副厅级，他如果晋升为市委常委，就行政级别而言，他仍然是副厅级，但是就党内地位来说，他无疑获得了重要晋升，在这种情况下他是否属于新提拔公职人员申报论的申报对象不无疑问。特别是作为国家意志的法律应该如何具体设计，如何保持与执政党的适度分离，是法治国家建设的重要问题。

（二）重点领域公职人员申报论

重点领域公职人员申报论是指要求某些重点领域、重点部门的公职人员承担财产申报义务，而其他领域和部门的公职人员则无须财产申报的一种施行策略。重点领域公职人员申报论注意到了当前财产申报法的立法困境和实施阻力，也看到了当前腐败的高发领域和频发部门，试图通过让某些领域和部门的公职人员申报财产这样一种“以量换质”的方式推行和实施财产申报法，同时又能通过关键领域和部门的腐败治理来有效遏制当前腐败的高发态势。

重点领域公职人员申报论也需要接受法律平等原则的拷问，以领域和部门作为确定财产申报义务主体范围的法律标准是否合理？如果不同领域和部门的腐败状况发生变化又该在法律上如何进行处理？财产申报义务的法律基础到底是因为公职人员身份还是基于腐败发生的概率统计？重点领域公职人员申报论仅仅关注某些重点领域和部门的腐败，没有涉及一级党委、政府、人大等领导人的财产申报，它也是推行财产申报法的权宜之计，无法有效治理腐败。同时，以领域和部门作为确定申报义务主体的法律标准着眼的是腐败的程度差异，腐败发生率高的就属于重点领域和部门，腐败发生率低的就不属于重点领域和部门，这样一种基于事实认定的标准很难转化为法律规范上的合理界定。[①] 此外，只要有权力存在且缺乏有效权力监督的地方就会有权力的腐败，即使是权力较少、腐败发生率低的领域和清水衙门也会存在腐败，财产申报法的宗旨是预防全局性的腐败、治理各领域的腐败，而非简单遏制某些领域和部门腐败的高发态势。

---

① 而且事实上在任何国家和地区，一些腐败行为最终并不会被揭发出来，腐败黑数的存在从某种程度上来说是必然的。因此，以腐败概率的统计作为申报义务主体的法律依据并不科学。

（三）赦免原罪论

赦免原罪论是指腐败公职人员在法定的期限内向国家上缴腐败违法所得，从而赦免公职人员的腐败罪行，对其不予追究法律责任的施行策略。根据是否存在特殊的赦免条件，赦免原罪论可以分为无条件的赦免原罪论和有条件的赦免原罪论。无条件的赦免原罪论是指没有特殊的赦免条件，腐败公职人员在法定的期限内只要向国家上缴腐败违法所得，就赦免公职人员的腐败罪行，对其不予追究法律责任的施行策略。有条件的赦免原罪论是只有满足特殊的赦免条件，腐败公职人员在法定的期限内向国家上缴腐败违法所得，才可赦免公职人员的腐败罪行，对其不予追究法律责任的施行策略。这里的赦免条件包括行政级别、腐败数额等方面的具体限制。此外，还有观点认为腐败公职人员在法定的期限内向国家上缴腐败违法所得，可以减轻或免除相关刑事责任，[①] 从减少法律的立法和施行阻力来看，这种既可选择减轻也可选择免除的模糊化赦免观点在实践中注定不会得到很好的实施，或者会统一以免除刑事责任的方式加以实施。

在腐败严重的国家和地区，通过赦免的方法可以换取很大一部分公职人员对财产申报法的支持，在很大程度上减少法律制定和实施的阻力。这是一种“以过去换未来”的策略，在很多国家和地区采用过，在我国公职人员财产申报的理论研究[②]与地方试点实践[③]中也有巨大的影响力。“在推行阶段，必须引入一定的从宽处理策略。实施该策略虽然会损害法治的原则，但有利于惩治和预防腐败的总体效果，也有利

---

① 王高贺、郭文亮：《当前我国推行官员财产申报的心理障碍及其治理》，载《理论与改革》2010 年第 5 期；谭世贵、宗会霞：《论我国财产申报制度的建立与实施》，载《海南大学学报》（人文社会科学版）2009 年第 4 期；等等。

② 有关理论层面支持赦免原罪论的观点，参见朱中原：《官员财产申报制度 20 年难产》，载《中国改革》2007 年第 12 期；颜玉华：《“阳关法案”：反腐利剑正出鞘——官员财产申报公示制度透视》，载《江淮法治》2010 年第 4 期；等等。

③ 比如《阿勒泰规定》第二十一条。

于该制度的成功推行，更可以防止可能的政治风险。从各国实践来看，可行的从宽处理的策略就是有条件的特赦政策，该政策选择涉及时间、情节和态度等多个方面的界限，其目的是能‘解脱多数’，集中力量坚决、从严惩处少数首恶分子。越是可能存在大面积的财产不符问题，越需要实施该策略。”①

但是，单纯的赦免原罪论在以下几个方面还需要我们进一步思考：一是无法真正保障法律的尊严。我国《刑法》及相关法律都明确规定公职人员不得以权谋私、从事腐败行为，违反者需要严格依法追究法律责任。赦免原罪论允许腐败公职人员在法定的期限内向国家上缴腐败违法所得就不予追究其法律责任的做法，在很大程度上损害了法律的尊严和权威。人们不禁要问：有了这一次的赦免腐败行为，是不是还会有下一次、再下一次的赦免腐败行为呢？二是没有深刻揭露腐败的罪行。赦免原罪论是在没有查清腐败案件事实、没有界定腐败行为法律责任的基础上对腐败罪行所做的普遍性赦免，因此，受赦免的腐败公职人员不能深刻认识到自己腐败罪行的危害。此外，由于法律的赦免，腐败公职人员的身份和社会地位并没有受到具体影响，这等于是一次放纵腐败的法律行动，公职人员的大规模腐败有可能还会重演。三是对社会的腐败警示教育不够。由于缺乏程序化、仪式化、公开化的揭露腐败罪行阶段，社会民众一般无法深刻体会腐败的危害和腐败公职人员的忏悔，腐败的社会温床得不到净化，腐败的社会土壤依然肥沃。

（四）依法执行论

依法执行论是指将申报义务主体规定为一般公职人员，并严格依照法律规定追究腐败公职人员法律责任的施行策略。严格说来，如果说财产申报法将申报义务主体规定为新提拔公职人员或重点领

① 任建明：《实施财产申报制度的几个问题》，载《理论视野》2009 年第 3 期。

域公职人员，那么依法执行论与新提拔公职人员论和重点领域公职人员论就具有一定的重合性。因此，为了将依法执行论与新提拔公职人员论、重点领域公职人员论进行有效的区分，并凸显依法执行论的法律实施视角，这里的依法执行论有一个逻辑前提：申报义务主体是一般公职人员，即法律规定的没有在任职、领域等方面做特殊限制的公职人员，而不是作为权宜之计的新提拔公职人员或重点领域公职人员。

依法执行论有助于维护法律的权威与尊严，也是法治国家的应然态度，它代表着社会民众的利益，无疑会得到深受腐败之害的广大社会民众的普遍拥护。但是在中国腐败的特殊语境下，我们需要精心平衡官员的阻力和民众的动力，认真思考依法执行论的实施阻力，而不能落入民粹主义的窠臼。“就理性认知的观点来看，只存在着利益以及由此产生的利益冲突。它们可以通过以一方利益为代价来满足另一方利益的规则，或者寻求在两者之间达成妥协的规则来解决。”[①] 在当前中国腐败人数之多、腐败范围之广、腐败级别之高、腐败程度之深、腐败影响之大的语境下，再加上中国法治国家建设自身还处于荆棘丛中，若缺乏进一步的平衡措施就强力推行依法执行论，定会遭遇公职人员阶层明示或默示的普遍性反对，甚至会引发公职人员的群体性事件。

三、在原则与妥协之间：中国语境下的施行策略

单纯的原则或单纯的妥协都非施行财产申报法的理性策略，我们需要基于中国的特殊语境在原则与妥协之间进行平衡决断。

---

① Hans Kelsen, The Pure Theory of Law and Analytical Jurisprudence, Harvard Law Review, Vol. 55, No. 1 (1941), p. 49.

（一）平衡决断需要考虑的因素

在财产申报法的施行考量中，我们需要在单纯的原则与单一的妥协之间进行平衡，首先意味着我们需要始终如一地面对以下几对关系，并不断地协调与平衡：

第一，公职人员的阻力与社会民众的动力。在腐败治理这一关系公职人员群体切实利益的制度改革和实施中，公职人员与社会民众在表面上或者直接层面上成为一对利益对立与冲突的范畴，[①] 如果说公职人员是腐败治理的阻力因素，那么社会民众就构成了腐败治理的动力机制。在腐败日趋蔓延、仇富仇官情绪不断高涨的时代，公职人员和社会民众之间的表面利益对立日趋明显。特别是在财产申报法这一关乎腐败治理基础性制度的制定与实施问题上，公职人员的反对与社会民众的支持更为酣畅淋漓地表现出来。因此，我们需要认真对待和平衡公职人员的阻力与社会民众的动力。

第二，腐败行为的过去与腐败治理的未来。任何腐败问题严重的国家或地区都面临着一个历史性难题——如何对待过去的腐败行为和怎样着手未来的腐败治理。只有认真和智慧地对待过去的腐败行为，才能迈向富有希望的未来腐败治理之路，从这个意义上说，腐败行为的过去与腐败治理的未来之间有着某种必然的逻辑联系。但是，很多人在着手未来的腐败治理时，或者由于挥之不去的腐败历史情结，或者由于民粹主义的广泛影响，或者由于对刚性法律规则的拘泥，他们

---

① 公职人员和社会民众在腐败治理上的利益对立仅仅是一种表象，从实质而言，腐败治理也是公职人员的一种保护机制，预防公职人员涉入腐败或者涉入更深的腐败，避免公职人员自己及其家庭成员的自由、财产甚至生命全都沦为腐败行为的牺牲品。同时，在科层制体制下，除非到达权力金字塔的顶点，否则任何一级的公职人员都可能会遭受上级公职人员腐败行为的影响与侵害，腐败不仅是对社会民众的权力侵害，也是对公职人员的权力侵害。此外，腐败是社会动乱的重要根源。腐败会给经济发展、政治清明和社会稳定造成不利影响，严重的腐败会引发社会民众的暴力抗争与革命，包括公职人员在内的整个社会由此都会成为腐败的受害者。通过法律的腐败治理其实也是对权力行使者的保护。因此从实质层面来看，公职人员与社会民众一样都是腐败治理的受益者，他们在根本利益上是一致的。

总会在如何智慧地对待过去的腐败行为这一问题上迷失方向。腐败公职人员的财产状况记录着腐败行为的历史与结果，财产在很大程度上是腐败行为的证据。于是，财产申报法必然会涉及对过去的腐败行为的揭露，进而延伸出来的问题是如何处理过去的腐败行为。因此，我们需要认真对待和平衡腐败行为的过去与腐败治理的未来。

第三，法律的权威性与法律的灵活性。法律的生命在于实施，而法律实施的生命在于权威。缺乏了法律权威，就无所谓法律实施，也就无所谓法律生命。有法可依，有法必依，执法必严，违法必究，这体现着法律的权威性。因此，对腐败罪行的追溯正是法律权威和尊严的体现。但是法律的权威性并非意味着对法律规则的拘泥遵守，在涉及某个重大历史问题的法律处理时，法律实施的灵活性实际上反而有助于法律的权威表达。在一个腐败制度化、社会化和集体化的国度，在涉及公职人员自由、财产和生命等切身利益的腐败治理问题上，拘泥于僵化规则的法律死守可能带来的却是公职人员阶层对法律的集体性违反和蔑视。灵活性、智慧化的法律实施能妥善处理历史难题，虽在一时的难题处理上存在与现行规定不一致之处，但它最终带来的却是法律的权威和尊严。在转型时期，腐败的发生和蔓延是多重因素共同作用的结果，并非单纯是公职人员个人的道德和行为问题，国家体制、社会转型、单位政策[①]等也刺激了公职人员的腐败。从这个意义上讲，腐败的法律后果也不能完全由公职人员个人来承担，国家和社会也需要承担一定的责任，于是，法律在某个特定历史时期的宽容与灵活也就具有了正当性。

（二）平衡决断的具体策略

基于以上对财产申报法实施政治风险和现有几种施行策略的分析，

---

① 在转型过程中，许多地方和部门作出了与国家法律不一致的政策决定，一些公职人员利用这些政策决定牟取私人利益，这部分的腐败行为显然不能简单地归结为公职人员的个人行为。参见王铁：《实施财产申报法前需要作的准备工作》，载《法学杂志》1995 年第 2 期。

我们可以大致看出平衡的政治决断在财产申报法实施过程中的极端重要性。“共和传统历来强调，国家的治理千头万绪，纷繁复杂，因此，应秉持公共性宗旨，设法在诸多原则之间达成精妙的平衡，而不好任由某一原则在公共生活中越界扩张。”[①] 因此，我们需要平衡公职人员的阻力与社会民众的动力、腐败行为的过去与腐败治理的未来、法律的权威性与法律的灵活性，理性地设计出既能化解公职人员阻力又可调动社会民众积极性、既追究过去腐败罪行又面向未来腐败治理、既符合维护法律权威又融合妥协精神的施行策略。基于平衡与妥协的宪政理念，通过对现有几种施行策略的批判性分析，我们可以大致寻觅出两种不同方向的平衡决断：一种是横向层面的一步到位式平衡施行策略，另一种是纵向层面的循序渐进式的平衡施行策略。

1. 一步到位式的平衡施行策略

一步到位式的平衡施行策略是指无须分步骤，一步到位即可实现平衡理念并推动财产申报法有效实施的策略。在理论界与实务界提出的既有策略中，如果以原则和宽容作为施行策略的两端，依法执行论是原则的集中体现，赦免原罪论是宽容的集中体现，那么作为平衡的政治决断就应该是在原则和宽容之间寻求妥协。从平衡与妥协的理念来说，新提拔公职人员申报论、重点领域公职人员申报论应该也属于一步到位式的平衡施行策略，但是如前述及，它们面临着违反法律平等原则、无法有效治理腐败、与腐败治理的自上而下性理念背道而驰等问题，不宜作为法治国家背景下的财产申报法施行策略。依法执行论的本质在于严格依据以往的法律追究腐败分子的法律责任，毫不妥协；赦免原罪论的重心则在于保留腐败分子既有的公职人员身份，也不追究法律责任，仅需上缴腐败所得收入，过于宽容。依法执行论和赦免原罪论处于原则和宽容的两个端点，在当前中国的语境下无法推行，

---

① 张凤阳：《共和传统的历史叙事》，载《中国社会科学》2008 年第 4 期。

理由已如前述。[①]

但是我们可以从依法执行论和赦免原罪论中挖掘出妥协的合理措施，并加以平衡化改造。我们首先需要思考的是，是否可以从依法执行论中寻找出一种需要揭露腐败罪行但又不实际执行法律责任的措施，从赦免原罪论中探索出一种需要赦免腐败罪行但是又能消除腐败后果的做法？将两种方法加以融合，并参照南非对待种族主义犯罪分子的策略，[②]我们可以尝试归纳出一种新的一步到位式的平衡施行策略，即坦白加赦免论：一方面，腐败分子需要向腐败治理机构坦白自己的腐败罪行，消除腐败后果；另一方面，国家在认定其有罪的前提下又赦免其罪行，不实际追究其法律责任。

坦白加赦免论无疑是坦白和赦免的融合，坦白是指腐败公职人员需要向法定机构[③]如实地详细叙述和揭露自己的腐败罪行，而赦免是指在剥夺腐败公职人员公职身份和腐败所得的基础上，不予实际追究其法律责任。因此，从内容上看，坦白加赦免论包括四个方面：如实坦白腐败罪行，上缴腐败违法所得，剥夺公职人员身份，不予追究刑事责任。而这四方面内容恰好是平衡、妥协理念的集中体现，也符合平衡决断需要考虑的三大因素。

首先，坦白加赦免论一方面不予追究法律责任，这就使得腐败公职人员无须担忧自由和生命的被剥夺，可以极大地减少公职人员的心理负担和立法难度；另一方面，赦免是建立在承认有罪、如实坦白腐败罪行、上缴腐败违法所得和剥夺公职人员身份的基础上，从而在最大

---

① “当事人关系的另一个极端是利益冲突最大化的情形。在这种情形下，当事人的各自利益是完全对立的，因为一种特定的纠纷解决方式会以牺牲某一方当事人利益为代价而使另一方当事人的利益结果最大化。”See John Thibaut and Laurens Walker，A Theory of Procedure，California Law Review，Vol.66，No.3（1978），p.544.

② 关于南非对待种族主义分子的处理，参见图图大主教的回忆录，［南非］德斯蒙德·图图著：《没有宽恕就没有未来》，江红译，上海文艺出版社 2002 年版。

③ 为了保障坦白行为的真实性以及腐败治理的权威性，国家可以设立特定的法律授权的专门委员会来受理和处理腐败人员的坦白。

程度上消除腐败的后果，较易获得社会民众的认可与支持。这就平衡了公职人员的阻力和社会民众的动力。

其次，只有让腐败公职人员承认罪行并如实坦白和叙述腐败罪行，才能使其深刻认识和反思自己的罪行，与腐败做精神意义上的决裂，而这对于社会公众也是一个良好的廉政教育和社会警示机会；只有上缴腐败违法所得，腐败公职人员才能与过去的腐败行为做财产意义上的决裂；只有剥夺公职人员身份，腐败公职人员才能与公权力腐败做身份意义上的决裂，“如果容许已有恶劣腐败行为的公职人员继续从事公职，等于增加了他继续犯罪的危险性，与预防犯罪的要求是相违背的”①。通过腐败公职人员与过去的腐败行为做精神意义上的决裂、财产意义上的决裂和身份意义上的决裂，才算认真对待过去的腐败行为，也为未来的腐败治理卸下沉重的历史负担。这就平衡了腐败行为的过去与腐败治理的未来。

最后，让腐败公职人员如实坦白和叙述腐败罪行，追溯其腐败罪行，意味着法律对腐败罪行并非绝对宽容，任何人都需要因自己的腐败罪行向法律负责，这恰好可以体现法律的权威和尊严；同时，考虑到我国腐败问题的历史性、严重性和极端复杂性，想要卸下沉重的腐败问题的历史负担进而迈向良性循环的腐败治理未来之道，需要对过去积重难返的腐败问题做一次彻底的历史性了断和清理，而这需要灵活性、妥协化的特定历史问题法律措施，在坦白基础上的赦免措施恰好又体现了法律的灵活性。②

2. 循序渐进式的平衡施行策略

---

① 刘守芬、许道敏：《制度反腐败论》，载《北京大学学报》（哲学社会科学版）2000年第1期。

② 我国香港特别行政区当初也采取过坦白加赦免的策略，“警官们（受贿）在其道德生活中是非常习以为常的事情，因为腐败存在的范围十分之广且存在时间十分之长。现在，法律开始准备拯救他们了。1977年10月，就是在廉政公署于1974年年初成立的两年之后，有许多警察，差不多11000名警察——加上外勤警察的话，超过18000名——都有条件地向廉政公署聘请的调查官坦白了。以教育手段代替‘晨捕’的方式，廉政公署行动有效地中止了大量警察的（腐败活动）。”李国能：《香港反腐败法律制度》，马进、刘信一等译，载《清华法律评论》第五卷第1辑。

循序渐进式的平衡施行策略是指分步骤、循序渐进地实现平衡理念并推动财产申报法有效实施的策略。需要指出的是，这里的循序渐进式平衡施行策略是从平衡决断视角而言，并非我国官方通常认为的地方试点—中央立法这一立法模式层面上的循序渐进。循序渐进式的平衡施行策略也要坚持平衡公职人员的阻力与社会民众的动力、腐败行为的过去与腐败治理的未来、法律的权威性与法律的灵活性。循序渐进式的平衡施行策略一方面坚持时间和步骤上的循序渐进，另一方面也奉行妥协与平衡的施行理念，有利于协调不同主体的利益，推进财产申报法的逐步顺利落实，减少社会动荡，维护社会稳定和实现腐败的有效治理。视角和出发点不同，也就会有不同的循序渐进方法。姜明安教授也曾从制度的现实视角出发，提出循序渐进式的施行策略：第一步是先公开那些已申报公职人员中瞒报、假报人员的财产状况，第二步是公开省部级公职人员的财产状况，第三步是通过正式立法全面实施财产申报制度。[①] 从瞒报、假报人员的财产公开入手，具有很强的现实性，但是制度的可操作性是值得严重质疑的。在我国财产申报已沦为形式、公职人员普遍存在申报不实、瞒报、假报的情形下，先公开那些已申报公职人员中瞒报、假报人员的财产状况会导致两种结果：一是公职人员财产申报的普遍性公开，这实际上会导致此步骤几乎难以实施和不切实际，有策略等于无策略；二是选择其中一部分公职人员的财产申报进行公开，而这又会导致重新陷入“选择性执法”的腐败治理怪圈，影响社会民众对国家腐败治理的信心。至于公开省部级公职人员的财产状况也并非推行财产申报公开的最佳策略，根据腐败治理的自上而下性以及其他国家和地区财产申报公开的立法实践，由国家级领导人特别是最高领导人率先公开财产状况进而推动下层公职人员财产公开是制度成功落实的关键。由此看来，姜明安教授所提出的

① 参见姜明安教授与马怀德教授的联合讲座《制度反腐与法治反腐》（法治政府论坛第67期），http://law.china.cn/txt/2012-12/28/content_5635544.htm，2013年1月16日最后访问。

循序渐进式施行策略值得商榷。

从现有实施策略的完善以及域外国家和地区的制度实践出发，有两种循序渐进式的平衡施行策略值得我们思考：一种是进一步优化的坦白加赦免策略，另一种是依法执行论与赦免论相结合的策略。进一步优化的坦白加赦免策略是指：第一步，先采用党内法规[①]（在中国目前的语境下，是在《2017 年规定》中增加有关财产申报公开的规定）的形式规定财产申报公开制度，为了减少制度阻力、控制社会影响，可以先采取申报材料单位内部公开的方式进行[②]，来落实财产申报公开制度的实践和理念。第二步，在党内法规形式的财产申报公开制度实施一定时间后，再制定财产申报法，具体实施前面已经述及的坦白加赦免策略。这里的第一步骤可以释放强烈的财产申报法实施意味，先将那些通过内部公开就发现其严重违法的公职人员追责，给公职人员以心理预期，减少社会震荡。

依法执行论与赦免论相结合的策略则是指财产申报法颁布后，先严格依法实施法律，在此过程中如果没有出现公职人员群体的群体性过激反抗，就继续依法执行，如果出现群体性过激反抗时，才配合相应的赦免措施。这种策略其实是相对隐性、秘密的策略，虽然法律刚实施时可能会造成一定的社会动荡，但是整体上仍然是可控、可预期和有准备的，而且该策略也是在法律框架内的弹性处理措施，是一种恩威并施的平衡策略。这种策略的第二步骤是预备性的，并非必然需要付诸行动的实施，是否实施取决于第一步骤的执行效果。我国香港特别行政区在廉政公署刚成立时严格执行法律，后在公职人员的激烈反抗下于 1977 年通过防卫条款实施赦免，有效避免了社会动荡。它既依法处理了过去的腐败行为，又实现了对公职人员阶层的制度化改造。

---

① 由于党内法规制定程序的相对封闭性和较少关注性，在既有的党内法规中增加规定财产申报公开制度，可以在很大程度上减少制度制定和推行的阻力；同时考虑到有关财产申报制度的党内法规注定要被相关法律所取代，以政策化的财产申报公开制度作为施行策略的第一步也符合循序渐进的总体规划。

② 申报材料内部公开制度实际上早就为《2001 年规定》所建立，参见《2001 年规定》第七条。

第四章　公职人员财产申报的立法考量

如果说第三章“公职人员财产申报的立法模式与策略”侧重于公职人员财产申报的立法困境、立法模式、立法策略和施行策略等宏观层面的分析，“公职人员财产申报的法制建构”是从微观的视角对财产申报法律制度的具体内容和制度要素进行阐述，那么本章“公职人员财产申报的立法考量”则是从相对中观的视角出发，对财产申报与隐私权的关系、财产申报配套制度、财产申报公开制度等立法过程中需要考量的重点问题进行探讨。相对于立法困境、立法模式、立法策略和施行策略等涉及方向性、道路性的宏观立法问题而言，本章所要探讨的问题则具体和微观得多；但相对于申报义务主体、申报范围、申报种类等涉及财产申报法具体制度的微观问题，本章的问题又是从前面这些具体制度中提炼出来的相对宏观并具有贯穿性的重点问题，又显得比较抽象。

第一节　财产申报、隐私权与权利平衡

隐私一般是指在公共利益之外的个人不愿意公开或者披露的私人生活秘密，[①] 中国自古以来就有“财不外露”的传统，与西方国家注重

---

① 王利明：《隐私权概念的再界定》，载《法学家》2012 年第 1 期。

健康、性取向等个人信息相比，财产信息可以说是中国人隐私观念的核心。而财产申报制度意味着公职人员需要将自己乃至特定家庭成员的财产情况及其他相关事项向申报主管机关申报，甚至大多数国家和地区的法律还规定一定范围内的公职人员申报材料需要向社会公开，于是，财产申报制度无疑就触及了中国人思想传统深处的软肋和敏感部位。尤其是在改革开放的浪潮中，由于腐败治理制度的缺失或不足，一大批公职人员凭借手中的公权力不法谋取大量违法资产，在这些人眼里，财产信息更是他们希望永远尘封的秘密。因此，无论是对清正廉洁的公职人员还是贪污腐败的公职人员来说，财产申报和公开始终是他们无法心悦诚服接受的制度。在以权利本位为理念和旗帜的现代社会里，隐私权更是成为凸显个人权利、彰显私人自由的标志。“在人格权具体化的新兴个别人格权中，以隐私权最为重要，已发展成为一个具概括性的权利。”[①] 随着隐私权概念和理念的普及与传播，隐私权也成为公职人员对抗财产申报立法的最有力“正当理由”。本书在第三章的立法策略中曾经旁及公职人员财产申报与隐私权的关系，但那部分内容主要是从高级公职人员入手，更多的是基于实用主义考虑，回应的是高级公职人员以隐私权为由而提出的反对理由，解决的是如何加快推进立法、有效化解立法难题的问题。然而，公职人员财产申报与隐私权的关系毕竟是财产申报立法无法回避的基本问题，无论是法律的制定还是实施都不能对其视而不见，在理论层面对它们之间的冲突及其平衡作出全面的解释与说明尤为必要。“如果忽视公职人员包括隐私权在内的合法权益的保护，缺少公职人员对财产申报公示的理解与认同，即使规定了财产申报公示制度，也难以顺利推行。我国的财产申报制度能否顺利迈向财产公示，必须认真对待申报人的隐私权保护问题。”[②]

---

① 王泽鉴:《人格权的具体化及其保护范围·隐私权篇（上）》，载《比较法研究》2008 年第 6 期。

② 屠振宇:《财产申报制度中的隐私权保护》，载《法商研究》2011 年第 1 期。

一、表面上的冲突

同生命权、财产权、自由权等古老的权利相比，隐私权是现代民主社会中的一项新兴权利，自沃伦和布兰代斯首次提出隐私权概念以来，[①] 隐私权也才一百多年的历史。“隐私权作为一项具体人格权，是指自然人享有的私人生活安宁与私人信息秘密依法受到保护，不被他人非法侵扰、知悉、搜集、利用和公开的一种人格权。”[②] 作为保障人格尊严和个性发展的基本权利，隐私权的实质是个人对其私领域的自主权利。[③] 同时，作为一项新兴权利，各国宪法一般未对隐私权作出明文规定，但是基于对宪法相关条款的解释和推定，法院在司法实践中逐渐创设并发展出宪法上的隐私权，隐私权与生命权、财产权等一起构成了公民的基本权利体系。但是，隐私权在本质上仍然属于民事权利，起初也只是在侵权行为法中加以探讨。于是，隐私权在美国、德国等都拥有了双重权利属性，既是宪法上的基本权利，也是民法上的民事权利。[④] 隐私权作为保障人格尊严、人格独立和个性发展的基本权利，在现代法律的权利体系中的重要性日益凸显，成为世界各国法律规制的重要课题。[⑤]

---

① See Samuel D.Warren，Louis D.Brandeis，The right to Privacy，Harvard Law Review，Vol.4，No.5（1890），p.193.

② 王利明：《隐私权概念的再界定》，载《法学家》2012 年第 1 期。

③ 王泽鉴：《人格权的具体化及其保护范围 · 隐私权篇（中）》，载《比较法研究》2009 年第 1 期。

④ 参见王泽鉴：《人格权的具体化及其保护范围 · 隐私权篇（上）》，载《比较法研究》2008 年第 6 期；王泽鉴：《人格权的具体化及其保护范围 · 隐私权篇（中）》，载《比较法研究》2009 年第 1 期；王利明：《隐私权概念的再界定》，载《法学家》2012 年第 1 期。

⑤ 但是值得注意的是，隐私权的规范和保护也取决于一国的历史传统和文化因素，与法治的发达程度并没有必然的联系。国家的国情不同，对待隐私权的态度也有差异。作为老牌的自由主义法治国家，英国至今未承认隐私权的独立地位，也没有对隐私权的保护作出周密、系统的法制建构。关于英国对隐私权的保护，参见王泽鉴：《人格权的具体化及其保护范围 · 隐私权篇（上）》，载《比较法研究》2008 年第 6 期；李先波、杨建成：《论言论自由与隐私权之协调》，载《中国法学》2003 年第 5 期。

在《侵权责任法》颁布之前，我国的民事法律并没有对隐私权作出明确的规定，司法实践中法院对隐私权的民事保护也并非全面、周延。我国《民法通则》没有对公民的隐私权作明确规定，在司法实践中，我国对公民隐私权的保护是通过保护公民名誉权的形式实现的。[①]《民事诉讼法》《刑事诉讼法》《行政诉讼法》[②]等诉讼法在规定审判公开制度时涉及隐私概念，《行政许可法》《行政处罚法》《政府信息公开条例》[③]等行政法律规范也涉及隐私的范畴。但是这些法律规范仅仅是涉及了隐私概念，并没有隐私权保护的具体法律条款，我国也没有建构起隐私权法律保护的完整规范体系。2009 年颁布的《侵权责任法》首次确立了民法上的隐私权概念，[④]并明确了对隐私权的民事保护。至于宪法上的隐私权，很多学者认为基于我国宪法相关条款也可以推定出隐私权，[⑤]即隐私权也是宪法所保障的基本权利。也有学者认为隐私权具有宪法基础，但从隐私权保护的角度看，隐私权应植入民事权利的范畴，隐私权的保护应主要通过民事法律完成，不宜将隐私权作为一种宪法权利。[⑥]其实不管隐私权是不是宪法上的基本权利（即使属于，在我国还没有违宪审查制度的情形下，宪法上的权利确认也仅具有宣示意义而已，如果缺乏具体法律的规范支撑，也多是一种泡沫化的权利），隐私权作为民法上的民事权利已经得以确认和规定，它与相关权利的冲

---

① 1993 年最高人民法院发布的《最高人民法院关于审理名誉权案件若干问题的解答》第七条规定：“对未经他人同意，擅自公布他人的隐私材料或者以书面、口头形式宣扬他人隐私，致他人名誉受到损害的，按照侵害他人名誉权处理。”

② 参见《民事诉讼法》第一百三十四条、《刑事诉讼法》第一百三十三条和《行政诉讼法》第四十五条。

③ 参见《行政许可法》第五条、《行政处罚法》第四十二条和《政府信息公开条例》第十四条。

④ 《侵权责任法》第二条规定：“侵害民事权益，应当依照本法承担侵权责任。本法所称民事权益，包括生命权、健康权、姓名权、名誉权、荣誉权、肖像权、隐私权、婚姻自主权、监护权、所有权、用益物权、担保物权、著作权、专利权、商标专用权、发现权、股权、继承权等人身、财产权益。”

⑤ 屠振宇：《财产申报制度中的隐私权保护》，载《法商研究》2011 年第 1 期；翁国民、汪成红：《论隐私权与知情权的冲突》，载《浙江大学学报》（人文社会科学版）2002 年第 2 期。

⑥ 王利明：《隐私权概念的再界定》，载《法学家》2012 年第 1 期。

突也就在所难免。

前已述及，财产申报制度意味着公职人员需要将自己乃至特定家庭成员的财产情况及相关事项向主管部门申报，接受有关部门的核查，甚至一定范围内公职人员的申报材料还需要向社会公开，以接受社会的监督。因此，财产申报制度其实就包含两个层面的监督[①]：一个是科层制下公权力系统内部的廉政监督。透过对公职人员财产收入情况的核查及监督，加强对公职人员廉政从业行为的规范，保持科层制系统内的自净和清洁，从而有效维持权力系统的运行和科层制的稳定。另一个是民主社会中人民对公职人员的社会监督。透过社会对公职人员财产收入情况的监督，可有效克服科层制内官僚相互庇护而导致的集体化腐败，彰显人民主权原则，并推进民主社会和透明政府的建设。社会监督的实质是作为国家主人的人民所享有的知情权[②]和监督权。其实无论是公权力系统内部的廉政监督还是社会化的廉政监督，都会涉及公职人员及其特定家庭成员财产信息的公开，或者是对公权力组织的内部公开，或者是对全社会的外部公开。而公开其实也就同时意味着公职人员在财产信息方面隐私权的减损，这其中就蕴含财产申报制度与隐私权的表面冲突和内在紧张关系。

就公权力系统内部的廉政监督而言，由于科层制天然的封闭性和权力庇护性，封闭、命令式的权力运作以及集体化腐败的盛行使得内部廉政监督缺乏充足的监督压力与监督动力，于是，财产申报的核查与监督

① 也有学者仅仅着眼于社会化外部监督而忽视公权力系统内部的廉政监督。“官员财产申报制度的必要性，来自公共官员的职业伦理和现代社会中民众的知情权。从官员职业伦理看，……财产公开正是检验官员是否符合这一伦理的应有之义。从知情权角度看，官员财产公开的背后，是民众对公共权力运行进行有效监督的一个路径。正因如此，在当代社会，要求官员公开申报财产已经成为一个普遍性的制度事实。”（王锡锌：《官员财产申报制度：立法、实践与制度完善》，载《中国法律》2010年第4期。）无疑，社会化外部监督是财产申报监督的核心内容，但是因此而忽视财产申报核查制度等公权力系统内部廉政监督的作用却并非理性和客观的学术态度。

② 有学者将知情权进一步区分为知政权、社会知情权和个人信息的知情权［翁国民、汪成红：《论隐私权与知情权的冲突》，载《浙江大学学报》（人文社会科学版）2002年第2期。］那么严格说来，社会化廉政监督其实保障的是公民的知政权。

在很大程度上成为一种形式和摆设，公职人员所提交的申报材料也大多处于被束之高阁或者事后选择性使用[①]的状态。在这种情形下，公职人员所填写的财产信息更多是一种“假隐私”，财产申报与隐私权仅仅存在着潜在的、可能的张力，两者之间缺乏现实冲突的动力机制，因此事实上也几乎没有发生因财产申报不实而遭受处罚的公开事例。就社会化的廉政监督而言，财产申报材料通过某种形式向社会公开后，由于公职人员生活在社会中和群众之间，其财产收入及使用情况也最为社会所了解，再加上腐败问题的社会敏感性与重要性，许多专业媒体记者致力于从财产申报公开情况中挖掘新闻线索，许多以腐败治理为宗旨的社会公益组织也会发挥集体化的力量来加强对财产申报情况的监督，于是，在财产申报公开机制下公职人员不实申报的风险极大，公职人员所填写的财产信息更多是一种真实的信息。在这种情形下，公职人员就会深切感知到财产申报（背后所蕴含的知情权和监督权）与隐私权之间的紧张关系。但是如果我们深入观察就会发现，无论是公权力系统内部廉政监督所引发的内部监督权与隐私权之间的权利冲突，还是社会化外部廉政监督所导致的知情权、监督权与隐私权之间的权利冲突，都是表面上的权利之间的紧张关系，就其实质而言，这种权利之间的紧张关系并不是真正意义上的权利冲突，而是公职人员权利义务平衡的表现。

此外值得强调的是，许多人认为隐私权只针对普通公民而言，即“高官无隐私”[②]，公职人员没有隐私权，或者公职人员一旦担任公职以

---

① 即纪检监察部门在掌握公职人员的职务犯罪线索之后，才会去事后查看该公职人员的财产申报材料并进行相应的调查核实活动。虽然《2017年规定》规定了10%的随机抽核，但是因此实际受到追究的事例还非常鲜见，即使有查处，也是以批判教育、责令作出检查为主，缺乏有效的威慑效力。“2015年，全国被抽查的领导干部中因不如实报告个人有关事项等问题，被取消提拔资格3902人，调离岗位35人，改任非领导职务17人，免职58人，降职14人；发现问题线索移交纪检监察机关给予党纪政纪处分160人；受到批评教育4.16万人，责令作出检查1.43万人，通报批评856人，诫勉5891人，取消后备干部资格698人。”盛若蔚：《2015年全国领导干部个人有关事项报告抽查核实工作取得良好成效 3900多名干部因瞒报等问题被取消提拔资格》，载《人民日报》2016年1月26日，第1版。

② 唐娟、黄卫平：《论政府官员隐私权的有限性》，载《中国行政管理》2004年第4期。

后就意味着其自动放弃隐私权。其实，公职人员身份仅仅意味着隐私权的限制，而非隐私权的丧失或放弃。“尊重、爱情、信赖、对他人的喜欢以及将我们自己视为爱情、信赖和喜欢的对象，是我们每个人内心深处的想法，而隐私是这些态度和行为的必要氛围和环境，就像氧气对于燃烧一样。”① 仅仅是出于腐败治理、利益冲突避免等公共利益的需要，公职人员隐私权才依法受到法律的限制，但是并非剥夺，因为即使是这些公开的申报财产信息，信息使用者一般要遵循一系列获取和使用的规则。此外，隐私包含着多重内容，如私生活隐私、资讯隐私等。私生活隐私是任何人都依法享有不受随意侵犯的权利与自由。“人格独立、人格自由和法律面前人人平等的原则决定了每个人都有权自由独处、安宁生活，法律平等地赋予每个人（包括公众人物这一特定主体）享有或维护隐私利益的权利。没有隐私的公众人物是不存在的，完全剥夺公众人物的隐私也是不合理的。”②

二、实质上的平衡

从表面视之，财产申报制度包含公权力系统的内部廉政监督和社会化的外部廉政监督，公权力系统内部廉政监督会引发内部监督权与隐私权之间的权利冲突，社会化外部廉政监督会导致公民知情权、监督权与公职人员隐私权之间的权利冲突。但是就实质而言，基于公共利益优先原则、权利义务相统一原则和比例原则，这些表面上的权利冲突其实可以达成某种实质上的权利平衡。

（一）公共利益优先原则下的实质平衡

无力对抗自然、相互处于战争状态的人类最终选择让渡部分个人

---

① Charles Fried，Privacy，The Yale Law Journal，Vol.77，No.3（1968），pp. 477-478.
② 李新天、郑鸣：《论中国公众人物隐私权的构建》，载《中国法学》2005 年第 5 期。

权利以组成集体、国家，私人利益服从公共利益便成为国家存在的基石。“人类不能产生新的力量，而只能是结合并运用已有的力量，所以人类便没有别的办法可以自存，除非是集合起来形成一种力量的总和才能够克服这种阻力，由一个唯一的动力把它们发动起来，并使它们共同协作。”[①] 无论是注重保障私人权利和自由的国家还是强调国家利益、集体利益至上的国家，公共利益优先原则是它们普遍承认的共识。当法律面临着维护公共利益与保障私人权利之间的冲突选择时，公共利益优先原则也是重要的立法指导准则。“事实上，公共利益是包括私法在内任何法律的追求目标，因为法律作为一种由公权力产生的统治社会的‘公器’，必然以公共利益为归属。”[②]

就财产申报立法而言，公职人员的财产来源正当与否、行为清廉与否、是否腐败犯罪等事项属于关系国家形象、政府廉洁和社会稳定的公共事务，公职人员的财产申报是一项涉及腐败治理、关乎公共利益的制度安排。在计划经济时代，国家掌握并分配生产资料和生活资料，在平均主义思潮的笼罩下，公职人员几乎没有多余的私人财产，财产申报制度在计划经济时代缺乏实施和执行的制度空间和意义。在计划经济体制向社会主义市场经济体制的变迁过程中，很大一部分公职人员利用转型期的制度缺失和制度漏洞，凭借手中的公共权力违法或不当地积累大量财产，谋取非法利益，于是在社会主义市场经济体制下，公职人员财产申报就具有重大的廉政意义和制度价值。财产是利益的核心。公职人员利用公共权力谋取的个人私利绝大多数都会以财产或财产性利益的形式存在，即便一个公职人员利用公共权力所谋取的是非财产利益，那么既然他打开了拒绝和抵制腐败的心理关口，有了以权谋私的这次行为，基于人性谋私的惯性，他也会有通过公共权力谋取财产和财产性利益的其他行为，而且事实上很多非财产性利益（如

① ［法］卢梭著:《社会契约论》，何兆武译，商务印书馆 2003 年版，第 18 页。

② 张千帆:《“公共利益”的构成——对行政法的目标以及“平衡”的意义之探讨》，载《比较法研究》2005 年第 5 期。

情人关系）也需要大量物质财产的支撑和维持。从这个角度看，几乎所有的腐败行为都会有不法财产的痕迹，最终也都会反映为公职人员财产数量的增减情况。[①]公职人员的财产变化情况在很大程度上集中反映公职人员的清廉程度和行为规范程度，也是社会公众评价公职人员履职行为的重要依据。因此，公职人员的财产信息也就脱离私人隐私的范畴而进入公共利益的视野。恩格斯就曾精辟地指出："个人隐私应受到法律保护，但当个人隐私甚至阴私与重要的公共利益——政治生活发生联系的时候，个人隐私就不是一般意义上的私事，而是属于政治的一部分，它不再受隐私权的保护，它应成为历史记载和新闻报道不可回避的内容。"[②]既然公职人员的财产情况是关乎公共利益的信息，那么依据公共利益优先原则，公职人员作为一个普通公民所享有的完整的财产隐私权要受到部分的限制，要服从于公职人员作为国家公职人员需要申报财产并接受各界监督才能实现的公共利益。[③]从公共利益优先原则的角度看，公职人员财产申报与隐私权之间的表面冲突实质上是平衡的。

（二）权利义务相统一原则下的实质平衡

法律是关于权利和义务的社会规范。调整权利与义务关系的基本原则是权利义务相统一，"不能一方只享受权利而不承担义务，另一方只承担义务不享受权利"[④]。我国《宪法》第五十一条确立了权利义务相统一原则："中华人民共和国公民在行使自由和权利的时候，不得损害国

---

① 也存在公职人员从事腐败行为而导致财产在某一时期内减少的情形。有些公职人员为了寻求更大的职位，更为便利地从事腐败行为，会向其上级公职人员行贿，从而谋取更大的官职，那么这时他的财产可能是减少的。腐败有时是相互和交叉的，但都会以相应的财产增减情况体现。

② 《马克思恩格斯全集》第十八卷，人民出版社 1972 年版，第 511 页。

③ 有些学者在定义隐私权时就将公共利益作为概念的核心要素，认为"隐私权是自然人享有的对其个人的、与公共利益无关的个人信息、私人活动和私有领域进行支配的一种人格权"。李新天、郑鸣：《论中国公众人物隐私权的构建》，载《中国法学》2005 年第 5 期。

④ 沈宗灵主编：《法理学》（第二版），高等教育出版社 2009 年版，第 393 页。

家的、社会的、集体的利益和其他公民的合法的自由和权利。”随着近代民法到现代民法的变迁，个人本位的法也逐渐发展为社会本位的法。[①]禁止权利滥用、强调权利义务相统一也成为现代民法的基本原则。因此，无论是宪法还是民法，权利义务相统一原则都是调整权利义务关系的基本准则；无论是宪法上的隐私权（不管我们承不承认我国宪法可以推导出隐私权）还是民法上的隐私权，也都受到权利义务相统一原则的规范。

公职人员是担任国家公职、行使公共权力的人员。与普通公民相比，公职人员拥有普通公民所没有的权利：可以行使迫使普通公民屈服的公共权力，公职人员身份所带来的社会地位，公职人员身份所带来的社会声誉和社会影响力，国家提供的工资福利（包括很多隐性福利）等。按照权利义务相统一原则，公职人员在享有这些普通公民所没有的权利同时，也应该履行普通公民无须承担的义务，如名誉权、隐私权等权利的限制。公职人员一方面代表国家行使公共权力，这是权利的表现；另一方面，公共权力存在异化和腐败的可能，需要对公共权力的行使施加法律限制，这是义务的表现。如前述及，公职人员利用公共权力可以谋取不当私人利益，而几乎所有的腐败行为最终都会有不法财产的痕迹，最终都会反映为公职人员财产数量的增减情况。作为公共权力行使结果层面上的事后监督机制，财产申报制度就是一项通过公职人员财产信息的申报、审查与监督而实现对公共权力法律限制的制度安排。作为行政法分论——廉政法制的重要组成部分，财产申报制度是权利义务相统一原则在行政法领域内的集中体现和延伸。

（三）比例原则下的实质平衡

比例原则是行政法的基本原则，也是具有宪法位阶的法律原

① 有关近代民法向现代民法的变迁，参见谢怀栻著：《外国民商法精要》（增补版），法律出版社 2006 年版，第 15—41 页。

则。[①] 比例原则是现代国家调节和平衡不同权利之间紧张关系的基本法律技术。比例原则包括适当性原则、必要性原则和狭义比例原则。[②] 国务院2004年颁布的《全面推进依法行政实施纲要》基本承认了比例原则，其中包含了比例原则中的适当性原则和必要性原则。“行使自由裁量权应当符合法律目的，排除不相关因素的干扰；所采取的措施和手段应当必要、适当；行政机关实施行政管理可以采用多种方式实现行政目的的，应当避免采用损害当事人权益的方式。”当前我国学者及实务界一般都习惯于将比例原则视为控制行政自由裁量权的执法技术和司法技艺，[③] 侧重于比例原则在执法活动和司法活动中的适用，而忽视其对立法活动的限制。比例原则“既属制定规范之宪法原则，亦是国家公权力适用法律之重要原则”[④]。其实比例原则作为具有宪法位阶的法律原则，它亦是指导和规范法律制定的基本原则，具体法律制度的内容设计应符合比例原则，对某一权利的限制不得超过必要的法律限度，不同权利之间应当保持适当的平衡。

比例原则在财产申报立法中的适用一般包含以下几个方面：一是申报义务主体的法律限制。除少数几个国家和地区要求所有公职人员都需要申报财产外，大多数国家和地区一般将申报义务主体限定在一定级别以上的公职人员以及某些关键岗位的公职人员，对于级别较低又不处于关键岗位的公职人员则不做要求。级别较高以及处于某些关

---

① 谢世宪：《论公法上之比例原则》，载城仲模主编：《行政法之一般法律原则（一）》，台湾三民书局股份有限公司1999年版，第120页；李震山著：《行政法导论》（修订七版），台湾三民书局股份有限公司2007年版，第293页；余凌云著：《行政法讲义》，清华大学出版社2010年版，第81页；等等。

② 有关比例原则的具体内容，参见应松年主编：《当代中国行政法（上卷）》，中国方正出版社2005年版，第96—97页；马怀德主编：《行政法学》（第二版），中国政法大学出版社2009年版，第52—53页。

③ 马怀德主编：《行政法学》（第二版），中国政法大学出版社2009年版，第52页；余凌云：《行政法讲义》，清华大学出版社2010年版，第81页。

④ 李震山著：《行政法导论》（修订七版），台湾三民书局股份有限公司2007年版，第293页。

键岗位的公职人员享有的公共权力较大，掌握更多公共资源，更易于腐败，按照比例原则，也应对他们的权力行使理应进行更多的法律限制。二是申报范围的法律限制。大多数国家和地区将公职人员财产申报的范围限定在本人、配偶及其受抚养子女的财产及财产性利益，没有将申报事项范围无限扩大，一般也不会将附随义务人的范围扩展至其他亲属，从而维持隐私权和监督权之间的平衡。三是公开义务主体的法律限制。许多国家和地区在对申报义务主体作出法律限制的前提下，进一步对公开义务主体的范围进行相应限制。承担财产申报公开义务的一般限于政务类公职人员以及其他重要官员，至于一般公职人员的申报材料则由申报主管机关掌握，一般不需要向社会公开。四是公开技术的法律保障。即使是那些承担财产申报公开义务的公职人员，申报主管部门并不是简单地将这些公职人员的申报材料公之于众，而需要在平衡公职人员隐私权和公众知情权、监督权的基础上，将申报材料进行相应的安全化技术处理，对房屋具体地址、车牌号、手机号等个人信息作技术化处理后才公开相应申报材料。五是财产申报材料使用的法律限制。“社会集体有窥悉他人信息的兴趣，大众媒体搜集、储存、传播、公开提供各种消息，在言论自由的市场大量地消费他人的隐私，造成了隐私保障与表见自由的紧张关系，而成为法律规范上的难题。”[①] 针对向社会公开的公职人员申报材料，社会公众和组织不能基于营利目的以及其他非正当目的进行使用和交易，否则需要承担相应法律责任。

除了在财产申报立法过程中运用比例原则去建构良好的财产申报与公开制度，去精心平衡财产申报和隐私权之间的紧张关系以外，财产申报和隐私权平衡的关键还在于执法和司法过程中比例原则的法律适用，通过执法技术和司法技艺可将财产申报法中的相应条款进行进

① 王泽鉴：《人格权的具体化及其保护范围 · 隐私权篇（上）》，载《比较法研究》2008 年第 6 期。

一步平衡和优化，以真正实现财产申报制度与公职人员隐私权之间的权利平衡。

第二节　财产申报公开：立法抉择与制度建构

财产申报公开是财产申报制度的精髓，也是我国财产申报立法的最重要议题之一。如前述及，从现实的制度实践看，财产申报公开并非财产申报制度的必备机制，[①]但是从腐败治理有效性和制度的应然价值出发，财产申报公开仍是财产申报立法的应然机制和制度精髓。公开化与社会监督是财产申报制度的精髓之所在。[②]当前，要不要建立财产申报公开制度在我国还有重大分歧，也面临巨大的立法困境，如何进行财产申报公开的立法抉择与制度建构是财产申报立法不得不面对的基础性问题。

一、申报行为与公开行为的区分

在财产申报立法中，有一对基础性概念需要进行必要的界定与澄清，那就是申报行为与公开行为。申报行为与公开行为界定的模糊与混同导致财产申报制度与财产申报公开制度的界定不清，也影响了对我国是否已建立财产申报制度这一基础性事实的判断。从这个意义上讲，界定和厘清申报行为和公开行为是财产申报公开立法抉择和制度建构的逻辑前提。

在财产申报制度中，申报行为是指申报义务主体依照规定向申报受理机关提交申报材料的行为。公开行为是指申报主管机关依照程序

① 彭成义、张宇燕：《美国的官员财产申报与公示制度》，载《美国研究》2017年第6期。
② 孙立平：《官员财产申报的关键词》，载《廉政瞭望》2010年第2期。

将公职人员的申报材料向在一定范围内部公开或向社会公开的行为。申报行为与公开行为存在以下几个主要差别。

1. 行为主体不同。申报行为的主体是申报义务主体，即依据法律或政策规定负有财产申报义务的公职人员。公开行为的主体是特定的申报主管机关，即依据法律或政策规定负责公开申报材料的国家机关。

2. 行为的接受对象不同。申报行为的接受对象是申报受理部门，即依据法律或政策规定负有接收财产申报材料义务的国家机关。公开行为的接受对象是特定范围内的对象（如申报义务主体所在单位的人员）或社会公众。申报行为的接受对象是组织，公开行为的接受对象是个人或组织。

3. 行为性质不同。申报行为是公职人员以个人名义向受理部门提交申报材料的行为，是个人行为。而公开行为是申报主管机关以单位名义向特定对象或社会公开申报材料的行为，是组织行为。

4. 行为原则不同。申报行为的原则是及时和真实，即申报义务主体要及时申报财产，并确保自己所申报的财产信息真实。公开行为的原则是真实和平衡，即申报主管机关一方面要保证所公开的公职人员财产申报材料是真实、客观的，同时基于对财产公开与公职人员隐私权的平衡，需要将拟公开的申报材料作相应的技术化安全处理，在不修改基本申报信息的基础下，将可能引发公职人员隐私权受威胁的个人信息（家庭详细住址、车牌号、手机号等）作一定的删除、遮掩等处理。

5. 行为的法律责任不同。申报义务主体存在拒不申报、不实申报等违法申报行为，需要承担纪律责任、行政责任和拒不申报罪、申报不实罪的刑事责任等。也就是说，申报义务主体可能会承担特定罪名的刑事责任。申报主管机关工作人员因滥用职权、徇私舞弊而存在拒不公开、错误公开等违法行为的，应承担纪律责任、行政责任和渎职罪、滥用职权罪等刑事责任。申报主管机关工作人员的刑事责任适用刑法调整一般国家工作人员的规定。

二、财产申报公开的必要性与立法抉择

无论是就制度自身、腐败治理的有效性而言，还是从各国制度实践、人民主权原则以及透明政府时代背景来看，财产申报公开制度在财产申报法中都有确立的必要性，“政治风险论”不构成我国建立财产申报公开制度的阻碍理由，我国领导人应该尽快确立政治决断，把握历史时机，建立适合我国国情的财产申报公开制度。而且在当前中国语境下，有无财产申报公开制度已成为社会民众判断是否是真正意义上的财产申报制度的试金石，如果缺少财产申报公开，即使财产申报法出台也终究无法得到人民的信赖，缺乏人民信赖的法律最终也会沦为具文。

（一）制度自身的视角

财产申报制度又称“阳光法案”，而“阳光法案”的称谓正是源于其财产申报公开制度。缺少财产申报公开，没有公开，又何来的阳光？“财产申报法被称为‘阳光法案’，其最大特点是它的公开性。将公职人员的财产状况公开化，目的显然在于通过‘阳光’措施，使这项制度如同阳光一样能够照亮、暴露公职人员‘见不得光’的不义之财，抑制人的贪欲。因此，只有将申报材料向社会公开，才能真正受到公众监督，从而不负‘阳光法案’的美誉。”[①] 公开是“阳光法案”的应有之义。

就制度的完整性来说，财产申报公开应该是财产申报制度的重要组成部分。申报、受理、核查、公开、社会监督与反馈等环节正好构成财产申报法的完整制度链条，如果缺少财产申报公开，就无法对公职人员的财产情况进行有效监督，也不能对申报、受理、核查等程序

① 阎宝龙：《国外财产申报制度对我国财产申报法的借鉴意义》，载《山东社会科学》2003年第1期。

施加必要的制度压力。财产申报公开是申报、受理、核查等程序的自然延伸和制度扩展。完整意义上的财产申报制度需要公示环节。[①]

（二）腐败治理有效性的视角

客观而言，我国已建立起一整套包含案件查办、腐败预防、廉政教育、权力监督等制度在内的腐败治理体系。当前腐败泛滥的一个重要原因就是由于制度执行者对制度规则的漠视或选择性执行而造成的腐败治理制度的形式化和虚置。一个严肃的问题是由于腐败治理规则不遵守、不严格执行而导致腐败的盛行，何以能够通过制定新的腐败治理规则来治理腐败？这就需要我们跳出体制内监督的一元论思维，超越科层制的封闭式组织框架，从而建构社会化的立体式监督网络，畅通社会监督渠道，形成监督合力，并为腐败治理规则的执行和落实提供持续的动力机制。就财产申报制度而言，只有引入财产申报公开机制，才可最大限度地确保制度的真正落实，进而实现预防腐败、治理腐败的制度目标。“群众的眼睛是雪亮的。财产申报就是要形成一种无形的社会压力，让每个官员感到有无数双眼睛在盯着你。”[②] 财产申报公开制度有利于保障针对一般公职人员的腐败治理的有效性。

进一步来看，制度执行者对腐败治理规则的漠视或选择性执行固然有规则意识淡薄的原因，但是腐败治理过程中的腐败也是一个不可回避的因素。“信息的封闭性使得权力变得神秘，而神秘程度越高，则暗箱操作空间越大。”[③] 社会外部监督乏力、科层制内的权力庇护与依赖使得以治理腐败为天职的腐败治理者自身也为腐败所侵蚀和困扰，于是腐败治理规则就成为选择性腐败治理甚至是腐败不治理的工具。有

---

① 林喆：《当代中国官员财产申报制度建立的难点及对策》，载《中国党政干部论坛》2009年第9期。

② 王逸吟、赵达：《“财产申报制度建立，有赖配套制度支撑”——专家求解“阳光法案”难题》，载《光明日报》2010年4月28日，第9版。

③ 解冰、任生德、张俊飚：《新农村建设中的新型经济违纪与腐败及其治理》，载《经济研究》2008年第4期。

了前车之鉴，再加上社会对财产申报立法的过高期待，为了避免财产申报制度中的执行腐败，保障通过公职人员财产申报实现腐败治理的有效性，在当前中国腐败及腐败治理的特殊语境下，财产申报公开制度就具有某种建立的正当性、急迫性和特殊意义。通过财产申报公开制度，可以给申报主管机关施加监督的压力，防止其在核查和公开过程中的滥用职权和徇私舞弊等违法行为。财产申报公开制度有利于保障针对申报主管机关工作人员的腐败治理的有效性。

（三）各国制度实践的视角

联合国《公职人员国际行为守则》第八条规定："公职人员应视本人的职务并根据法律和行政政策的许可或要求，按要求公布或披露，并在可能的情况下，公布或披露其配偶和/或其他受赡养者的私人财产和债务。"这一规定实际上提出了申报财产应予以公布的一般要求。当今大多数国家和地区已经建立财产申报制度，已建立该制度的国家和地区又大多实行财产申报公开制度。透明国际组织每年发布的清廉指数排名中，排名靠前的国家和地区一般都实行财产申报公开制度，财产申报公开在域外国家和地区的制度实践充分展现了制度的生命力。此外，一些国家的腐败治理历史也揭示出财产申报公开制度的缺失给财产申报制度执行所造成的致命损害。"韩国1983年生效的《公务员伦理法》和《公务员伦理法施行令》为尽量减少财产申报制度的阻碍和负面影响，规定公务员财产申报内容的非公开原则，同时规定按照总统令所定规则可以公开。在全斗焕政府时期，由于权力不受监督，总统及其亲属、亲信屡屡卷入腐败大案之中，并且，腐败呈蔓延之势。虽然政府装模作样地实行了财产申报制度，但对腐败并没有起到什么预防或阻吓作用。实际上，公务员财产不公开，如果没有来自外部力量的监督，这一制度基本上失去了意义。"[①] 韩国用自身的制度实践阐释了财产申报

---

① 刘重春：《韩国公务员财产申报制度及其借鉴意义》，载《学习与实践》2010年第9期。

公开之于财产申报制度的特殊意义和价值。

此外仍需要特别交代和解释的是新加坡的腐败治理情形，新加坡的财产申报法律制度中没有包含财产申报公开机制却也取得了举世瞩目的良好腐败治理效果，[①] 那么我们出于理论直觉而马上需要追问的是财产申报公开与腐败治理的有效性是否存在因果联系。其实，新加坡的制度实践已经表明财产申报公开与腐败治理的有效性并无必然的因果联系，没有实行财产申报公开制度的国家也可以取得良好的腐败治理结果。但是我们需要注意的是，基于新加坡腐败治理实践而推出的这个结论却并不具有普遍的理论解释和制度实践的意义，新加坡样本呈现鲜明的个案性和有限理性。如前述及，新加坡财产申报公开制度缺失却依然取得腐败治理成果的最重要原因在于：首先，财产申报制度仅仅是腐败治理体系的一部分。在新加坡已建立完整与健全的腐败治理制度且足以威慑腐败分子的情形下，财产申报制度中某些机制的缺失并不影响腐败治理的整体大局。其次，缺少财产申报公开机制的新加坡财产申报制度获得了其他相应制度的有效支撑，如公务员准入制度、公务员培训制度、公务员日记制度等，这些制度有效弥补了财产申报公开机制缺失所可能带来的不利后果。再次，最重要的是新加坡是个小国，领土小，人口也少，担任公职人员的数量也非常有限，社会民众无须通过财产申报公开制度也可比较容易地了解和知悉公职人员的财产情况。最后，李光耀及其所领导的人民行动党在长期的执政期间对腐败的零容忍态度也奠定了新加坡政府廉洁、社会清明的文化传统，在很大程度上弥补了财产申报过程中社会化监督缺失的不足。新加坡腐败治理的制度实践并非说明财产申报公开制度没有价值和意义，而是说在新加坡的特殊国情下，它利用腐败治理的整体体系、腐败治理的其他制度有效弥补了财产申报公开制度的缺失，也实现腐败的良好

---

① 参见陈新民著：《反腐镜鉴的新加坡法治主义——一个东方版本的法治国家》，法律出版社 2009 年版；刘守芬、李淳主编：《新加坡廉政法律制度研究》，北京大学出版社 2003 年版。

治理。[①]但是新加坡的财产申报制度并不具有制度的推广价值，特别是对于国情复杂的大国而言。

（四）人民主权原则的视角

人民主权原则是现代国家建构的基石，也是各国宪法的基本原则。我国《宪法》第二条规定："中华人民共和国的一切权力属于人民。人民行使国家权力的机关是全国人民代表大会和地方各级人民代表大会。人民依照法律规定，通过各种途径和形式，管理国家事务，管理经济和文化事业，管理社会事务。"人民一般不直接行使国家权力，而通过代理人及由代理人选举、任命产生的各种公职人员来行使，但作为权力所有者的人民对权力使用者的公职人员的权力行使和运行情况享有知情权和监督权。前已述及，从廉政监督的角度来看，公职人员权力行使和运行的廉政结果一般都会最终体现为财产状况，公职人员利用公共权力可以谋取不当私人利益，但几乎所有的腐败行为最终都会留有不法财产的痕迹，最终也会反映为公职人员财产数量的变动。因此，公民对公职人员财产状况的知情和监督就具有现实的廉政意义。"公开是监督的前提，知情是监督的支撑。"[②]以知情权和监督权为建构基础的财产申报公开制度于是就具有扎实的理性支撑。"应该强调，人民有'知情权、参与权、表达权和监督权'，因此，政务公开，并建设让公民参与政务、表达意见和进行监督的制度，是政府的义务而不是恩赐。义务是必须履行的。其中公开是首要的，不公开，就谈不上人民当家作主，也谈不上人民参与和表达，公开是实行社会主义民主制度的基础，同样，公开也是人民实施监督权的基础。"[③]财产申报公开制度是人民主权原则的直接体现，是公民知情权、监督权的制度载体。

---

① 关于新加坡腐败治理制度的具体介绍，参见陈新民著：《反腐镜鉴的新加坡法治主义——一个东方版本的法治国家》，法律出版社 2009 年版。

② 李成言主编：《廉政工程：制度、政策与技术》，北京大学出版社 2006 年版，第 163 页。

③ 应松年：《预防腐败，制度建设是关键》，载《行政法学研究》2008 年第 1 期。

就权利的具体行使而言，公民直接行使知情权、监督权当然是最直接的权利行使方式，新闻媒体也是保障公民知情权、监督权行使的重要方式。在现代社会，新闻媒体以其专业性、独立性、普及性赢得了“第四种权力”的美誉，是腐败治理的最重要监督力量之一。在强大的国家机器面前，个体化、原子化的单个公民行使知情权、监督权的力量极其有限，公民知情权和监督权更多需要借助新闻媒体的渠道加以行使，公民的声音需要借助新闻媒体来表达，或者说新闻媒体的监督固然是新闻事业的自身表现，但同时也是公民监督国家权力的代表力量。在中国语境下，舆论监督更是具有特殊意义，“如果没有舆论监督，靠现在这样的行政力量和政法力量，是不足以解决当前许多严重问题的”[①]。在财产申报制度中，公众、媒体对公职人员财产状况进行监督的基本前提是财产申报材料的公开，没有公开，就无所谓知情与监督，也就无所谓知情权和监督权的行使。只有在公开的环境下，新闻媒体才能施展专业性的监督技术，才能保障公民知情权和监督权的行使。财产申报公开使得以人民主权原则为基石的公民权利行使与新闻媒体监督有机地融合起来。

从腐败治理体制来看，中国共产党是腐败治理的领导者和核心力量。群众路线是中国共产党的三大作风之一[②]，“我们共产党人无论进行何项工作，有两个方法是必须采用的，一是一般和个别相结合，二是领导和群众相结合”[③]。中国共产党的群众路线与现代法治国家所倡导的公众参与有着理念上的相似性，都是人民主权原则的贯彻落实。

---

① 《朱镕基讲话实录》编辑组编：《朱镕基讲话实录》（第四卷），人民出版社2011年版，第286页。

② “以马克思列宁主义的理论思想武装起来的中国共产党，在中国人民中产生了新的工作作风，这主要的就是理论和实践相结合的作风，和人民群众紧密地联系在一起的作风以及自我批评的作风。”毛泽东：《论联合政府》，载《毛泽东选集》（第三卷），人民出版社1991年版，第1093—1094页。

③ 毛泽东：《关于领导方法的若干问题》，载《毛泽东选集》（第三卷），人民出版社1991年版，第897页。

财产申报公开制度正是群众路线在腐败治理领域的集中体现和制度延伸，有利于充分发挥群众的廉政监督作用，收集群众提供的腐败案件线索，密切党和群众的联系，形成执政党领导和公众参与的良好腐败治理局面。

（五）透明政府[①]时代背景的视角

传统政治是由人所主导的封闭政治、密室政府，封闭政治、密室政治所带来的则是金钱政治、权术政治和专制政治。现代政治是由法所主导的公开政治、透明政治，公开政治、透明政治所伴随的则是民主政治、权利政治和法治政治。在现代民主法治社会里，公开、透明是法治国家、法治政府的应有之义。实行政务公开、建设透明政府已成为世界范围内各国公共治理的重要内容，也构成当今世界的一个重要时代背景。1948年联合国《世界人权宣言》第十九条规定："人人有权享有主张和发表意见的自由；此项权利包括持有主张而不受干涉的自由，和通过任何媒介和不论国界寻求、接受和传递消息和思想的自由。"1966年联合国《公民权利和政治权利国际公约》第十九条第二款"人人有自由发表意见的权利；此项权利包括寻求、接受和传递各种消息和思想的自由。而不论国界，也不论口头的、书写的、印刷的、采取艺术形式的、或通过他所选择的任何其他媒介"对人的获取信息的权利作了与《世界人权宣言》基本相似的规定。公民有权获取信息也就意味着政府负有公开信息的义务。20世纪中叶之后，世界范围内兴起了制定政府信息公开制度和建设透明政府的高潮。[②]

在经历了许许多多由政治运动所造成的社会悲剧和人道主义灾难后，随着改革开放和社会主义现代化建设上升为党和国家的中心任务，

---

① 此处的"政府"是广义的"大政府"语境下的含义，包括立法机关、行政机关和司法机关，而不单单是指行政机关。

② 有关世界范围内各个国家政府信息公开法律制度的历史渊源及现实发展，参见张明杰著：《开放的政府：政府信息公开法律制度研究》，中国政法大学出版社2003年版，第21—36页。

同时伴随着运动式治理向法制式治理的艰难变迁，中国也逐渐开始向现代国家治理模式转型。在建设透明政府的时代背景下，大力推行政务公开，实行公职人员公共权力行使过程及结果的公开与透明也应该是我国迈向现代国家治理模式的重要内容。在20世纪80年代我国就进行了政务公开的若干探索，2001年中国加入WTO，WTO规定的透明度原则更是加速推进我国政务公开的进程，2007年颁布的《政府信息公开条例》则是我国透明政府建设的一个里程碑。当前我国透明政府建设还存在诸多问题，财产申报公开制度的缺失即是重要表现。“应该承认，腐败的产生与权力缺乏制约有密切的联系，但更为重要的是，由于缺乏公开透明的行政程序制度，使得腐败像恶性肿瘤一样，已经侵蚀着社会结构的每一个环节，涉及社会各个领域，大有蔓延滋长的趋势。”[①] 公职人员财产情况是反映公职人员权力行使结果正当与否、是否合法的重要标尺，财产申报公开制度则是监督公共权力行使、预防腐败的重要机制，也是衡量一国透明政府建设程度的重要指标。

（六）“政治风险论”的批驳

当前，我国财产申报公开制度建立的最大障碍和阻力在于所谓的“政治风险论”。“政治风险论”认为在中国转型时期，很多公职人员利用公共权力非法谋取私利或者利用现有的规则漏洞以合法但非正当的形式积累了大量财富，如果一旦建立财产申报公开制度，公开公职人员的财产就会揭示出不同领域公职人员之间、不同级别公职人员之间、公职人员和普通民众之间的财产数额差距，会引发低收入公职人员和社会民众的愤怒，可能导致社会不稳定的政治风险。“公职人员，特别是中高级干部的家庭财产是极为敏感的社会话题，一旦为社会公众所知晓，会带来社会公众心里的不平衡，难以接受，以至于可能引起一

① 马怀德:《行政程序法的价值及立法意义》，载《政法论坛》2004年第5期。

定社会面的震荡。”[①]“政治风险论”一方面看到了我国腐败的严峻形势，指出腐败可能导致的政治风险；另一方面又以政治风险为借口来抵制财产申报公开制度的建立，实际上是默许和纵容腐败分子的隐身存在，拖延或者是变相拒绝腐败问题的根本性解决。

在当前我国腐败还在不断蔓延和滋长的背景下，最重要的是如何有效遏制并减少腐败，而不是掩盖腐败行为本身；需要正视和解决腐败，而不是回避和纵容腐败；需要寻找腐败治理“疏”的方法，而不是摆弄腐败治理“堵”的技巧。（1）就腐败治理时机而言，当前我国的腐败问题已经相当严重，腐败成为社会民众最为关注的社会问题之一，民众对腐败的容忍度也已接近临界点，可以说我国腐败问题已到了需要根本性治理的时候。以财产申报公开制度为核心的财产申报法是腐败治理的基础性制度，是预防和揭露腐败的最有效手段之一，它标志着领导人治理腐败的真正政治决断，也是根本性治理腐败的制度起点。“政治风险论”拖延或拒绝财产申报公开制度的建立，会导致我国腐败治理历史时机的错失，最终使得腐败问题积重难返而无法再进行有效的腐败治理。（2）就政治风险而言，财产申报公开固然会将公职人员之间、不同阶层之间的财产不均状况公之于众，将转型过程中的制度漏洞、分配不公揭露出来，这可能会引发社会不稳定的政治风险。但是“政治风险论”的推迟策略终究没有面对实际问题，而是掩盖潜在的政治风险，须知财产申报公开是引发政治风险的一个导火索，不有效解决腐败问题则意味着更多、持续存在的导火索，而且政治风险会随着腐败的加剧而更加严重，最终可能会导致亡党亡国。[②]当前许多群体性事件的重要根源即是公职人员的腐败，腐败让社会普遍产生仇官心

① 卢乐云：《财产申报制度的法制化》，载《国家检察官学院学报》2007年第4期。

② “反对腐败、建设廉洁政治，是党一贯坚持的鲜明政治立场，是人民关注的重大政治问题。这个问题解决不好，就会对党造成致命伤害，甚至亡党亡国。”胡锦涛：《坚定不移沿着中国特色社会主义道路前进　为全面建成小康社会而奋斗——在中国共产党第十八次全国代表大会上的报告》（2012年11月8日）。

理，一旦有一个官民之间的偶然性事件发生，就易演变为群体性事件。（3）此外需要注意的是，“政治风险论”所担忧的许多公职人员财产来源非法情况，其实社会早已知悉，媒体报道的某些腐败官员的财产情况也早已让普通民众对中国腐败的严重性和普遍程度具备一定的心理承受能力，因财产申报公开而导致政治风险的论断更多的是一种借口和托词。而且在互联网时代，由于缺乏规范的财产申报公开机制，某些民众借助互联网将相关公职人员的财产情况予以炒作和发酵，更容易激发社会对公职人员腐败的憎恨心理和对社会不公的抗争情绪，这才是真正的政治风险。从这个角度而言，政治风险主要不是由于财产申报公开而造成，而是由于掩盖腐败、放任腐败所导致。因此，从立法决断视角来看，要不要建立财产申报公开制度是个理念问题、原则问题，如何建立财产申报公开制度则是个实际操作问题、技术问题。

三、我国财产申报公开的制度模式归纳——对地方制度试点的考察

我国新疆阿勒泰、浙江慈溪、湖南湘乡等地已经开展了财产申报公开制度的试点，这些地方开展制度实施的问题与经验值得我们去提炼和总结。下面从公开义务主体、公开的财产范围、公开方式、公开对象、是否强制公开五个方面对我国几个代表性地方[①]的财产申报公开制度进行简单的介绍与梳理。

1. 2008 年 5 月，新疆阿勒泰地区发布《阿勒泰规定》，首先建立了财产申报社会公开制度。《阿勒泰规定》中财产申报公开的义务主体包括阿勒泰地委管辖的县（处）级领导干部、由领导职务改任为非领导职务以及正式办理退休手续三年内的县（处）级领导干部。[②]公开的财

① 之所以选择这几个地方作为分析样本，最重要的原因在于这几个地方关于财产申报公开制度的制度文本都可以在网上搜索到，此外，它们也展示了财产申报公开制度的不同样态。

② 《阿勒泰规定》第三条、第四条和第十七条。

产范围包括工资，各类奖金、津贴、补贴及福利费，从事咨询、讲学、写作、审稿、书画等劳务所得，申报人及其父母、配偶、子女接受与申报人行使职权有关系的单位和个人赠送的现金（礼金）、有价证券、各类支付凭证、贵重礼品情况。[①] 阿勒泰财产申报公开的方式是利用互联网[②]，由于互联网的社会性与无区域限制性，所以《阿勒泰规定》的公开对象应该是全社会。此外，根据《阿勒泰规定》第十六条，阿勒泰实行的是有限公开原则和裁量公开原则，即第八条第一项至第四项申报内容属于公开的范围，但是即使属于第八条第一项至第四项申报内容也是属于“可以”公开，并非强制性公开。

2. 2009 年 12 月，重庆市开县发布《开县新任党政主要领导干部履职廉政监督办法（试行）》（以下简称《开县办法》)。《开县办法》中财产申报公开的义务主体包括 2010 年 1 月 1 日以后新任（含提拔、交流、兼职等）的镇乡街道、县委部委、县级部门党政主要领导干部。[③] 公开的财产范围包括本人及配偶和抚养的未成年子女、不能独立生活成年子女的个人财产、共有财产情况，以及工资收入、有价证券收益等家庭收入情况。[④] 开县财产申报公开的方式是“有效方式”，公开的范围

---

① 《阿勒泰规定》第八条、第十六条和第十七条。

② 《阿勒泰规定》第十六条规定：“本规定实行有限公开原则，即第八条第一项至第四项申报内容，可以在阿勒泰地区廉政网予以公开，以便将党员领导干部个人财产收入置于社会的有效监督之下。”

③ 《开县办法》第一条。

④ 《开县办法》第三条第一款规定：“1. 家庭财产情况。主要包括本人及配偶和抚养的未成年子女、不能独立生活成年子女的个人财产、共有财产情况。具体包括：（1）现金、存款；（2）有价证券、基金股票；（3）债权、债务；（4）私有房产、土地使用权；（5）个人汽车；（6）单件（套）价值 5000 元人民币以上的贵重物品；（7）名人字画、古董；（8）经商办企业或从事其他经营活动的投资、股份；（9）本人认为应当申报的其他家庭财产。2. 家庭收入情况。具体包括：（1）本人工资性收入；（2）本人及配偶和抚养的未成年子女、不能独立生活成年子女的有价证券、基金股票收益；（3）本人及配偶和抚养的未成年子女、不能独立生活成年子女的不动产出租、买卖收益；（4）本人及配偶继承的遗产；（5）本人及配偶接受的馈赠；（6）本人从事咨询、写作、讲学、书画、审稿等劳务所得；（7）本人及配偶和抚养的未成年子女、不能独立生活成年子女经商办企业或从事其他经营活动的投资、股份收益；（8）本人认为应当申报的其他家庭收入。”

是本单位和就职单位，[①] 虽然《开县办法》没有具体规定公开的方式，但是结合公开的范围，可以推定这里的“有效方式”可以是单位公告栏张贴、单位内网、单位内部会议通报等内部化方式。此外与《阿勒泰规定》不同，根据《开县办法》第三条的规定，开县采取的是完全公开原则和强制公开原则，即第三条第一款中的家庭财产情况和家庭收入情况都属于公开范围，而且这些家庭财产和家庭收入属于“应当”公开，而非“可以”公开。

3. 2012 年 5 月，江西省抚州市临川区发布《临川区新任科级领导干部财产申报办法（试行）》（以下简称《临川办法》）。《临川办法》中财产申报公开的义务主体是全区新任科级领导干部[②]。公开的财产范围包括“（一）工资；（二）各类奖金、津贴、补贴及福利费；（三）从事咨询、讲学、写作、审稿、书画等劳务所得；（四）申报人及其父母、配偶、子女接受与申报人行使职权有关系的单位和个人赠送的现金（礼金）、有价证券、各类支付凭证、贵重礼品情况（含以婚丧嫁娶、各类节假日、子女升学、乔迁、工作变动等各种名义收受的）；（五）申报人配偶及共同生活父母、子女收入情况；（六）个人及家庭财产情况（含配偶、未成年及共同生活父母、子女名下），包括：住房情况（商品房、集资房、自建房），私车情况，商铺、写字楼、门面等；（七）单笔额度在 2 万元以上的财产购置、交易、租赁收入情况（包括购置时间、价值、所在地点）及资金来源；（八）股票、证券、期货等交易收入及资金来源；（九）存款和贷款情况，其他与本人有直接或间接关系的单笔数额在 1 万元以上的债权和债务及原因；（十）本人或配偶、共同生活子女和父母名下投资入股、承包经营、承租经营企业收入情况（包括企业基本情况）；（十一）贵重物品如名人字画、文物等和由继承、赠与、偶然

---

① 《开县办法》第三条第三款规定：“新任党政主要领导干部在任职和离任 30 天内，在本单位采取有效方式公布本人家庭财产情况，或由县纪委（监察局）在其就职单位公布其家庭财产情况，接受干部群众的监督。”

② 《临川办法》第二条。

所得等形式获得财产；（十二）无法拒收礼品礼金等以及本人认为需要申报的其他收入和财产。”[①]《临川办法》对财产申报公开的方式没有规定，公开的范围规定为“一定范围”，也没有明确规定具体的范围是什么。[②]就公开的财产范围而言，《临川办法》实行的是完全公开原则；就公开的裁量而言，《临川办法》实行的是强制公开原则。

4. 2012年5月，江苏省连云港市灌云县出台《灌云县新任科级干部财产申报办法（试行）》（以下简称《灌云办法》）。《灌云办法》中财产申报公开的义务主体是县委新提拔任命的科级领导职务和非领导职务干部。[③]根据《灌云办法》第三条和《灌云县领导干部财产收入情况申报表》的内容，公开的财产范围包括住房、私车、收入、有价证券、债权债务等。[④]《灌云办法》第四条规定：“对新任领导干部财产申报应在任职公示同时根据第三条的内容填写《灌云县领导干部财产收入情况申报表》，并予以公开。”《灌云办法》采取的是任职公示与财产申报公开一致进行的模式，但对财产申报公开的方式和公开范围并没有作出明确的直接规定。《灌云县领导干部财产收入情况申报表》中的申报内容和《灌云办法》第三条是一致的，因此就公开的财产范围而言，《灌云办法》实行的是完全公开原则；《灌云办法》第四条规定新任领导干部应该公开自己的财产，就公开的裁量而言，《灌云办法》实行的是强制公开原则。

---

① 《临川办法》第二条。

② 《临川办法》第六条规定：“实行有限公开原则，财产申报内容在一定范围内予以公开，公开时间为七天，以便将领导干部个人财产收入置于社会的有效监督之下。”

③ 《灌云办法》第二条。

④ 《灌云办法》第三条规定：“申报的主要内容：（一）本人、配偶、共同生活子女住房情况，购买和建造营业房情况；（二）本人、配偶、共同生活子女购买私车情况；（三）本人、配偶、共同生活子女年度收入情况；（四）本人、配偶、共同生活子女房屋出租出售收入、经办创办企业、产业服务等劳务所得；（五）本人、配偶、共同生活子女名下投资入股、承包经营、承租经营企业收入；（六）本人、配偶、共同生活子女投资或以其他方式持有股票（包括股权激励）、证券、基金、期货、投资型保险等交易收入及资金来源；（七）本人、配偶、共同生活子女由继承、赠予、偶然所得等形式获得的财产；（八）本人、配偶、共同生活子女的债权债务情况；（九）本人认为需要申报和说明的其他财产或收入情况等。”

表二 地方层面若干财产申报公开制度的内容比较

	阿勒泰规定	开县办法	临川办法	灌云办法
公开义务主体	阿勒泰地委管辖的县（处）级领导干部、由领导职务改任为非领导职务以及正式办理退休手续三年内的县（处）级领导干部	2010 年 1 月 1 日以后新任（含提拔、交流、兼职等）的镇乡街道、县委部委、县级部门党政主要领导干部	全区新任科级领导干部	县委新提拔任命的科级领导职务和非领导职务干部
公开的财产范围	各类奖金、津贴、补贴及福利费，劳务所得，申报人及其父母、配偶、子女接受的与职权有关的现金、有价证券、各类支付凭证、贵重礼品等	本人及配偶和抚养的未成年子女、不能独立生活成年子女的个人财产、共有财产情况，以及工资收入、有价证券收益等家庭收入情况	工资，奖金、津贴、补贴及福利费，劳务所得，申报人及其父母、配偶、子女接受的与职权有关的现金、有价证券、支付凭证、贵重礼品，申报人配偶及共同生活父母、子女收入情况，房产，私车，2 万元以上的财产交易，有价证券，存款贷款，1 万元以上的债权债务，贵重物品以及其他需要申报的财产	住房、私车、收入、有价证券、债权债务等
公开方式	利用互联网	有效方式	没有规定	没有规定
公开的对象范围	全社会	本单位和就职单位	一定范围	没有规定
是否强制公开	并非强制性公开	强制公开	强制公开	强制公开

此外，我国其他一些地方也在试点财产申报公开制度。但是总体而言，这些规定财产申报公开的政策文件都存在前已述及的问题：规范层级低，制度的规范性差，财产申报公开对象的有限性财产，申报公

开方式的内部化，制度的法律责任条款不健全等。

虽然我国财产申报公开制度主要集中在地方层面，但这并非意味着中央层面绝对没有财产申报公开的相关规定。事实上，我国现有财产申报制度也存在相关申报公开的条款：一是主动公开。《2001年规定》中有一个经常为大家所忽视的关于财产申报主动公开的粗糙条款："每二年一次统一组织报告的《领导干部家庭财产报告书》的内容，由报告义务人在所在单位领导班子内或者规定的范围内通报。"这里的主动公开仅局限在报告义务人在所在单位领导班子内或者规定的范围内，公开的方式是通报。二是依申请查阅。《2017年规定》第十条也有依申请查阅的规定，不过查阅主体仅涵盖组织人事部门、纪检监察部门、巡视机构和检察机关，不包括社会公众。从这个角度来看，我国财产申报公开制度建构的关键并不在于很多人所宣称的要不要建立的问题，而是如何实现从内部公开向社会公开变迁的问题。

四、域外财产申报公开制度的规定

下面对美国，韩国，我国台湾地区、香港特别行政区和澳门特别行政区这五个国家和地区①的财产申报公开制度进行简单介绍。

---

① 选择这五个国家和地区作为制度样本的主要理由在于：台湾地区、香港和澳门是我国领土的重要组成部分，同时它们又都是独立的法域，具有自己特色的财产申报制度，它们较早地建立起财产申报法律制度并已实施多年，这些制度可以作为大陆（内地）财产申报立法的重要借鉴。此外，从统一中华文化圈、统一国家内不同法域的制度交流而言，台湾地区、香港和澳门与大陆（内地）都是中华文化的承载地，在文化、思维方式、社会交往等诸多方面有着相似性，它们也应是大陆（内地）财产申报立法不能回避的地域参照。美国是世界上财产申报法律制度建立最早、最完善的国家之一，在腐败治理和法制建设方面积累许多成熟经验，理应成为我们学习与借鉴的对象。而韩国与我国都深受传统儒家思想影响，有着较相似的文化传统，韩国历史上的腐败问题也异常严重，经过几十年的艰难治理有效遏制了腐败，而且韩国的财产申报法律制度也历经多年修改才趋于完善，韩国在腐败治理和财产申报制度建设方面的转型经验值得我们认真思考。此外，有学者对175个国家和地区有关国会议员的财产公开制度作了比较研究，具体内容参见 Simeon Djankov，Rafael La Porta，Florencio Lopez-de-Silanes，Andrei Shleifer，Disclosure by Politicians，American Economic Journal：Applied Economics，Vol.2，No.2（2010）.

（一）我国澳门财产申报公开制度

澳门特别行政区的财产申报公开制度由两部分组成，分别是申报书的取阅和申报书内容的透露。[①]（1）申报书的取阅。申报书的取阅本质上是依申请公开，申报书的取阅因区分不同的取阅主体、取阅条件和取阅内容而存在差异：申报义务人向申报主管部门提出申请并获许可后，可自由取阅其本人整份申报书[②]及有关卷宗[③]。司法当局、廉政专员、刑事警察机关及当局向申报主管部门提出申请并获许可后，在刑事调查程序范围内，可以取阅整份申报书或其部分。[④]司法当局、廉政专员、刑事警察机关及当局、具有相关职责的其他公共实体、任何具有正当利益的自然人或法人，在向申报主管部门提出申请并获许可后，可自由取阅申报书的第一部分和第四部分；如能证实知悉申报书的资料确属其重要正当利益，在向申报主管部门提出申请并获许可

---

① 这两个名称直接取自澳门特别行政区《财产及利益申报法律制度》第二章标题“申报书的取阅”和第三章标题“透露申报书内容”。严格而言，“取阅”与“透露”并不能作为并列的概念存在，“取阅”其实是“透露”的一种方式，两者之间应该是包含与被包含的关系，而非并列关系。此外，第三章“透露申报书内容”又包含两个条文，条文的标题分别是“申报书内容的透露”和“官方发布”，这里面的章标题与其中的一个条标题相同，这显然违反了形式逻辑的基本法则。因此，《财产及利益申报法律制度》在财产申报公开的分类以及相关名称的使用上都存在逻辑问题。更为理性和富有逻辑的分类应是将申报公开区分为依申请查阅和主动公开。

② 澳门《财产及利益申报法律制度》规定申报书由四部分组成，包括申报义务人个人身份资料和容许严格评估申报义务人及其配偶或与其有事实婚姻关系者的财产和收益，以及非财产性利益的一切数据。申报书的第一部分载明申报义务人及其配偶或与其有事实婚姻关系者的个人身份数据，以及申报人的薪俸点或月报酬。申报书的第二部分载明容许严格评估申报义务人及其配偶或与其有事实婚姻关系者在申报时属于申报范围内的财产和收益资料。第三部分载明在过去两年基于担任公共职位而获得的直接或间接的经济利益或优惠，特别是财务上的赞助，往外地的交通及逗留的款待费用，以及从公共或私人实体所收取的财产利益，但因执行职务而获得的收益除外。第四部分载明行政长官及主要官员、立法会议员、司法官员、行政会成员等重要公职人员所拥有的不动产、商业企业或工业场所、在合伙或公司的股、股份、出资或其他的资本参与，以及在任何非营利组织担任的职务。参见澳门特别行政区《财产及利益申报法律制度》第二条第一款、第二款、第三款、第四款和第五款。

③ 澳门特别行政区《财产及利益申报法律制度》第十六条第二款和第十七条。

④ 澳门特别行政区《财产及利益申报法律制度》第十六条第三款和第十七条。

后，可取阅申报书的第三部分。[①]（2）申报书内容的透露。申报书内容的透露在本质上属于主动公开，按照《财产及利益申报法律制度》的规定，包括两种情形：一种是申报书内容的透露，即除了第二十二条规定的官方公布以外，禁止在未获申报人的同意下将申报书第二部分和第三部分的资料透露；由终审法院办事处确保公众可透过澳门特别行政区法院互联网网站查阅申报书第四部分的内容；因应具体情况所需，行政长官可透过批示订定其他公开方式。[②]另一种是官方公布，即在合理的情况下，如因公众利益而须澄清申报人的财产状况，尤其是由于有人对申报内容的真实性公开表示怀疑时，终审法院院长或廉政专员可主动或应申报人、司法当局、廉政专员、刑事警察机关及当局或申报人继承人的请求，通过通告将申报书的内容以详尽或摘要的方式发布。[③]

依申请取阅制度根据取阅主体不同，相应的取阅条件和取阅内容也存在差异。主动公开方式存在两种类型，即申报书内容的透露和官方公布，两者在启动条件上存在巨大差异，公开的内容也不尽相同。但是，澳门特别行政区对公开义务主体没有作特别限制，采取的是申报义务主体与公开义务主体合一的模式。

（二）我国台湾地区财产申报公开制度

根据我国台湾地区有关规定，申报受理机关在收到申报材料四十五日内，应将申报材料予以审核，汇整列册，供人查阅。县（市）级以上公职候选人的申报受理机关应在收受申报材料十日内，予以审核，汇整列册，供人查阅。[④]台湾当局领导人（副领导人），台湾地区行政管理机构、立法机构、司法机构、考试管理机构、监察机构负责人，民

---

① 澳门《财产及利益申报法律制度》第十六条第一款、第三款和第十七条。
② 澳门《财产及利益申报法律制度》第二十一条。
③ 澳门《财产及利益申报法律制度》第二十二条。
④ 台湾地区“公职人员财产申报法”第六条第一项。

意代表、监察机构代表、省（市）议员、县（市）长等人员的申报资料，申报受理机关应在完成审核后三个月内，送交政府公报登载并上网公告。[①] 从以上规定可知，我国台湾地区也是采取两种申报公开方式：一是依申请查阅，即申报受理机关在收到非选举类申报义务人或者县（市）级以上公职候选人的申报材料的一定期限内，应将申报资料予以审核，供人查阅，查阅人向申报受理机关提出申请并获许可后可以依照程序进行查阅。二是主动公开，即政务类公职人员和立法机关议员等人员的申报资料，申报受理机关应在完成审核后三个月内，送登政府公报并上网公告。

根据台湾地区“公职人员财产申报法”等相关规定，我国台湾地区对查阅主体没有特殊限制，也没有实质性的查阅条件限制。[②] 受查阅的公开义务主体与申报义务主体相同，没有作特别限制。而主动公开仅针对重要的政务类公职人员和立法机关议员，可见主动公开义务主体范围要明显小于受查阅的公开义务主体范围，则主动公开的方式包括政府公报和网络公开。

（三）我国香港特别行政区财产申报公开制度

香港特别行政区调整公务员财产申报的主要法律规范《公务员事务局通告第 8/2006 号》将申报义务主体分为须定期申报财产的公务员和无须定期申报财产的公务员。须定期申报财产的公务员的职位又分

---

① 台湾地区“公职人员财产申报法”第六条第二项，“公职人员财产申报法施行细则”第十六条。

② 但台湾地区“公职人员财产申报资料审核及查阅办法”第十三条规定，查阅申报人申报之财产资料者，应填具申请书向受理申报机关（构）申请，受理申报机关（构）非有正当理由，不得拒绝。前项申请查阅之人，以年满二十岁者为限。第一项之申请书应记载下列事项，经申请人签名具结后，交受理申报机关（构）保存：一申请人之姓名、住所及身份证统一编号；二查阅申报数据之目的；三申请人表明对于查阅之数据绝不供为营利、征信、募款或其他不正当目的之使用。由此可见，查阅主体仅限于年满二十岁者，而对查阅条件则没有特别限制。

为两层，即第Ⅰ层职位和第Ⅱ层职位。[①] 只有须定期申报财产公务员中的第Ⅰ层职位才负有财产申报公开义务："担任第Ⅰ层职位的人员，在获委任时和其后每年也须登记在香港及香港以外地区的下述投资和权益，供市民查阅：（a）地产及房产（包括自住物业）；（b）公司东主、合伙人或董事的身份；以及（c）任何上市、公共或私人公司发行股本的1%或以上的股权。"[②] 第Ⅱ层职位的公务员和无须定期申报财产的公务员没有财产申报公开义务。《政治委任制度官员守则》规定："由于政治委任官员可能接触高度敏感的数据，包括商业敏感数据，故他们须申报其投资和利益，以维持公众的信任和信心。有关申报将存放于由行政长官办公室所指定的地方应要求供公众查阅。"[③]《香港特别行政区立法会议事规则》规定：立法会议员须向立法会秘书提供其须予登记的个人利益详情，立法会秘书须安排将该等详情登录于议员个人利益登记册内，而该登记册可供任何人士在办公时间内查阅。[④] 此外，在立法会或任何委员会或小组委员会会议上，议员不得就与其有直接或间接金钱利益的事宜动议任何议案或修正案，或就该事宜发言，除非该议员披露有关利益的性质。[⑤]

结合上述相关法律规定，申报义务主体和公开义务主体并非一致，财产申报公开义务主体主要包括政治委任制度官员、担任第Ⅰ层职位的公务员和立法会议员，财产申报公开的方式主要是依申请查阅，法律并

---

① 须定期申报投资的职位划分为两层：第Ⅰ层职位由中央指定，包括：（a）常任秘书长（共设19个职位）；（b）警务处处长、廉政专员、入境事务处处长、海关关长和审计署署长（5个职位）；以及（c）中央政策组首席顾问（1个职位）。公务员事务局会定期检讨是否需要把其他职位列为第Ⅰ层职位。各局局长如认为有需要，可根据运作需要和员工可能遇到利益冲突的情况，向公务员事务局局长建议把某些职位加入列作第Ⅰ层职位。第Ⅱ层职位包括：（a）上述第Ⅰ层职位人员的政务助理和私人秘书；（b）第Ⅰ层职位以外的所有首长级职位；以及（c）各常任秘书长/部门首长指定须申报投资的非首长级职位。

② 香港特别行政区《公务员事务局通告第8/2006号》第十条。

③ 香港特别行政区《政治委任制度官员守则》第5.6条。

④《香港特别行政区立法会议事规则》第八十三条。

⑤《香港特别行政区立法会议事规则》第八十三A条。

没有明确规定主动公开方式。[①] 而公开的财产范围则依据义务主体的差异而有所不同：担任第Ⅰ层职位的公务员须申报的是《公务员事务局通告第8/2006号》第十条规定的财产和利益，政治委任制度官员须申报的是“投资和利益”，立法会议员要申报的是“须予登记的个人利益详情”[②]。

（四）韩国财产申报公开制度

韩国财产申报公开制度也分为主动公开和依申请查阅。（1）依申请查阅。基于法定理由[③]，相关主体在经过公职人员伦理委员会或申报受理机关负责人许可后，可以阅览和复印申报义务主体的财产申报事项。[④]（2）主动公开。公职人员伦理委员会应该在登记或申报时间截止后一个月内，将管辖内的申报义务主体中负有财产申报公开义务的主体[⑤]本人、配偶、直系亲属的财产申报事项和第六条规定的变动事项申

---

① 但是，依申请查阅仅仅是法律文本所作的规定，实践中香港特别行政区也存在主动公开的情形。比如，香港特别行政区立法会就在官方网站上就公布了立法会议员的个人利益登记册，参见 http：//www.legco.gov.hk/general/chinese/cmi/yr12-16/reg_1216.htm，2018年7月13日最后访问。

② “须予登记的个人利益详情”具体范围请参见《香港特别行政区立法会议事规则》第八十三条第五款。

③ 这些法定理由具体包括：（1）对申报义务主体进行犯罪搜查、违法调查或与此有关的在裁判上的必要；（2）国会议员根据相关法律规定，要求提供国政监查和调查的资料，或者在议政活动中，为了澄清特定公职者是否与具体违法事件有关而必要的情形也可要求提供资料，但不得向外界公开财产申报事项的全部细节；（3）国家机关、地方自治团体或公职有关团体的负责人有必要判断所属公职人员是否与违法事件有关；（4）申报义务主体或曾经是申报义务主体的人对自己的申报材料进行阅览和复印。参见《韩国公职人员伦理法》第十条第四款，载中央纪委法规室、监察部法规司编译：《国外反腐败·廉政法律法规选编》，中国方正出版社2002年版，第389页。

④ 《韩国公职人员伦理法》第十条第三款、第四款。

⑤ 韩国的主动公开义务主体少于申报义务主体，具体的主动公开义务主体包括：（1）总统、国务总理、国务委员、国会议员等国家的政务类公务员；（2）地方自治团体的负责人和地方议会议员；（3）一般职国家和地方公务员中的一级和报酬与此相当的其他定职公务员；（4）特一级、特二级、一级外务公务员和国家安全企划部的企划调整室长；（5）高等法院部长判事级以上的法官、检事长以上的检事和在设有次长检事的支厅里担任负责人的检事；（6）中将以上的将官级将校；（7）教育公务员中的校长、副校长、学长（不包括大学校的学长）和专科大学长，相当于大学的各种学校的负责人，汉城特别市、直辖市、道的教育监和教育委员；（8）治安监以上的警察公务员和汉城特别市、直辖市、道的地方警察厅长；（9）地方国税厅长，二级或三级公务员的税关长；（10）政府投资机关、韩国银行、农业合作组织中央会、水产业合作组织中央会、畜产业合作组织中央会的正副职领导和常任监事以及总统令中规定的公职有关团体的任职人员；（11）总统令中规定的其他政府公务员；（12）从上述职位上退职的人员的离职申报报告。参见《韩国公职人员伦理法》第十条第一款。

报内容公开在官报或公报上。此外，韩国还就公职人员候选人的财产申报公开作了特别规定：总统、国会议员、地方自治团体的负责人和地方议会议员的选举候选人在进行选举登记时应当向管辖的选举管理委员会提交上一年度12月31日前所拥有的财产情况，管辖选举管理委员会应在候选人登记公告时公开候选人的财产申报事项。提交其任命需经国会同意的大法院院长、宪法裁判所负责人、国务总理、监察院长、大法官、国会事务总长等公职人员的任命同意案和需由国会选举产生的宪法裁判所裁判官、中央选举管理委员会等公职人员选出案时，应该向国会提交候选人的财产申报报告，国会议长应及时公开候选人的财产申报情况。①

韩国的依申请查阅制度规定有严格的限制条件，对查阅主体也有限制，受查阅的公开义务主体与申报义务主体相一致。韩国的主动公开义务主体范围小于申报义务主体，主动公开方式是登载在官报或公报上，《韩国公职人员伦理法》没有规定网络公开方式。

（五）美国财产申报公开制度

美国财产申报公开制度也包括依申请查阅和主动公开两个层面。（1）主动公开。《伦理改革法》第105（a）条规定，除两种特殊情形外，每一个机关和每一个监督性伦理办公室在收到依照本篇规定向其提交的每一份申报报告后，应当根据本条（b）款的规定向社会公开。②在这两种特殊的公开除外情形中，第一种情形是对于中央情报局、国防情报局、国家安全局的任何人员或在美国任何部门从事情报活动的任何人员而言，如果总统认为，由于这些人员所担任职务的性质，伴随着个人身份或其他敏感信息泄露的申报报告公开会危及美国的国家利益时，这些人员的申报报告可不予公开。此外，尽管第104（a）条作

① 《韩国公职人员伦理法》第十条之二的第一款、第二款。

② Ethics Reform Act of 1989，Sec.105（a）.

了相关规定，这些人员可以被授权去提交保护其身份免于社会公开的补充报告，前提是如果总统认为提交这些报告符合国家利益。[①]第二种情形是美国法典第二十八篇第四十章规定的独立管制委员会或独立管制委员会所任命的人，他们的身份并没有被公开。[②]（2）依申请查阅。《伦理改革法》第105（b）条规定，每一个机关和每一个监督性伦理办公室应该在收到任何申报报告的三十天内，准许要求查阅或复制申报报告的任何人去查阅或复制这些报告。申请查阅或复制的人必须要提交填写其姓名、职业、住址、委托其查阅或复制的个人或组织的姓名和地址、已知悉申报报告取得或使用的禁止规则的书面申请书，才可查阅或者复制申报报告。[③]

美国《伦理改革法》的财产申报公开制度重视对国家秘密和个人隐私的保护，专门规定了公开豁免制度和查阅限制规则。美国受查阅的义务主体和主动公开义务主体相一致，对申报查阅没有设置严格的限制条件。

五、中国语境下财产申报公开法律制度的建构

现行财产申报公开制度的地方试点模式已经被残酷的制度花瓶现实宣告破产，我们需要从中提炼亟待解决的问题与不足，吸取有益的经验与教训，并在吸收借鉴域外财产申报公开制度的基础上，建构适合我国国情的财产申报公开法律制度。从理论上而言，财产申报公开法律制度的建构至少需要面对五个重大问题：财产申报公开种类、财产申报公开义务主体、财产申报公开程序、申报材料中隐私信息的技术化处理、申报材料取得和使用的限制规则。下面从这五个方面出发，对中国语境下财产申报公开制度进行分析与建构。

---

① Ethics Reform Act of 1989，Sec.105（a）（1）.
② Ethics Reform Act of 1989，Sec.105（a）（2）.
③ Ethics Reform Act of 1989，Sec.105（b）.

（一）财产申报公开的种类

从域外相关财产申报公开制度的规定来看，依据申报公开的启动原因不同，财产申报公开可以分为依申请查阅和主动公开，域外国家和地区一般都同时规定这两种申报公开种类。依申请查阅是根据申请人的申请而启动的申报材料公开，而主动公开是根据申报主管机关的职权而启动的申报材料公开。申报主管机关接收并保管的申报材料属于公权力机关在履行职责过程中收集、保存的公务信息，因此，从本质上说，财产申报公开制度既是财产申报制度的一部分，同时也是政务公开制度的一部分，[①] 政务公开制度的基本原则、公开程序和法律责任等内容也可适用于财产申报公开制度。从这个层面上讲，依申请查阅和主动公开的申报公开制度分类也符合我国当前政府信息公开法律制度的基本框架，我国《政府信息公开条例》正是将政府信息公开分为依申请公开和主动公开，并根据两者的不同运行逻辑来建构相应的公开范围、方式和程序等具体机制。

借鉴域外财产申报公开制度的通用性分类和我国《政府信息公开条例》的现行规定，我国将来财产申报法也可采取主动公开和依申请查阅的制度区分，同时考虑到我国公职人员规模的庞大以及申报义务主体数量的众多，我国大陆地区立法可参照美国、我国台湾地区等地将主动公开适用于高级别的政务类公务员、依申请查阅适用于所有法定申报义务主体的做法。这种分类和做法有利于平衡不同公开义务主体的申报公开需要，有效控制主动公开申报材料的数量和成本，节约

① 正是从这个角度出发，有学者提出：为了回应社会各界关于建立财产申报制度的呼声，可以在现有的主动公开事项基础上，增加公务人员财产收入公开的规定（参见马怀德：《源头反腐尚需制定三部法律》，载《中国社会科学报》2012 年 12 月 12 日，第 A07 版）。这种观点正是认识到了申报公开制度是当前推进和落实公职人员财产申报制度的核心和关键，同时也看到当前制定《公职人员财产申报法》所面临的巨大阻力，于是主张将财产申报公开制度纳入立法难度较小、较易推进的《政务公开法》中去，不失为中国当前复杂的腐败治理语境下建立申报公开制度的一种平衡策略和理性选择。

人力、物力和财力；符合腐败治理的自上而下性特征，将财产申报公开的重点和主动性放在高级别的政务类公务员上；同时也符合行政法上的比例原则，权力越大、职位越高的公职人员就越需要接受更为普遍和有效的社会监督；此外，在中国当前财产申报立法的特殊语境下，这种分类和做法有利于减轻和缓和数量占绝对主体地位的大部分中下层公职人员的阻力，便于财产申报立法的顺利制定与实施。

（二）财产申报公开的义务主体

通过对域外财产申报公开制度的观察，我国财产申报公开义务主体的建构需要解决两个问题：一是申报公开义务主体与申报义务主体是否做统一化的规定，即申报公开义务主体是否同时也是申报义务主体；二是受查阅的公开义务主体与主动公开义务主体是否作统一化规定，即受查阅的公开义务主体是否同时也是主动公开义务主体。

总体而言，统一化规定是一种相对简单的立法技术，有利于防止立法的过分冗杂与分离，[①]也有利于打破科层制内部的封闭式监督，保障公民监督权的充分实现，推进财产申报制度的真正落实。在我国当前腐败制度化、集体化的背景下，更是具有某种特殊的现实意义。

但是，对受查阅的公开义务主体与主动公开义务主体则需要作一定的分离，如上所述，将主动公开适用于高级别政务类公务员、依申请查阅适用于所有法定申报义务主体的做法有利于节约制度实施的成本，符合腐败治理的自上而下性特征，符合行政法的比例原则，也有利于减轻公职人员财产申报法的立法难度，推进法律的制定与实施。

对财产申报的公开义务主体作上述抽象化规定的同时，我们还需

---

① 以《韩国公职人员伦理法》为例，它在第三条中列举了十一项复杂的申报义务主体，又在第十条中列举了十二项同样复杂但是就实质而言范围差异不大、可以不作区分的申报公开义务主体，这两者之间缺少逻辑清晰、又为实践所支撑的区分标准，在很大程度上更多的是立法者的无谓技巧和花哨而已。

要对一些特殊主体的申报公开作豁免处理。借鉴美国相关规定，对于国家安全部、国防部等与我国国家安全密切相关的部门人员，如果国家主席[①]认为，由于这些人员所担任职务的性质，他们的申报材料公开会危及我国的国家安全和国家利益时，这些人员的申报材料可以不予公开。但是值得注意的是，这些人员豁免的仅仅是申报公开义务，而不是申报义务，他们的申报材料仍然需要接受申报主管部门的审核与监督。

域外主动公开的义务主体一般都为高级别政务类公职人员和立法机关议员，我国不存在政务类公务员和事务类公务员的区分，而且我国的人大代表并非专职，行使的权力也非实质意义上的立法机关权力，域外公开义务主体模式无法直接适用于我国。根据我国政治制度和公职人员状况的实际，财产申报法中主动公开义务主体范围可以大致限定为国家正副职领导人，省部级正副职领导人，地厅级正副职领导人，县级正副职领导人（不含部委、厅局里面的处级人员），如果财产申报法颁布后，地方性规定对公开义务主体范围做扩大规定的，则从其规定。具体实施可按照公开义务主体的级别差异由不同级别的申报主管机关来负责公开，如中央一级的申报主管机关负责国家级领导人和中央各部门申报义务人的申报公开，这些人员的申报材料可登载在全国

---

① 在我国宪法文本层面上，国家主席更多是带有礼仪性的虚职，但是我国当前已经形成党的总书记、国家主席、军委主席三位一体的领导体制和领导形式，这样一种领导体制经过江泽民、胡锦涛和习近平的三代权力交接已经近乎形成一种宪法惯例。[“党的总书记、国家主席、军委主席三位一体的领导体制和领导形式，对我们这样一个大党、大国来说，不仅是必要的，而且是最妥当的办法。”江泽民：《我的心永远同人民军队在一起》，载《江泽民文选》（第三卷），人民出版社 2006 年版，第 603 页。] 鉴于国家主席是宪法文本意义上的国家元首，这种虚位元首通过另外两种身份的叠加，事实上已经是国家机关层面上最有实权的政治人物。从理论上而言，腐败治理应该属于行政事务，公开豁免的决定权由国务院总理行使也较合适，但是考虑到公开豁免中涉及诸多军事秘密，而且传统上我国的国务院总理并不主管军事事务，因此，由他来行使决定权并非适宜。此外，相比主管单一军事事务的军委主席而言，国家主席在腐败治理层面更具代表性，因此，党和国家最高领导人通过国家主席身份来行使公开豁免的决定权似乎更为合适。有关“三位一体”宪法惯例的具体理论论证，参见强世功：《中国宪法中的不成文宪法——理解中国宪法的新视角》，载《开放时代》2009 年第 12 期。

人大常委会公报或国务院公报，并通过全国人大官方网站或国务院网站予以公开；地方层面的申报主管机关负责管辖范围内申报义务人的申报材料公开，这些人员的申报材料可刊登在同一级政府公报上，并通过同一级政府官方网站予以公开。

（三）财产申报公开的程序

对于依申请查阅程序而言，申报受理机关在收到申报义务人提交的申报材料后，应在一定期限内将申报材料审核，汇整列册，供人查阅。查阅申请人以书面申请书的形式向申报受理机关提出申请并获准许后，可以依法对申报材料进行查阅和复制。申请书应该记载有申请人的姓名、住所、身份证号、联系方式、查阅申报材料的用途以及遵守申报材料取得和使用限制性规则的承诺等。申报受理机关依申请提供申报材料信息，除可以收取检索、复制、邮寄等成本费用外，不得收取其他费用。申报受理机关不得通过其他组织、个人以有偿服务方式提供申报材料。[①]

对于主动公开程序而言，申报受理机关在收到申报公开义务人提交的申报材料后，应在一定期限内将申报材料审核，并通过政府公报、官方报纸和政府官方网站等途径将申报材料予以公开。

（四）申报材料中隐私信息的技术化处理

平衡原则是财产申报立法的基本原则，申报材料中隐私信息的技术化处理即平衡原则在财产申报公开制度中的延伸。如果说上述公开义务主体中某些主体的公开豁免更多着眼的是申报公开与国家秘密的平衡，那么隐私信息的技术化处理关注的则是申报公开与个人隐私的平衡。在一份完整的申报材料中，个人基本信息、房产信息、联系方式等都是必备内容，而这些信息的无保留公开无疑会给公职人员的隐

① 参见《政府信息公开条例》第二十七条规定。

私权造成损害，影响他们的正常生活。在我国当前贫富差距不断扩大、社会上显露出一种仇官仇富心理的背景下，隐私信息的公开在一定程度上还可能危及公职人员及其家庭成员的人身、财产安全。

域外国家和地区一般都通过法律和判例建立起完善的隐私权保护制度，因此，虽然它们在财产申报法律制度中没有明确规定申报材料的隐私安全处理，但是在实践中，申报主管机关在公开申报材料前一般都对其中涉及的敏感隐私信息采取处理措施。我国台湾地区对隐私信息技术化处理作了明确规定，例如受理申报机关（构）于申请人申请查阅时，应遮盖申报人及其配偶与未成年子女之身份证统一编号（居留证号）、通讯及户籍地址、联络电话、门牌号码或汽车牌照等数据。[①]鉴于大陆隐私权保护传统的缺失，可在将来财产申报法中原则性规定“申报受理机关在公开申报材料前，应对其中的敏感个人信息采取安全处理措施”。至于具体采取何种措施、如何处理则可留待财产申报法实施细则去详细规定。

（五）申报材料取得和使用的限制性规则

财产申报公开的另一个重要平衡措施是申报材料取得和使用的限制性规则。“在非市场组织和市场组织里所频繁发生的，信息可以轻易地转变为影响力和权力。随之而来的结果是，信息依靠其自身的权利而变得有价值。”[②]通过对域外财产申报公开制度的考察，申报材料取得和使用的限制性规则大致有两种模式：一种是事前限制模式，这种模式着眼于申报材料的取得环节，即主要通过对依申请查阅设置严格的查阅条件来限制申报材料的取得，如韩国和我国澳门等；另一种是事后限制模式，这种模式着眼于申报材料的使用环节，即没有对申报材料的取得设置过高的门槛，只要履行一般的查阅申请义务即可，但是对申

---

① 参见台湾地区“公职人员财产申报资料审核及查阅办法”第十二条第三项。

② Charles Wolf，A Theory of Nonmarket Failure：Framework for Implementation Analysis，Journal of Law and Economics，Vol.22，No.1（Apr. 1979），p.122.

报材料的使用则规定严格的使用规则，一旦违反使用规则就需要承担法律责任。

从理论层面来看，事前限制模式便于对申报材料公开范围进行控制，有利于保护公职人员隐私权，也能很好地主导财产申报公开制度的实施，但是如前述及，财产申报公开是财产申报制度的核心和精髓，财产申报公开的生命在于社会化监督，如果对依申请查阅设置严格的条件不利于公众对财产申报的参与和监督，也影响民众对于财产申报制度公正实施的信心，此外，人民主权原则以及由此延伸的公民监督权就足以成为查阅申报材料的充足理由，如果再设定查阅申报材料的实质性限制条件可能有侵害公民基本权利之嫌。事后限制模式有利于保障公民的监督权，推进财产申报制度的落实和有效治理腐败，但是也对申报主管机关提出了更高的要求。从我国当前财产申报立法的时代背景来看，预防和惩治腐败、有效遏制腐败蔓延应是财产申报法的最重要制度功能，有利于监督原则也是财产申报立法的基本原则，因此，事后限制模式有利于实现我国财产申报立法的制度功能，也符合有利于监督原则。①

至于具体的使用限制规则，域外相关国家和地区一般规定使用人不得基于非法目的、除新闻传播以外的商业目的、确定个人信用等级以及其他不正当目的使用申报材料。② 这些限制使用的具体情形可为我们所借鉴。

---

① 在这里与此相关的一个重要问题是申报材料公开的范围问题，当前一些地方性规定和学者都认为应限制申报材料的公开范围，可采取单位内部公开方式。这种做法固然有助于减少制度制定和推行的阻力，但仍然是一种短期的功利主义策略，它无法回应公民监督权受限制的质疑，也难以真正避免科层制内部监督权腐败的困境，在很大程度上会导致财产申报制度的过早夭折或形式化。此外，这种做法也有“此地无银三百两”的嫌疑，从另一个侧面让社会感受到当前腐败的严重或积重难返，从而在很大程度上影响社会对国家治理腐败的信心。仍须明确的是，重要的并不是在财产申报法的内部制度建构方面给予公职人员过多的宽容和妥协，而是按照有利于监督原则和实现腐败治理制度功能的角度去设计制度，保证制度的良性运行，但是可以通过采用一次性的施行策略对过去的腐败行为给予一定的赦免和宽容。

② 参见 Ethics Reform Act of 1989, Sec.105（c）（1）和我国台湾地区“公职人员财产申报法”第十六条第四项等。

第三节　公职人员财产申报的配套制度

财产申报法是技术操作型的法律制度。财产申报法配套制度是财产申报法实施的关键。若缺乏配套制度的有效支撑，财产申报法就容易成为没有实际效力的具文。我国官方也将我国当前配套制度的不完善作为财产申报法迟迟不能出台的重要理由。[①]因此，专门梳理并论述配套制度的内容、价值与现状，对于我国财产申报法的制定和实施无疑具有重要意义。

由于本书侧重财产申报法的立法研究，因此对配套制度论述的重点并非着眼于配套制度自身的如何发展和完善，而是主要从配套制度与财产申报法的关系入手，阐述配套制度的价值和意义，重点分析配套制度不完善的现状对于财产申报法的立法影响，即完善的配套制度是不是财产申报立法的必要条件。

一、财产申报配套制度的界定与内容

（一）财产申报配套制度的界定

财产申报法的实质在于通过一系列的程序和技术来保障公职人员

---

① “监察部认为，如何制定符合中国国情的公务员财产收入申报制度，中央和国务院高度重视，先后出台了一系列规范性文件，为今后制定家庭财产申报法积累了经验，奠定了基础。但由于目前我国社会主义市场经济还处于逐步建立阶段，社会信用机制缺失，给实行财产申报制度增加了较大难度；从我国的国情看，公务员个人的财产与家庭成员的财产相互融合，二者界线难于区分；目前我国公务员的财产在不断调整和变化当中，对其实施有效的动态监控，既有赖于相关法律的完善，又需要相关技术层面的支持。鉴于以上原因，目前制定财产申报法的时机尚不成熟。”《全国人大内务司法委员会关于第十届全国人民代表大会第五次会议主席团交付审议的代表提出的议案审议结果的报告》（2007 年 10 月 28 日第十届全国人民代表大会常务委员会第三十次会议通过）。

所申报财产与其实际财产在法律允许范围内的一致，从而实现立法目的和制度功能。而财产申报法实施的最大障碍在于财产申报法自身规定的制度内容和常规式的执法模式[①]无法有效确保制度功能的实现，它的有效实施依赖于一系列技术化的配套制度。尽管这些配套制度的目的并不专门服务于保障财产申报法的实施和腐败治理，还承载着其他的制度功能，但是腐败治理无疑是它们最主要的目的之一。因此，从财产申报法的视角来看，财产申报配套制度可以被认为是为了保障公职人员申报真实，核查公职人员所申报财产与其实际财产在法律允许范围内是否相一致的技术化制度。按照制度内容的不同，制度可以大致分为技术化制度和理念化制度。技术化制度多为技术性规范，是可以直接付诸实施的制度；而理念化制度多为理念性规范，需要借助其他制度才可实施的制度。当然，技术化制度和理念化制度的区分是相对的，技术化制度中也会包含理念规范，理念化制度也会有技术规范，两者的差异并不是在质的层面，而是量的不同。但是从制度实施特别是财产申报法实施以及厘清配套制度范围的角度看，技术化制度和理念化制度的区分还是具有一定的意义。

财产申报配套制度的核心在于保障并核查公职人员财产申报的真实性。随着生产力的不断发展和科技的日趋发达，人类社会不断会有新的财产形式出现，公职人员群体也会发明新的财产转移途径，于是腐败治理者也需要制定新的保障并核查公职人员财产申报真实性的配套制度予以因应。从这个角度看，配套制度具有无限的生长性和延展性。但是，配套制度毕竟有着相对固定的内涵，在一定期限内，配套制度的范围也总是相对确定而非无限扩大。当前，有些学者将配套制度的范围无限放大，将我国配套制度不完善的状况非理性地凸显，这在一定程度上误导了立法者对我国配套制度建设状况的判断，也影响

① 常规式的执法模式是通过一支专门的执法队伍进行日常的执法检查，并对执法过程中的违法行为追究法律责任，即“人员—检查—问责”的执法模式，如在土地管理、环境保护和卫生执法等领域。

财产申报立法进程。

（二）财产申报配套制度的内容

财产申报配套制度是指为了保障公职人员申报真实，核查公职人员所申报财产与其实际财产在法律允许范围内是否相一致的技术化制度。配套制度的制度精髓也就在于通过一系列的程序规范和技术手段来保障国家腐败治理机构可以清晰、便捷地核查与监督公职人员一定数额以上的大额财产。通过对多元化财产形式以及财产转移可能性流程的观察，并以监督和核查财产申报的真实性为中心，配套制度的内容大致可以分为四个方面：财产的权属确认、财产的转移规制、财产的价值评估和财产的调查核实。

1. 财产的权属确认是财产申报配套制度的基础内容。没有财产的权属确认，就无所谓后续的财产转移规制、财产价值评估和财产调查核实等配套制度内容。只有明确财产的权利归属，才能有效区分公职人员财产、家庭成员财产以及其他社会成员财产，才能实现国家腐败治理机构对公职人员财产清晰、有效地核查与监督。财产一般包括动产、不动产、知识产权以及其他财产权利（如债权、股权等）。[①] 对于一般动产，占有就表明其所有权的归属，而准不动产、不动产、知识产权以及相关财产权利则需要进行相应登记，才能完成权属确认程序，登记是这些财产的权利公示方式。财产权属确认机制一般包括不动产登记制度、准不动产登记制度、金融实名制、预付卡实名制等。

2. 财产的转移规制是财产申报配套制度的核心内容。在财产申报法的制度压力下，公职人员为了应付和规避财产申报的核查、公开以及法律责任制度，最常见和最有效的法律规避办法就是转移自己的财产，或者转移给身边的亲朋好友，或者直接转移到国外。因此，财产的转

---

① 参见孙宪忠著：《论物权法》（修订版），法律出版社 2008 年版，第 258 页；吴汉东：《论财产权体系——兼论民法典中的“财产权总则”》，载《中国法学》2005 年第 2 期。

移规制是配套制度中最复杂、最易变化、最难监督的部分。由于不动产和准不动产需要进行登记公示，电子化货币（如信用卡、网上银行等）的转移会留下货币转移的记录，因此现实中，财产转移一般都是通过现金的方式进行。因此，财产的转移规制主要针对的就是现金的转移规制。财产转移规制机制一般包括大额现金交易限制制度、大额交易汇报制度、反洗钱制度、外汇管理制度、公务卡使用制度等。

3. 财产的价值评估是财产申报配套制度的重要组成部分。在现代社会，很多新兴财产形式不断涌出，随着经济科技的迅猛发展，未来还会出现新的财产形式，这些新兴财产的价值亟待专业的第三方独立机构去评估，财产价值评估活动也需要一套专门的评估制度去调整和规范。从腐败治理的视角看，随着公职人员的敛财方式日益隐蔽、职务犯罪高科技化，对于公职人员持有、申报或者被公众举报的某些新兴财产，如宠物、艺术品等，也需要进行专业的财产价值评估，方可判断该公职人员财产申报的真实性，进而查明其是否有腐败行为。

4. 财产的调查核实是财产申报配套制度的保障性内容。申报财产的调查核实制度是财产申报法自身的重要内容，作为配套制度的财产调查核实仅着眼于财产的调查核实载体。任何调查核实活动都需要一定的载体，而财产申报的调查核实尤其需要核查的技术平台和物质载体，缺少了财产核查的技术平台和物质载体，核查机构就无法有效、便捷地进行财产核查活动。财产调查核实的技术平台和物质载体是配套制度体系中的保障内容，是财产权属确认、财产转移规制和财产价值评估的基本载体和支撑。财产核查的技术平台和物质载体包括房产信息系统、股票信息系统、社会信用系统等。

当然，也可根据财产形式的不同，来建构财产申报配套制度体系。此时的配套制度体系就应当包括不动产和准不动产方面的配套制度、金钱方面的配套制度、一般动产方面的配套制度、有价证券方面的配套制度、知识产权方面的配套制度以及其他财产权利方面的配套制度等。

二、财产申报法视角下的配套制度：价值与意义

就制度实施而言，配套制度是财产申报制度实施的关键。单纯、孤立的财产申报制度不能维系自身的有效运转，无法有效实现制度功能，唯有借助配套制度的技术支撑，才能推进财产申报制度实施的良性循环。“财产申报制度仅是整个阳光法案的一环，更是整个廉能政府的一项基础制度，若没有其他制度的配合，将会使其无法真正发挥作用，也会因而造成国人对财产申报制度本身的过度期待。”① 无论是从腐败治理体系自身的系统性、财产申报的立法条件，还是从财产申报法实施困境和配套制度的延伸价值来看，配套制度对于财产申报法而言都有重要的价值和意义。

（一）配套制度是财产申报制度体系的重要组成部分

前已述及，腐败的产生与蔓延涉及经济、政治、文化等多个方面，腐败治理是一项综合性、系统性、相互协调性的事业，唯有各项腐败治理制度协调配合、相互支撑才可实现腐败的有效治理。因此，系统性是腐败治理的本质特征之一。如果说腐败治理体系整体构成一个大系统的话，那么它底下就拥有许多个二级腐败治理体系，② 然后二级腐败治理体系又区分为若干个三级腐败治理体系，并依次不断延伸。任何一项具体的腐败治理制度如果脱离了腐败治理制度体系就无法有效发挥自身的制度功能，腐败治理系统性的视角是检验具体制度实施效果和功能发挥的

---

① 叶俊荣著：《珍惜宪法时刻》，台湾元照出版有限公司 2000 年版，第 250 页。

② 按照本书第一章对腐败治理手段的区分，二级腐败治理体系可以由民主政治体系、腐败治理机构体系、腐败治理制度体系、廉政教育体系、监督网络体系和合理薪俸体系等六个方面组成。由于事物是普遍联系的，在这六大体系里，民主政治体系和监督网络体系更多的带有某种适用的普遍性，不仅可以成为腐败治理的二级体系，也可以是其他领域的重要组成部分，而腐败治理机构体系、腐败治理制度体系、廉政教育体系和合理薪俸体系则具有鲜明的廉政意义和适用的专门性。

重要尺度。对于财产申报而言，财产申报制度体系也是一个腐败治理制度体系，由直接的财产申报制度及其配套制度所构成。从体系完整性来说，配套制度是财产申报制度体系不可或缺的重要组成部分。

（二）配套制度是财产申报立法时机的重要考量

由于配套制度直接关系到财产申报法的实施及执行，因此，为了避免法律出台后的实施不良，立法者在进行财产申报立法时往往会将配套制度建设状况作为立法的重要考量因素，从而判断立法时机是否成熟。如果财产申报的关键性配套制度还是一片空白抑或配套制度建设的整体状况还处于较低水平时，那么，在这种情形下仓促出台财产申报法其实并没有现实的法律意义，于是配套制度建设状况就成为财产申报立法的基础性条件，会影响政治领导人和立法者对立法时机的判断，并对财产申报法的制定与出台产生直接影响。因此，配套制度在某种程度上已成为衡量财产申报法立法时机是否成熟的基本标志。在现实中，不论是将配套制度状况作为判断立法时机成熟与否的真心理由抑或虚假借口，这其实都在另一个侧面表明配套制度在财产申报立法考量中的重要地位，起码揭示了配套制度作为立法时机的判断标志还是具有表面上的正当性和说服力。

（三）配套制度是财产申报法实施的直接载体

配套制度是财产申报法实施的直接载体和技术手段，直接决定着财产申报法的法律实施效果，这是配套制度对于财产申报法的最重要价值之所在。配套制度对于完善财产申报制度体系、判断财产申报立法时机以及预防制度功能落空后的实施风险等价值其实都是从它对财产申报法的实施价值中延伸开来的。

法律的生命在于实施，从这个角度而言，配套制度就是财产申报法的生命。前已述及，财产申报法的制度实质在于通过一系列的程序和技术来保障公职人员所申报财产与其实际财产在法律允许范围内的一致，在于通过法律化的程序和方式来核查和监督公职人员财产的来源与途径。而财产申报配套制度作为为了保障公职人员财产申报真实性而有效核查公职人员所申报财产与其实际财产在法律允许范围内是否相一致的技术化制度，无论是财产权属确认机制、财产转移规制机制、财产价值评估机制还是财产调查核实机制，都是检验和监督公职人员财产来源与途径的物质载体和技术手段，是保障财产申报法制度内容真正落实、实现预期立法目的和制度功能的直接方式。若缺少检验和监督公职人员财产来源与途径的配套制度，即使财产申报法中规定再完美的申报义务主体制度、申报范围制度、申报种类制度、申报程序制度和法律责任制度，这些具体性制度终究只是文本意义和规范意义上的抽象文字，而非现实层面和实践层面上的具体实施措施。公职人员可以通过藏匿现金、转移财产、不予登记财产权利等各种方式来规避财产申报法。财产申报法是一项技术化制度，更注重制度的直接实施和技术规范操作，因此，作为财产申报法具体程序规范和技术手段的配套制度对于财产申报法的实施具有直接的法律价值。

此外值得注意的是，尽管当前中国财产申报配套制度的建设状况不足以成为财产申报法立法时机不成熟的借口与理由，财产申报立法也应尽快提上议事日程，但是发展和完善配套制度的努力却应永不停歇。特别是在有着人治历史的国度里，公职人员更是掌握着各种法律规避的公权力，他们会千方百计创造出日新月异的规避财产申报法的方法，于是，配套制度的与时俱进就显得尤为重要。从这个层面上讲，配套制度永远处于过程中，配套制度的完善从来没有完成时。在当前中国腐败的严峻形势下，社会民众普遍对于财产申报法有着特殊的功能期待，但在强烈的功能期待背后其实也隐含着财产申报法成为具文而无法有效实施所可能导致的社会稳定风险，因此不断发展和完善配套制度，进而推进财产申报法的真正实施就具有特殊的重要意义。由于配套制度主要是技术性规范，如何设计和制定相对容易，困难的是要不要设计和制定的决断以及制定后是否真正落实的决断。因此，姑且不论当前财产申报立法时机是否成熟，建立和健全配套制度总是我们在任何时候都应该始终努力的方向。

三、我国财产申报配套制度的现状与问题

财产申报制度是市场经济的产物，随着计划经济体制向社会主义市场经济体制的不断变迁，我国财产申报制度也经历了建立并不断发展的过程，相关配套制度也随着社会主义市场经济体制的发展完善，在探索中不断推进。

（一）配套制度的建设现状

以制度的内容为标准，配套制度大致可以分为财产权属确认机制、财产转移规制机制、财产价值评估机制和财产调查核实机制四个方面。下面对我国在这四个方面的配套制度建设情况做一简单的介绍与梳理。

1. 财产权属确认机制的建设现状：（1）在不动产登记方面，我国通过《土地管理法》①《城市房地产管理法》②《森林法》③《草原

① 《土地管理法》第十一条规定："农民集体所有的土地，由县级人民政府登记造册，核发证书，确认所有权。农民集体所有的土地依法用于非农业建设的，由县级人民政府登记造册，核发证书，确认建设用地使用权。单位和个人依法使用的国有土地，由县级以上人民政府登记造册，核发证书，确认使用权；其中，中央国家机关使用的国有土地的具体登记发证机关，由国务院确定。确认林地、草原的所有权或者使用权，确认水面、滩涂的养殖使用权，分别依照《中华人民共和国森林法》、《中华人民共和国草原法》和《中华人民共和国渔业法》的有关规定办理。"

② 《城市房地产管理法》第六十条规定："国家实行土地使用权和房屋所有权登记发证制度。"第六十一条规定："以出让或者划拨方式取得土地使用权，应当向县级以上地方人民政府土地管理部门申请登记，经县级以上地方人民政府土地管理部门核实，由同级人民政府颁发土地使用权证书。在依法取得的房地产开发用地上建成房屋的，应当凭土地使用权证书向县级以上地方人民政府房产管理部门申请登记，由县级以上地方人民政府房产管理部门核实并颁发房屋所有权证书。房地产转让或者变更时，应当向县级以上地方人民政府房产管理部门申请房产变更登记，并凭变更后的房屋所有权证书向同级人民政府土地管理部门申请土地使用权变更登记，经同级人民政府土地管理部门核实，由同级人民政府更换或者更改土地使用权证书。法律另有规定的，依照有关法律的规定办理。"

③ 《森林法》第三条规定："森林资源属于国家所有，由法律规定属于集体所有的除外。国家所有的和集体所有的森林、林木和林地，个人所有的林木和使用的林地，由县级以上地方人民政府登记造册，发放证书，确认所有权或者使用权。国务院可以授权国务院林业主管部门，对国务院确定的国家所有的重点林区的森林、林木和林地登记造册，发放证书，并通知有关地方人民政府。森林、林木、林地的所有者和使用者的合法权益，受法律保护，任何单位和个人不得侵犯。"

法》[1]《渔业法》[2]《矿产资源法》[3]等法律规定了土地使用权登记、房屋所有权登记、林地所有权和使用权登记、草原使用权登记、用于养殖业的水域和滩涂使用权登记、探矿权和采矿权登记等，已建立较完整的不动产登记制度。（2）在准不动产登记方面，我国在《民用航空法》中建立了民用航空器权利登记制度[4]，在《海商法》中建立了船舶权利登记制度[5]，在《道路交通安全法》中建立了机动车权利登记制度[6]。（3）在知识产权登记方面[7]，我国在《专利法》中建立

---

①《草原法》第十一条规定："依法确定给全民所有制单位、集体经济组织等使用的国家所有的草原，由县级以上人民政府登记，核发使用权证，确认草原使用权。未确定使用权的国家所有的草原，由县级以上人民政府登记造册，并负责保护管理。集体所有的草原，由县级人民政府登记，核发所有权证，确认草原所有权。依法改变草原权属的，应当办理草原权属变更登记手续。"

②《渔业法》第十一条规定："国家对水域利用进行统一规划，确定可以用于养殖业的水域和滩涂。单位和个人使用国家规划确定用于养殖业的全民所有的水域、滩涂的，使用者应当向县级以上地方人民政府渔业行政主管部门提出申请，由本级人民政府核发养殖证，许可其使用该水域、滩涂从事养殖生产。核发养殖证的具体办法由国务院规定。集体所有的或者全民所有由农业集体经济组织使用的水域、滩涂，可以由个人或者集体承包，从事养殖生产。"

③《矿产资源法》第三条第三款规定："勘查、开采矿产资源，必须依法分别申请、经批准取得探矿权、采矿权，并办理登记；但是，已经依法申请取得采矿权的矿山企业在划定的矿区范围内为本企业的生产而进行的勘查除外。"

④《民用航空法》第十一条规定："民用航空器权利人应当就下列权利分别向国务院民用航空主管部门办理权利登记：（一）民用航空器所有权；（二）通过购买行为取得并占有民用航空器的权利；（三）根据租赁期限为六个月以上的租赁合同占有民用航空器的权利；（四）民用航空器抵押权。"第十二条规定："国务院民用航空主管部门设立民用航空器权利登记簿。同一民用航空器的权利登记事项应当记载于同一权利登记簿中。民用航空器权利登记事项，可以供公众查询、复制或者摘录。"

⑤《海商法》第九条规定："船舶所有权的取得、转让和消灭，应当向船舶登记机关登记；未经登记的，不得对抗第三人。船舶所有权的转让，应当签订书面合同。"此外，我国还专门颁布了《船舶登记条例》。

⑥《道路交通安全法》第八条规定："国家对机动车实行登记制度。机动车经公安机关交通管理部门登记后，方可上道路行驶。尚未登记的机动车，需要临时上道路行驶的，应当取得临时通行牌证。"第十二条规定："有下列情形之一的，应当办理相应的登记：（一）机动车所有权发生转移的；（二）机动车登记内容变更的；（三）机动车用作抵押的；（四）机动车报废的。"此外，公安部还专门颁布了《机动车登记规定》。

⑦《著作权法》第二条第一款规定："中国公民、法人或者其他组织的作品，不论是否发表，依照本法享有著作权。"显然我国采取的是著作权自动保护主义，而非著作权登记主义。但是由于著作权对于公职人员而言并非普遍，即使某些公职人员享有著作权也多是业余作品的著作权，这些著作权的经济价值不大，著作权登记与否对于腐败治理和财产申报的意义极其有限。

了发明专利登记制度[①]、实用新型专利和外观设计专利登记制度[②]，在《商标法》中建立了商标权注册公告制度[③]。（4）在金融实名制[④]方面，国务院在2000年颁布《个人存款账户实名制规定》建立了存款实名制，我国在《证券法》中建立了证券开户实名制[⑤]，在《期货交易管理条例》中建立了期货交易实名制[⑥]，在《外汇管理条例》中建立了外汇交易登记制[⑦]，在《信托法》中规定了信托财产登记制[⑧]，在《商业银行柜台记账式国债交易管理办法》中规定了国债实名账户制[⑨]等。（5）在其他财产权利登记方面，我国在《公司法》中建立

① 《专利法》第三十九条规定："发明专利申请经实质审查没有发现驳回理由的，由国务院专利行政部门作出授予发明专利权的决定，发给发明专利证书，同时予以登记和公告。发明专利权自公告之日起生效。"

② 《专利法》第四十条规定："实用新型和外观设计专利申请经初步审查没有发现驳回理由的，由国务院专利行政部门作出授予实用新型专利权或者外观设计专利权的决定，发给相应的专利证书，同时予以登记和公告。实用新型专利权和外观设计专利权自公告之日起生效。"

③ 《商标法》第三十三条规定，对初步审定公告的商标，自公告之日起三个月内，任何人均可以提出异议。公告期满无异议的，予以核准注册，发给商标注册证，并予公告。

④ 古罗马谚语有云："货币属于其占有者。"货币的基本特征在于所有者与使用者的融合。金融实名制意味着将电子化货币与某个人联结起来，从而在实质上相当于货币登记的功能。

⑤ 《证券法》第一百六十六条规定："投资者委托证券公司进行证券交易，应当申请开立证券账户。证券登记结算机构应当按照规定以投资者本人的名义为投资者开立证券账户。投资者申请开立账户，必须持有证明中国公民身份或者中国法人资格的合法证件。国家另有规定的除外。"此外，中国证监会还专门制定了规范证券登记与结算行为的《证券登记结算管理办法》。

⑥ 《期货交易管理条例》第二十四条规定："期货公司接受客户委托为其进行期货交易，应当事先向客户出示风险说明书，经客户签字确认后，与客户签订书面合同。期货公司不得未经客户委托或者不按照客户委托内容，擅自进行期货交易。期货公司不得向客户作获利保证；不得在经纪业务中与客户约定分享利益或者共担风险。"第二十九条规定："期货公司应当为每一个客户单独开立专门账户、设置交易编码，不得混码交易。"

⑦ 《外汇管理条例》第十七条规定："境内机构、境内个人向境外直接投资，或者从事境外有价证券、衍生产品发行、交易，应当按照国务院外汇管理部门的规定办理登记。国家规定需要事先经有关主管部门批准或者备案的，应当在外汇登记前办理批准或者备案手续。"

⑧ 《信托法》第十条规定："设立信托，对于信托财产，有关法律、行政法规规定应当办理登记手续的，应当依法办理信托登记。未依照前款规定办理信托登记的，应当补办登记手续；不补办的，该信托不产生效力。"

⑨ 《商业银行柜台记账式国债交易管理办法》第十九条规定："投资人应以真实身份开立债券托管账户，按照承办银行的要求开立或指定与之对应的资金账户。"

了股权登记制度[①]，在《合伙企业法》中建立了合伙份额登记制度[②]，在《担保法》中建立了重要财产抵押权登记制度[③]等。

2. 财产转移规制机制的建设现状：我国在不动产、准不动产和知识产权等方面都规定了财产权利转移变更登记制度。（1）在现金交易规制方面，国务院于1988年颁布《现金管理暂行条例》，中国人民银行于1988年发布《现金管理暂行条例实施细则》，中国人民银行于1997年发布《中国人民银行关于大额现金支付管理的通知》[④]和《大额现金支付登记备案规定》[⑤]，中国人民银行于2001年发布《中国人民银行关于进一步加强大额现金支付管理的通知》[⑥]，财政部和中国人民银行于2007年发布《中央预算单位公务卡管理暂行办法》，财政部和中国人民银行于2012年发布《财政部、中国人民银行关于加快推进公务卡制度改革的通知》，中国人民银行于2010年发布《非金融机构支付服务管理办法》，并于2012年发布《支付机构预付卡业务管理办法》等。（2）在

---

① 《公司法》第三十二条规定："有限责任公司应当置备股东名册，记载下列事项：（一）股东的姓名或者名称及住所；（二）股东的出资额；（三）出资证明书编号。记载于股东名册的股东，可以依股东名册主张行使股东权利。公司应当将股东的姓名或者名称及其出资额向公司登记机关登记；登记事项发生变更的，应当办理变更登记。未经登记或者变更登记的，不得对抗第三人。"

② 《合伙企业法》第九条规定："申请设立合伙企业，应当向企业登记机关提交登记申请书、合伙协议书、合伙人身份证明等文件。合伙企业的经营范围中有属于法律、行政法规规定在登记前须经批准的项目的，该项经营业务应当依法经过批准，并在登记时提交批准文件。"

③ 《担保法》第四十一条规定："当事人以本法第四十二条规定的财产抵押的，应当办理抵押物登记，抵押合同自登记之日起生效。"第四十二条规定："办理抵押物登记的部门如下：（一）以无地上定着物的土地使用权抵押的，为核发土地使用权证书的土地管理部门；（二）以城市房地产或者乡（镇）、村企业的厂房等建筑物抵押的，为县级以上地方人民政府规定的部门；（三）以林木抵押的，为县级以上林木主管部门；（四）以航空器、船舶、车辆抵押的，为运输工具的登记部门；（五）以企业的设备和其他动产抵押的，为财产所在地的工商行政管理部门。"

④ 《中国人民银行关于大额现金支付管理的通知》已被中国人民银行于2007年发布的《中国人民银行公告（2007）第4号——废止〈网上银行业务管理暂行办法〉等37件规章和规范性文件》所废止。

⑤ 《大额现金支付登记备案规定》已被中国人民银行2008年发布的《中国人民银行公告〔2008〕第5号——废止上海外资保险机构暂行管理办法等15项规章》所废止。

⑥ 《中国人民银行关于进一步加强大额现金支付管理的通知》已被中国人民银行于2007年发布的《中国人民银行公告（2007）第4号——废止〈网上银行业务管理暂行办法〉等37件规章和规范性文件》所废止。

反洗钱方面，《刑法》第一百九一条规定了洗钱罪，1995年颁布并于2003年修改的《中国人民银行法》第四条和第三十二条都有中国人民银行反洗钱职责的规定，中国人民银行于2001年发布《金融机构反洗钱办法》[①]，于2003年发布《人民币大额和可疑支付交易报告管理办法》和《金融机构大额和可疑外汇资金交易报告管理办法》[②]，全国人大常委会于2006年颁布专门的《反洗钱法》等。（3）在外汇管理方面，国务院颁布了《外汇管理条例》，中国人民银行发布了《境内外汇账户管理规定》和《结汇、售汇及付汇管理规定》，国家外汇管理局制定了《境内机构外币现钞收付管理暂行办法》等。此外，2002年以来，我国中国人民银行、公安部及国家外汇管理局等有关部门陆续建立了反洗钱工作机构，如2004年6月建立了金融情报中心（FIU）——中国反洗钱监测分析中心，集中分析有关大额和异常资金活动；2004年12月制定了《个人财产对外转移售付汇管理暂行办法》，明确了个人财产对外转移所涉及的外汇管理政策。[③]

3. 财产价值评估机制的建设现状：原国家计委于1996年发布《价格评估管理办法》和《价格评估机构管理办法》[④]，国家发展和改革委员会于2005年发布《价格评估机构资质认定管理办法》和《价格评估人员执业资格认定管理办法》，原建设部于2006年发布《房地产估价机构管理办法》和《注册房地产估价师管理办法》，《房地产管理法》专门建立了房地产价格评估制度，[⑤]2010年的《中共国土资源部党组关于

---

① 2001年《金融机构反洗钱办法》已被2006年《反洗钱法》颁布之后进行修订的《金融机构反洗钱办法》所废止。

② 《人民币大额和可疑支付交易报告管理办法》和《金融机构大额和可疑外汇资金交易报告管理办法》都已被2006年发布的《金融机构大额交易和可疑交易报告管理办法》所废止。

③ 朱孝清：《职务犯罪侦查措施研究》，载《中国法学》2006年第1期。

④ 这两个文件都已被国家发展和改革委员会于2011年发布的《国家发展和改革委员会决定废止、宣布失效、修改的规章和规范性文件目录》所废止。

⑤ 《城市房地产管理法》第三十四条规定："国家实行房地产价格评估制度。房地产价格评估，应当遵循公正、公平、公开的原则，按照国家规定的技术标准和评估程序，以基准地价、标定地价和各类房屋的重置价格为基础，参照当地的市场价格进行评估。"

进一步严格管理完善制度加强从源头上防治腐败工作的决定》中也有土地价格评估、矿业权价款评估的相关规定等。

4. 财产调查核实机制的建设现状：原建设部于2001年发布《中国住宅与房地产信息网建设方案（试行）》并建立了中国房地产信息网，[①]中国人民银行于2005年发布《个人信用信息基础数据库管理暂行办法》,《商业银行柜台记账式国债交易管理办法》中也有关于柜台交易账务查询系统和账务复核查询系统的规定等。

（二）配套制度建设存在的问题

客观地说，我国已经初步建立了较完整的财产申报配套制度，在财产的权属确认机制、财产的转移规制机制、财产的价值评估机制和财产的调查核实机制等方面都有相应的规范制度。但是，与域外法治发达国家和地区的财产申报配套制度以及我国当前财产申报制度的潜在需求相比，我国财产申报配套制度建设还存在一些问题，主要表现在以下几个方面。

1. 制度空白。虽然我国已在配套制度的各个领域建立了较为全面的规范制度，但是就整体而言仍然存在若干致命的制度空白和漏洞。在财产的权属确认机制方面，我国还未针对高尔夫俱乐部会员证、高级会所会员证、名贵宠物等现代社会较为常见的新兴财产及财产权利建立相应的权属确认机制；在财产的转移规制机制方面，我国还没有针对大额现金使用规制、限制现金交易等作出明确、可操作性的规定，也没有遗产税和赠与税的规定，[②]使得公职人员的财产转移缺少必要的成本约束；在财产的价值评估机制方面，我国在价格评估的第三方监督、价格评估结果的效力机制、价格评估结果的争议解决等方面还是一片

---

① 中国房地产信息网的网址为 http://www.realestate.cei.gov.cn/。

② “在中国实行遗产税和赠与税制度，有利于淡化腐败动机，有利于将部分灰色收入和非法所得转化为国家收入、增加国家财富，有利于缩小贫富差距，维护社会稳定。”王明高:《制度反腐突破口：财产申报与金融实名》，载《人民论坛》2010年第4期。

空白；在财产的调查核实机制方面，社会信用制度①、全国性房地产信息系统、财产调查核实国际合作机制等至关重要的核查载体和技术支撑仍然有待进一步推进。财产申报法实施的关键在于配套制度的严密与周严，配套制度在某个领域内存在的若干制度空白和制度漏洞就好比竹篮子里的一个洞，会给整个配套制度的运行造成严重影响，给公职人员转移和隐匿财产提供机会，软化财产申报制度的执行力和公信力。

2. 制度滞后。财产申报法是市场经济的产物，计划经济体制无所谓财产申报。改革开放以来，我国经济体制和社会制度发生了巨大变迁，与之相适应，近年来中国腐败的特点与趋势也有了新的变化。但是很多制定在改革开放初期或 20 世纪 90 年代的腐败治理制度和财产申报配套制度却没有进行与时俱进地修改与完善，如国务院于 1988 年颁布的《现金管理暂行条例》，中国人民银行于 1988 年发布的《现金管理暂行条例实施细则》，原国家计委于 1996 年发布《价格评估管理办法》和《价格评估机构管理办法》，等等。配套制度的滞后性导致这些制度在很大程度上成为无法有效实施的具文，也影响了制度自身的权威性。特别是对于财产申报制度实施、防止财产转移至关重要的现金管理制度，20 多年前颁布的《现金管理暂行条例》和《现金管理暂行条例实施细则》已经无法契合 21 世纪中国市场经济和金融经济的发展，更不适应当前中国腐败及腐败治理的最新形势。

3. 规范层级低。虽然在财产的权属确认方面，已有相当部分的法律对财产及财产权利的登记和确认进行规范和调整，但是就配套制度的整体而言，当前我国财产申报配套制度的主体仍然是部门规章和其他规范性文件，相关行政法规很少，有关法律更是稀缺，配套制度建设呈现鲜明的行政化。腐败治理和财产申报针对的是掌握公权力的公

---

① “要迅速准确地把握官员的家庭财产，最理想的手段莫过于建立起完善的个人信用制度了，只要有足够的授权，就可以依法查阅每个公民资产负债情况，甚至详细的个人消费记录，这不仅仅可以立刻判断官员的廉洁状况，更可以较为准确地判断个人的信用等级。”周攀、王蓉：《论公职人员财产申报制度的完善》，载《四川行政学院学报》2008 年第 5 期。

职人员，其治理的重点和难点是高级公职人员特别是省部级以上的公职人员，财产申报及其配套制度的规范依据层级低，会直接影响制度的权威性和执行力。以部门规章和其他规范性文件形式存在的配套制度很难对省部级以上公职人员形成强大的约束力，在中国如今的法治状况和高度集中的科层制语境下更是如此。此外，部门规章和其他规范性文件的制定主体是行政机关，行政机关及其公职人员本来应该是腐败治理的重点治理对象，如今却成了财产申报配套制度的制定主体，这有违背“任何人或团体不能作为自己案件的法官”的自然公正原则[①]之嫌，也无法体现人民对行政机关权力的有效监督。特别是在当前中国部门立法盛行[②]的背景下，配套制度的行政化会严重损害制度的公正性和公信力，弱化并虚置制度的执行力。

4. 制度的分散化。我国财产申报配套制度的突出问题在于制度的分散化和碎片化，一个本来完整的配套制度分散在不同主体制定的不同规范文件中，导致统一化制度的支离破碎，无法形成制度的合力。以不动产权利登记为例，我国没有颁布专门的不动产登记法，也未建立统一的不动产登记制度，有关不动产权利登记的法律制度散见于《土地管理法》《城市房地产管理法》《森林法》《草原法》《渔业法》《矿产资源法》等法律规范中，不同不动产财产权利的登记机关不同，登记程序也不一致，再加上不同登记机关缺少协调统一的权利登记系统，导致实际调查核实的困难。配套制度的分散化人为制造了统一制度的分化割裂和不同部门之间的权力冲突，无形加大了行政管理成本和部门协调的难度，也增加了对登记机关监督制约的难度和公职人员规避相关法律规范的机会。

5. 制度规范自身的不合理。撇开制度的时间维度（制度滞后性）和空间维度（制度分散化）不论，单就某个制度规范而言，我国财产申

---

① 王名扬著:《英国行政法》，中国政法大学出版社 1987 年版，第 152 页。

② 马怀德:《行政法治 30 年》，载《中国政法大学学报》2009 年第 3 期。

报配套制度建设还面临着某些制度规范自身内容不合理的困境。制度规范自身的不合理包括主体制度、程序制度、法律责任制度等方面的不合理。以金融实名制为例，为了便捷、有效地实施金融实名制，首要的基础前提应是实名证件的单一化或统一化，而我国《个人存款账户实名制规定》第五条规定的实名证件有好几种，[①]这无形中增加了落实金融实名制的难度，也为个人规避金融实名制提供了某种制度便利。"我国应充分利用第二代居民身份证高度防伪、融入IC卡技术、储存信息多等特性，把官员的存贷款账户、有价证券、不动产等各种资产集中在以第二代居民身份证为基础的网络用户上，建立一个全国性的官员财产申报资料中心，利用计算机网络进行统一的登记和管理。"[②]《个人存款账户实名制规定》第五条也导致了制度的分散化，如果说上述的制度分散化是制度规范之间的分散化，那么此时的制度分散化主要是指制度规范内在的分散化。

四、配套制度与财产申报立法时机——以立法为中心

按照一般的逻辑，在描述我国配套制度的现状和问题后，进一步的内容就是完善配套制度的建议。然而，探讨如何促进财产申报配套制度的发展与完善并非本书的写作目的，与本书"公职人员财产申报立法研究"的主题也无直接联系，本书探讨财产申报配套制度的主要目的在于通过配套制度的领域区分、现状描述，进而论证我国配套制

① 《个人存款账户实名制规定》第五条规定："本规定所称实名，是指符合法律、行政法规和国家有关规定的身份证件上使用的姓名。下列身份证件为实名证件：（一）居住在境内的中国公民，为居民身份证或者临时居民身份证；（二）居住在境内的16周岁以下的中国公民，为户口簿；（三）中国人民解放军军人，为军人身份证件；中国人民武装警察，为武装警察身份证件；（四）香港、澳门居民，为港澳居民往来内地通行证；台湾居民，为台湾居民来往大陆通行证或者其他有效旅行证件；（五）外国公民，为护照。前款未作规定的，依照有关法律、行政法规和国家有关规定执行。"

② 王高贺、郭文亮：《当前我国推行官员财产申报的心理障碍及其治理》，载《理论与改革》2010年第5期。

度不完善的现状与财产申报立法之间的关系。因此，本书在此以财产申报立法为观察中心，分析配套制度与财产申报立法时机的关系，准确地说，也就是分析我国当前配套制度不完善现状是不是可以构成推迟财产申报立法的充足理由。本书认为，我国当前配套制度不完善的现状并非可以构成推迟财产申报立法的充足理由。

第一，配套制度完善的相对性。由于人的有限理性，制度完美是理想的结果，更多的是一种理论语境下的概念；制度残缺才是现实和真实的状态，更多的是一种实践语境下的术语。制度完善是一个过程，从这个意义上讲，任何时候的制度完善其实都是相对的，任何制度其实或多或少都处于残缺和不完美的状态。“由于社会秩序并不是固定不变的，它最多也只能被立法偶尔地进行重塑。它处在持续的变迁之中。旧的制度在消逝，新的制度在产生，而那些保留下来的制度也在不断改变自己的内容。”[①] 就财产申报立法而言，如果国家政治领导人或立法者总是以配套制度不完善作为现实财产申报立法条件不充足从而推迟立法的理由，久而久之，这种理由便成了不愿立法的借口和推辞，而非真实的立法条件。从时间的维度看，我们试问 200 多年前的瑞典在施行财产申报制度时，它的配套制度是否完善呢？ 20 世纪中期的国家，为什么在没有计算机系统等必要的配套技术支撑时就可以颁布财产申报相关法律？再从空间的维度看，许多配套制度更加不完善、法治更加不发达的发展中国家都相继颁布财产申报法，配套制度是否还是财产申报法的必要条件？[②] 客观而言，配套制度对财产申报立法不构成直接影响，但其对财产申报法的实施有重要影响，所以也成为立法者在进行财产申报立法时的重要考量因素。

① Eugen Ehrlich and Nathan Isaacs，The Sociology of Law，Harvard Law Review，Vol. 36，No. 2（1922），p.139.

② “所谓条件即配套制度是相对的，不是绝对的。难道乌干达、阿尔巴尼亚的配套制度、法治环境就比中国好吗？”朱向东、杜文雅：《我国出台财产申报法势在必行》，载《行政论坛》2011 年第 4 期。

第二，就财产申报法与其配套制度的关系而言，两者是相互促进而非互相对立的关系。一方面，配套制度对财产申报法的实施效果有重要影响，是财产申报立法的重要考量因素，在公职人员财产状况日趋复杂的现代社会，配套制度建设状况在一定程度上影响着财产申报法的立法时机；另一方面，财产申报法对于配套制度的完善也有巨大的反作用，在配套制度还相对不很完善的情形下，财产申报法的制定和出台可以形成一个法律上的倒逼机制，加快推进配套制度的相应完善与发展。“每一个法律决定都在重构法律本身，同时也在重构法律运作的社会环境，因为就像所有人类活动一样，法律不可避免地会被卷入社会在不断重新改造自我的对话性过程中。”[①] 制度之间的相互促进作用其实是普遍存在的，一个制度的制定会影响其他制度的出台与发展。以我国《民事诉讼法》和《行政诉讼法》为例，1982 年颁布的《民事诉讼法（试行）》推动了包括《民法通则》《合同法》等民事实体法的制定；1989 年颁布的《行政诉讼法》也加速促进《国家赔偿法》《行政处罚法》《行政许可法》《行政强制法》等行政法律的出台。当前官方将配套制度不完善与财产申报法出台绑在一起的做法，过于强调配套制度对财产申报立法和法律实施的单向作用，而忽视财产申报立法对于配套制度完善的反作用和倒逼功能。

第三，从配套制度对财产申报法实施效果的影响看，配套制度作为财产申报法的技术手段和物质载体，它对财产申报法实施效果有着重要影响，但这种影响并非决定性影响。真正对财产申报法实施效果施加决定性影响的是领导人的政治决断和人民的监督力量。腐败治理的自上而下性决定了领导人的政治决断是治理腐败、推进财产申报法实施的关键因素，若缺少领导人的政治决断，所谓的腐败治理就只能是权力斗争结果下的选择性治理；人民是国家主权的所有者，是历史的

---

① Laurence H. Tribe，The Curvature of Constitutional Space：What Lawyers Can Learn from Modern Physics，Harvard Law Review，Vol.103，No. 1（1989），p. 8.

创造者，“唯有人民监督政府，政府才不敢懈怠”，人民监督力量是保障财产申报法贯彻落实的基石，若缺少人民的监督及其对制度的内心拥护，再完善、发达的配套制度也会黯然失色。从实施效果的影响看，配套制度其实决定的是财产申报法实施难和易的问题，而领导人的政治决断和人民的监督力量才是决定财产申报法实施有与无的问题。

第四，从法律发展历程来看，任何法律都不可能一蹴而就，而是有一个不断发展与完善的过程。对于财产申报法也是如此，由于人类的有限理性，财产申报法也不可能在制定之初就达到完美的状态，而是需要在实践中不断臻于完美。与其淹没在无休无止的既追求理论自洽又向往具有现实适用性的完美财产申报法律制度的争论中，倒不如根据中国腐败治理的现实性和急迫性，从各种既有的方案中先择取一种还稍微合适的、更为多数人所接受的方案来初步建立中国的财产申报法律制度，待建立以后，再通过现实问题的揭示、实务经验的积累以及时间的检验来不断修改和完善财产申报法律制度。[①] 韩国公职人员财产申报法也是历经多次修改才不断完善的，以把公职人员和公职候选人财产申报和财产申报公开制度化为基本目的的《韩国公职人员伦理法》自 1981 年年底以总统令的形式颁布后，到 1994 年年底进行了 6 次修改，其后又作了多次修改，每次修改都对过去执行中出现的漏洞进行堵塞及存在的偏差进行纠正。[②]

第五，就配套制度建设现状而言，虽然我国的财产申报配套制度建设还面临着某些制度空白、相关制度滞后、规范层级低、制度分散和某些制度设计不合理等诸多问题，但是实事求是地说，就整体而言，我国已经初步建立了涵盖财产权属确认、财产转移规制、财产价值评估和财产调查核实等各个方面较为完整的配套制度体系，配套制度建设存在的现存问题确实不足以构成推迟财产申报立法的理由。从当前

---

① 林华：《城市交通、公共治理和公众参与》，载姜明安主编：《行政法论丛》（第十四卷），法律出版社 2012 年版，第 536 页。

② 刘重春：《韩国公务员财产申报制度及其借鉴意义》，载《学习与实践》2010 年第 9 期。

财产申报制度的实践来看，中国配套制度的最大问题不是配套制度的不完善，而在于既有配套制度的落实执行不到位。如果政治领导人有腐败治理的政治决断，下决心依法落实执行既有的配套制度，那么这些配套制度在一个相当长的时间内就可以有效发挥作用，并足以支撑财产申报法的实施，而不会导致财产申报法实施失败的危险。然后，通过财产申报法实施所积累的经验与问题再去不断发展和完善我国的配套制度体系，而配套制度的完善又会进一步推进财产申报法的良好实施，从而形成财产申报法与配套制度的良性互动关系。此外，由于配套制度主要涉及技术性问题，只要领导人有治理腐败的真正决心，通过既有腐败治理实践的提炼和域外配套制度建设经验的借鉴，这些技术性制度都可以在极短的时间内得以制定与实施。

结语：腐败的理性认识与腐败治理的理性

腐败的实质是利用公共权力谋取私人利益，而权力和利益都是政治的核心话语与追逐目标，于是腐败以及对腐败的治理就不可避免地和政治紧密联结在一起。在现实生活中，无论是人们对腐败存在及其发展趋势的认识还是国家对腐败进行治理的策略、手段与路径都深深带有政治的烙印。“在所有世界中，政治世界可能似乎是最经不起理性主义的检验的——政治总是深深布满了传统、偶然和短暂的东西。”[①] 近现代人类社会历史所展现的在很大程度上是一幅政治的非理性和浪漫主义向政治的理性和理性主义迈进的图景，这从本质上体现的正是人治社会向法治社会的变迁，[②] 而理性政治和规则政治是现代民主法治国家的应有之义。

当前，我国许多人对于腐败的认识以及国家治理腐败工作所展现出的基本特征都恰恰反映出政治的非理性特征和浪漫主义色彩。根植于建设社会主义法治国家和社会对财产申报立法抱有强烈期待的时代背景，为了有效遏制腐败并推进腐败的良性治理，理性地认识腐败、

① ［英］欧克肖特著：《政治中的理性主义》，张汝伦译，上海译文出版社 2004 年版，第 3 页。

② 尽管我们知道，即使在法治社会下，政治依然会带有某种非理性和浪漫主义，但是法治社会中的非理性政治要服从于理性的法律统治。因此，从这个视角看，无论是专制政治还是民主政治，非理性和浪漫主义其实都是政治的固有因子，而区分人治社会和法治社会的关键在于：在人治社会中，政治的非理性和浪漫主义占据政治的主导，政治依赖于领导人的意志而运转；而在法治社会中，政治的非理性和浪漫主义始终处于法律的规范之中，法律信仰和对理性规则的信守是政治生活的主导。

理性地治理腐败和理性地看待财产申报立法便成为我们无法回避的历史性课题。

一、腐败的理性认识

观念是实践的先导。如何认识腐败在很大程度上决定着怎样治理腐败，因此，唯有理性地认识腐败才谈得上理性地治理腐败。在中国语境下，腐败的理性认识至少包括两个方面：如何理性认识腐败的存在和如何理性认识中国当前的腐败形势。关于腐败存在的认识关系到腐败治理的策略，如果依然认为腐败是可以从思想上根除并带有某种意识形态性，那么以思想治腐为基础的腐败治理策略就无法改变；关于腐败形势的认识则关系到腐败治理的政治决断以及腐败治理的手段选择，如果对腐败形势没有清醒的理性认识，仍然沉迷于既有的腐败论断，那么就无所谓腐败治理政治决断的自上而下作出和全方位腐败治理体系的建构。

有人的地方就会有权力，由于人性的弱点，有权力的地方也就会有权力的谋利，于是便有了权力腐败。无论是在公共机构还是在私人部门，尽管由于腐败黑数的存在[①]，腐败可以没有被揭露，但是它终究是客观存在的现象。在人类社会，腐败始终是人类无法摆脱的宿命与不能挣脱的枷锁，也是全人类所面对的共同境遇和挑战。“只要是一个郑重的唯物主义者，就不应当回避腐败产生的制度根源：只要有国家存在，就有国家权力存在，权可谋私，对权力不加制约，就必然产生腐败；只要有商品经济，有货币流通，就会有权钱交易，钱能通神，就会使

---

① “‘犯罪黑数’是指已经发生但未被发现或未被追究的犯罪，是没有进入犯罪统计的犯罪数。各类刑事案件都存在犯罪黑数，但多少不同。”何家弘：《中国腐败犯罪的现状评估》，载《现代法学》2014年第6期。

权力腐化。剥削制度的国家是这样，社会主义制度下也不可避免。”[①] 教条式地运用内因和外因理论，将腐败主要归结于内在思想原因并试图通过思想教育来根除腐败，这仍然是我国官方的一贯认识。这种认识的深层次解读就是希冀借助执政党强大的意识形态机器，通过日常化、制度性、运动式的意识形态化思想教育来彻底根除腐败，于是便有了官方宣传的“教育是基础，法制是保证，监督是关键”[②]，这种口号看似全面、完整，实质上却是一种以思想治腐为主导和优先的腐败治理策略，导致现实腐败治理中选择性执法、以思想教育代替法律责任等现象异常突出，并最终瓦解法治治腐的根基。因此，在腐败存在的问题上，我们首先需要承认腐败是客观存在的现象，古今中外，概莫能外；腐败可以通过制度来遏制和规范，却无法借由思想来彻底根除。

另一个值得理性思考的观念是仍有人延续传统的腐败成因论断，认为腐败是资本主义、封建主义的腐朽东西，将腐败及腐败治理意识形态化，并将西方国家的腐败和我国的腐败进行差异化区分。[③] 这种观念将导致人们因为意识形态的差异而遮蔽理性的眼睛，无法承认西方国家在制度治腐、法治治腐方面的优势和经验，进而对人类社会在腐败治理方面的共同文明成果视而不见。在任何意识形态的国家里，腐败都是政府的掘墓人[④]，对于资本主义的菲律宾和埃及如此，对于社会主义的苏联和东欧国家也如此。唯有淡化对腐败的意识形态化偏见，我们才能以一种理性的态度去认识腐败，进而寻求理性的腐败治理之道。

---

① 郭道晖：《对反权力腐败的法哲学启蒙——评林喆著〈权力腐败与权力制约〉》，载《法学研究》1998 年第 2 期。

② 江泽民：《高举邓小平理论伟大旗帜，把建设有中国特色社会主义事业全面推向二十一世纪——在中国共产党第十五次全国代表大会上的报告》（1997 年 9 月 12 日）。

③ “西方的腐败，不是一般性的腐败，而是根本性的、社会政治性的制度腐败。这是因为，西方国家实行的是私有制，掌握政权的是剥削阶级。”王传利：《论西方腐败根源论在中国的译介与反响》，载《清华大学学报》（哲学社会科学版）2000 年第 1 期。

④ 倪星：《论寻租腐败》，载《政治学研究》1997 年第 4 期。

关于中国腐败的形势，当前存在两种极端观点[①]，一种观点认为我国党员干部的主流是好的，腐败分子仅仅是其中的极少数；另一种观点认为腐败与儒家思想存在亲和性，腐败是华人的性格特征[②]，认为当前我国腐败已经深入骨髓，无可救药。过于乐观或过于悲观的腐败形势判断都会影响领导人的政治决断和腐败治理的历史时机。客观而言，当前我国腐败形势确实非常严峻：腐败依然在蔓延并呈现社会化、集体化和制度化；社会民众对于腐败的憎恨日益接近心理承受临界点；随着互联网的普及，腐败曝光率增加，腐败发生概率也被无限放大；众多以腐败和干群关系紧张作为根源的偶然性事件越来越容易引发突发群体性事件，社会安全形势堪忧；民众对国家腐败治理的信心不足，悲观情绪加速扩散。在这种形势下，如果再宣传官员廉洁主流论，只会徒增宣传的反作用，进一步疏离政府与民众的信赖关系。当然，过于悲观的观点也不可取，韩国、新加坡以及我国香港特别行政区等深受儒家思想影响的国家和地区在历史上也深受腐败之害，但是在当时政治领导人的坚强决心下，通过腐败治理策略、腐败治理机构和腐败治理制度自上而下式的重构和再造，都有效遏制住腐败并实现腐败的良性治理。因此，理性认识我国腐败形势至关重要，腐败已不仅仅是个别人、个别群体的堕落，而是呈现出社会化、集体化和制度化的特征，但是也没有到无药可救的地步，关键的是政治领导人要坚定政治决断，把握腐败治理的历史时机，这样才可以实现腐败的良性治理。

二、腐败治理的理性

就当前中国腐败治理而言，传统以思想教育为基础的腐败治理模

---

① 对“主流论”“有益论”“合理论”“自然消灭论”“悲观和畏难论”“两难抉择论”等几种观念的批判，参见陈云生：《关于反腐败的几点思考》，载《中国法学》1998年第4期。

② 对腐败的文化成因论的批评，参见刘擎、麦康勉：《政治腐败·资本主义冲击·无权者的抵抗》，载《读书》1999年第6期。

式已遭遇巨大挫折，腐败治理所呈现的被动性、选择性、分散性、从属性和政治性等特征也在消解着社会民众对国家腐败治理的信心与拥护，浪漫主义式的腐败治理亟待向理性主义的腐败治理转变。整体而言，我国腐败治理的理性亟须两方面的支撑，一个是腐败治理的系统性，另一个是腐败治理的法治化。

我国以思想教育为基础，以查处案件、运动式治理、领导榜样和制度建设为补充的腐败治理体系存在着关键性制度缺陷，一是民主政治体制的推进乏力，二是激励机制的缺乏。当前我国制度建设局限于腐败治理微观制度的完善，多是针对某个具体领域、具体行业进行专门整治和制度填补，对国家宏观民主政治层面上的体制完善关注不够，因此，具体领域和具体行业的腐败治理推进到一定程度时始终受到宏观民主政治体制的掣肘，于是具体的腐败治理制度执行面临实施困境。1945 年毛泽东对黄炎培提出“其兴也勃焉，其亡也忽焉”的周期率回答道：“我们已经找到了新路，我们能跳出这周期率。这条新路，就是民主。只有让人民来监督政府，政府才不敢松懈；只有人人起来负责，才不会人亡政息。”[①] 如何进一步发展和完善民主选举制度和人民代表大会制度，如何建立健全民主决策制度并完善公众参与决策的体制机制，如何鼓励和培育社会组织和推进社会民主自治，加强民主监督便成为促进腐败治理系统性的关键。此外，我国腐败治理体系的另一个浪漫主义倾向就是偏重于腐败惩戒和对权力的规范，忽视公职人员的激励机制建设，这其实是以思想教育为基础的腐败治理模式的重要表现而已。“不将薪水提高到合理的水平，只一味地强调道德准则，正面教育就会变为说教，达不到预期的效果；薪水达不到合理的水平，严格限制和惩罚制度还会使高素质的人员从公务员队伍中游离出去。”[②] 当前国家层面公职人员激励机制的缺乏或者某些地

---

① 黄炎培著：《八十年来》，中国文史出版社 1982 年版，第 157 页。

② 盛宇明：《腐败的经济学分析》，载《经济研究》2000 年第 5 期。

区、单位激励机制的潜规则化已经成为腐败蔓延的重要诱发因素。传统的浪漫主义式的“圣人教育”“圣人管理”已无法适应社会主义市场经济的发展要求，更会扭曲公职人员的人格特征与公务伦理，使得公职人员群体对腐败治理制度的集体性漠视与反抗成为一种必然。“政治道德不可能从天而降；它并不属于人的本性……只有人们积极创造一种道德政治的制度手段，道德才有可能获得成功，尤其是在政治方面。”①

我国腐败治理的一个重要特征是政治化，腐败治理依据、腐败治理体制和腐败治理手段都呈现鲜明的政治化，而政治化的延伸结果就是法律的权威性不够。因此，我国腐败治理理性化的重要内容就是腐败治理的法治化，实现腐败治理的规则之治。“民主要靠法治来约束，民主导致的腐败也只能靠法治来控制。”② 腐败治理的法治化，首先是腐败治理依据的法治化，要做到有法可依，将中国共产党中央及其部门制定的种类繁多、纷繁杂乱的腐败治理政策文件进行清理、整合，一些确有必要的文件通过立法途径上升为法律规范，已经过时的或冲突的文件则应及时予以废止；其次是腐败治理体制的法治化，按照法治国家的基本要求，重新思考并整合当前的腐败治理专门机构及其腐败治理职能，建构一套法治化运作的腐败治理机构与体制；最后是腐败治理手段的法治化，优化腐败治理职能，完善腐败治理法律程序，保障司法独立，实现腐败的法律治理、日常治理和制度化治理。

---

① ［法］布尔迪厄著：《实践理性：关于行为理论》，谭立德译，生活·读书·新知三联书店2007年版，第219—220页。

② 潘维著：《法治与“民主迷信”——一个法治主义者眼中的中国现代化和世界秩序》，香港社会科学出版社有限公司2003年版，第75页。

三、公职人员财产申报立法的理性

虽然财产申报制度是一项复杂的制度设计，“财产申报与公示制度看似简单，实际上是一项十分复杂艰巨的社会工程，需要一系列的经济、社会和管理方面的条件，就其自身的法律、制度建设而言也是复杂的。如果缺乏条件，这样的制度即使实行也难以取得实效”①。但是财产申报制度是腐败治理的基础性制度，被世界各国誉为终端腐败治理机制。财产申报制度是技术改良型的腐败治理制度，与意识形态无关或者关联不大，可操作性强，不受意识形态争论的羁绊，是治理腐败的利剑。财产申报制度作为与当前我国腐败治理基本特征反向推进的制度，它所具有的主动性、平等性、集中性、独立性、日常性、法律性、非意识形态性等特征可以有效突破我国当前在腐败治理决心、腐败治理机构、腐败治理制度和腐败治理策略等方面所面临的困境。但是由于我国财产申报制度自身的设计不合理以及制度的政策性和弱权威性，导致财产申报制度基本沦为形式化，这也凸显出通过法律形式去完善财产申报制度并保障制度权威性的必要性，而且公职人员隐私权与财产申报公开的平衡、超越不同党派的申报义务主体建构、申报主管机构的设置及法律责任追究等制度内容都需要在法律层面上解决。“如果某人正迷失于较不隐秘的政治领域，那么法律，特别是复杂的、程序化的、法学家们的法律则是一件非常棒的武器。”②因此，财产申报立法的第一个理性就是要尽快以法律的形式建立财产申报制度。

当前财产申报立法面临着利益阻力、观念阻力、制度阻力和学术阻力。从本质上说，当前财产申报法所面临的这些阻力都可理性

① 房宁主编：《国外公职人员财产申报与公示制度》，中国社会科学出版社2013年版，第10页。

② Martin Shapiro，APA：Past，Present，Future，Virginia Law Review，Vol. 72，No.2，(1986)，p.461.

地应对和化解，最重要的还是在于国家政治领导人的政治决断。只要国家下决心制定和实施财产申报法，采取科学、理性的制度设计并自上而下地推行，这些都称不上难题。因此，财产申报立法的第二个理性就是要克服各种阻力，把握腐败治理的历史时机，加快财产申报立法进程。

客观而言，以财产申报公开机制为核心的财产申报法出台会伴随一定的政治风险，但是缺乏妥协措施所可能引发的政治风险、偏袒腐败公职人员所可能导致的政治风险和法律实施失败可能导致的政治风险都是由于财产申报施行制度设计不良、腐败治理制度体系不严密而造成的，这些由于立法技术原因而发生的政治风险完全可以通过制度设计和法制建设的完善加以避免，至于财产申报公开所可能引发的政治风险也可以通过平衡与智慧的财产申报法施行策略予以化解。一味、单纯地凸显和强调财产申报立法的政治风险来推迟或抵制立法并非理性的态度和明智的选择。财产申报立法和实施的关键并不在于有没有实施的政治风险，而在于如何技术化、制度化地预防和化解政治风险。因此，财产申报立法的第三个理性就是通过平衡考量与周全设计的财产申报法施行制度的实施，完全可以有效防范和化解政治风险，进而实现通过公职人员财产申报的腐败治理。

就制度内容而言，财产申报制度融合了监督性功能和保护性功能，它既是公职人员的“紧箍咒”，也是公职人员的“护身符”。我们不能片面强调财产申报制度的监督性功能，而忽视制度的保护性功能。就制度效果而言，财产申报制度兼具功能有效性和功能累积性，它既是腐败治理的“反腐利剑”，也是腐败治理的“反腐钝剑”。财产申报制度虽然是举世公认的有效治理腐败的“利器”，但是也具有“迟钝”和慢热的一面，它并不是刚开始建立就能马上完全发挥制度的全部功能，它与其他预防腐败的制度一样需要长期的制度效果累积和沉淀才能真正有效运转。因此，财产申报立法的第四个理性就是要理性审视财产申报立法的制度功能。

在理性认识财产申报制度功能的观念前提下，鉴于财产申报制度在腐败治理体系中的中枢作用，唯有加快财产申报立法，坚决保障财产申报法律制度的权威性实施，才能突破当前腐败治理的困境，快速遏制腐败蔓延，推进“干部清正、政府清廉、政治清明”，开创中国腐败治理的新时代。“毫不妥协地追求适当的目标，可以推进那些无须界定的文明目标。”①

① Felix Frankfurter，John Marshall and the Judicial Function，Harvard Law Review，Vol. 69，No. 2（1955），p. 237.

参考文献

一、中文论著

1.《国家公务员廉政必读》编写组编:《国家公务员廉政必读》，中国方正出版社 2005 年版。

2. 蔡定剑著:《宪法精解》(第二版)，法律出版社 2006 年版。

3. 蔡茂寅、李建良、林明锵、周志宏著:《行政程序法实用》，台湾学林文化事业有限公司 2000 年版。

4. 常鹏翱著:《不动产登记法》，社会科学文献出版社 2011 年版。

5. 陈春生著:《行政法之学理与体系（二）》，台湾元照出版有限公司 2007 年版。

6. 陈春生著:《行政法之学理与体系（一）:行政行为形式论》，台湾三民书局股份有限公司 1996 年版。

7. 陈端洪著:《宪治与主权》，法律出版社 2007 年版。

8. 陈华彬著:《物权法研究》(修订版)，法律出版社 2009 年版。

9. 陈瑞华著:《论法学研究方法》，北京大学出版社 2009 年版。

10. 陈卫东主编:《腐败控制论》，中国方正出版社 2000 年版。

11. 陈新民著:《反腐镜鉴的新加坡法治主义——一个东方版本的法治国家》，法律出版社 2009 年版。

12. 陈兴良著:《规范刑法学》，中国政法大学出版社 2003 年版。

13. 邓正来编译:《西方法律哲学文选》(下),法律出版社 2008 年版。

14. 段龙飞、任建明编著:《香港反腐败制度体系研究》,中国方正出版社 2010 年版。

15. 法治斌著:《资讯公开与司法审查:行政法专论》,台湾正典出版文化有限公司 2003 年版。

16. 范扬著:《行政法总论》,中国方正出版社 2005 年版。

17. 房宁主编:《国外公职人员财产申报与公示制度》,中国社会科学出版社 2013 年版。

18. 冯象著:《木腿正义》,北京大学出版社 2007 年版。

19. 冯象著:《政法笔记》,江苏人民出版社 2004 年版。

20. 甘阳著:《古今中西之争》,生活·读书·新知三联书店 2006 年版。

21. 高铭暄、马克昌主编:《刑法学》(第四版),北京大学出版社、高等教育出版社 2010 年版。

22. 高铭暄主编:《刑法学原理》(第一卷),中国人民大学出版社 2005 年版。

23. 过勇著:《中国国家廉政体系研究》,中国方正出版社 2007 年版。

24. 韩大元主编:《宪法学》,高等教育出版社 2006 年版。

25. 何秉松主编:《职务犯罪的预防与惩治》,中国方正出版社 1999 年版。

26. 何增科著:《反腐新路:转型期中国腐败问题研究》,中央编译出版社 2002 年版。

27. 胡鞍钢主编:《中国:挑战腐败》,浙江人民出版社 2001 年版。

28. 黄炎培著:《八十年来》,中国文史出版社 1982 年版。

29. 姜明安主编:《行政法与行政诉讼法》(第二版),北京大学出版社、高等教育出版社 2005 年版。

30. 瞿同祖著:《中国法律与中国社会》,中华书局 2003 年版。

31. 李鸿禧著:《宪法与人权》,台湾元照出版有限公司 1999 年版。

32. 李秋芳主编:《世界主要国家和地区反腐败体制机制研究》，中国方正出版社 2007 年版。

33. 李震山著:《人性尊严与人权保障》，台湾元照出版有限公司 2000 年版。

34. 李震山著:《行政法导论》(修订七版)，台湾三民书局股份有限公司 2007 年版。

35. 廖晓明、邱安民著:《我国官员财产申报制度影响因素及实现路径探索》，社会科学文献出版社 2014 年版。

36. 林子仪著:《权力分立与宪政发展》，台湾月旦出版社 1993 年版。

37. 刘明波著:《中外财产申报制度述要——写在我国家庭财产申报制度实施之际》，中国方正出版社 2001 年版。

38. 刘守芬、李淳主编:《新加坡廉政法律制度研究》，北京大学出版社 2003 年版。

39. 吕元礼著:《新加坡治贪为什么能?》，广东人民出版社 2011 年版。

40. 罗豪才、宋功德著:《软法亦法: 公共治理呼唤软法之治》，法律出版社 2009 年版。

41. 罗豪才等著:《现代行政法的平衡理论》(第二辑)，北京大学出版社 2003 年版。

42. 罗豪才主编:《行政法学》，中国政法大学出版社 1999 年版。

43. 马怀德主编:《行政法与行政诉讼法》(第二版)，中国法制出版社 2007 年版。

44. 南怀瑾著述:《历史的经验》(第三版)，复旦大学出版社 2009 年版。

45. 潘维著:《法治与“民主迷信”——一个法治主义者眼中的中国现代化和世界秩序》，香港社会科学出版社有限公司 2003 年版。

46. 强世功著:《法制与治理: 国家转型中的法律》，中国政法大学出版社 2003 年版。

47. 全国人大常委会法工委立法规划室编:《中华人民共和国立法统计》,中国民主法制出版社 2008 年版。

48. 沈宗灵主编:《法理学》(第二版),高等教育出版社 2009 年版。

49. 苏力著:《也许正在发生:转型中国的法学》,法律出版社 2004 年版。

50. 苏永钦著:《合宪性控制的理论和实际》,台湾月旦出版社股份有限公司 1994 年版。

51. 孙国祥、魏昌东著:《反腐败国际公约与贪污贿赂犯罪立法研究》,法律出版社 2011 年版。

52. 孙宪忠著:《论物权法》(修订版),法律出版社 2008 年版。

53. 孙宪忠著:《中国物权法总论》(第二版),法律出版社 2009 年版。

54. 台湾地区"法务部"编印:《"公职人员财产申报法"施行成效检讨之研究》(陈英钤教授主持),2010 年 9 月。

55. 台湾行政法学会主编:《行政程序法之检讨　传播行政之争讼》,台湾元照出版有限公司 2003 年版。

56. 台湾行政法学会主编:《行政契约之法理　各国行政法学发展方向》,台湾元照出版有限公司 2009 年版。

57. 田禾主编:《亚洲反腐败法律机制比较研究》,中国人民公安大学出版社 2009 年版。

58. 王汉斌著:《社会主义民主法制文集》,中国民主法制出版社 2012 年版。

59. 王名扬著:《法国行政法》,中国政法大学出版社 1988 年版。

60. 王名扬著:《美国行政法》,中国法制出版社 2005 年版。

61. 王名扬著:《英国行政法》,中国政法大学出版社 1987 年版。

62. 王人博著:《宪政的中国之道》,山东人民出版社 2003 年版。

63. 王万华著:《行政程序法研究》,中国法制出版社 2000 年版。

64. 王伟主编:《公共行政伦理读本》,国家行政学院出版社 2005 年版。

65. 王锡锌著:《公众参与和行政过程——一个理念和制度分析的框架》, 中国民主法制出版社 2007 年版。

66. 翁岳生编:《行政法》, 中国法制出版社 2002 年版。

67. 翁岳生著:《法治国家之行政法与司法》(第二版), 台湾元照出版有限公司 2008 年版。

68. 吴庚著:《行政法之理论与实用》(增订九版), 台湾三民书局股份有限公司 2005 年版。

69. 吴丕主编:《中国反腐败——现状与理论研究》, 黑龙江人民出版社 2003 年版。

70. 吴玉平著:《反腐败视角下的巨额财产来源不明罪与财产申报法》, 中国检察出版社 2009 年版。

71. 肖扬著:《反贪报告: 共和国第一个反贪污贿赂工作局诞生的前前后后》, 法律出版社 2009 年版。

72. 谢怀栻著:《外国民商法精要》(增补版), 法律出版社 2006 年版。

73. 许崇德主编:《中国宪法》, 中国人民大学出版社 1996 年版。

74. 许纪霖、宋宏编:《史华慈论中国》, 新星出版社 2006 年版。

75. 许明月等著:《财产权登记法律制度研究》, 中国社会科学出版社 2002 年版。

76. 杨善华、谢立中主编:《西方社会学理论》(上卷), 北京大学出版社 2005 年版。

77. 杨善华、谢立中主编:《西方社会学理论》(下卷), 北京大学出版社 2006 年版。

78. 杨宇冠、吴高庆主编:《〈联合国反腐败公约〉解读》, 中国人民公安大学出版社 2004 年版。

79. 叶俊荣主编:《法治的开拓与传承: 翁岳生教授的公法世界》, 台湾元照出版有限公司 2009 年版。

80. 叶俊荣著:《环境政策与法律》, 台湾元照出版有限公司 2002 年版。

81. 叶俊荣著:《面对行政程序法: 转型台湾的程序建制》, 台湾元照出版有限公司 2002 年版。

82. 叶俊荣著:《行政法案例分析与研究方法》, 台湾三民书局股份有限公司 1999 年版。

83. 叶俊荣著:《珍惜宪法时刻》, 台湾元照出版有限公司 2000 年版。

84. 应松年主编:《当代中国行政法》, 中国方正出版社 2005 年版。

85. 余凌云著:《行政法讲义》, 清华大学出版社 2010 年版。

86. 张康之:《行政伦理的观念与视野》, 中国人民大学出版社 2008 年版。

87. 张千帆主编:《宪法》, 北京大学出版社 2008 年版。

88. 张千帆著:《宪法学导论》, 法律出版社 2004 年版。

89. 张千帆著:《宪政原理》, 法律出版社 2011 年版。

90. 张树义著:《中国社会结构变迁的法学透视》, 中国政法大学出版社 2002 年版。

91. 赵秉志、王志祥、郭理蓉编:《〈联合国反腐败公约〉暨相关重要文献资料》, 中国人民公安大学出版社 2004 年版。

92. 赵秉志主编:《联合国公约在刑事法治领域的贯彻实施》, 中国人民公安大学出版社 2010 年版。

93. 赵秉志主编:《贪污贿赂犯罪的惩治与防范》, 中国人民公安大学出版社 2010 年版。

94. 郑戈著:《法律与现代人的命运: 马克斯 · 韦伯法律思想研究导论》, 法律出版社 2006 年版。

95. 周密主编:《新加坡共和国反贪倡廉成文律选》, 北京大学出版社 2005 年版。

96. 周琪、袁征著:《美国的政治腐败与反腐败——对美国反腐败机制的研究》, 中国社会科学出版社 2009 年版。

97. 周振想主编:《公务犯罪研究综述》, 法律出版社 2005 年版。

98.《毛泽东选集》(第一卷), 人民出版社 1991 年版。

99.《毛泽东选集》(第二卷)，人民出版社 1991 年版。

100.《毛泽东选集》(第三卷)，人民出版社 1991 年版。

101.《毛泽东选集》(第四卷)，人民出版社 1991 年版。

102.《邓小平文选》(第一卷)，人民出版社 1994 年第二版。

103.《邓小平文选》(第二卷)，人民出版社 1994 年第二版。

104.《邓小平文选》(第三卷)，人民出版社 1993 年版。

105.《江泽民文选》(第一卷)，人民出版社 2006 年版。

106.《江泽民文选》(第二卷)，人民出版社 2006 年版。

107.《江泽民文选》(第三卷)，人民出版社 2006 年版。

108.《朱镕基答记者问》，人民出版社 2009 年版。

109.《朱镕基讲话实录》编辑组编:《朱镕基讲话实录》(第一卷)，人民出版社 2011 年版。

110.《朱镕基讲话实录》编辑组编:《朱镕基讲话实录》(第二卷)，人民出版社 2011 年版。

111.《朱镕基讲话实录》编辑组编:《朱镕基讲话实录》(第三卷)，人民出版社 2011 年版。

112.《朱镕基讲话实录》编辑组编:《朱镕基讲话实录》(第四卷)，人民出版社 2011 年版。

二、中文译著

1. [爱尔兰] J.M. 凯利著:《西方法律思想简史》，王笑红译，法律出版社 2002 年版。

2. [德] 奥托·迈耶著:《德国行政法》，刘飞译，商务印书馆 2002 年版。

3. [德] 卡西尔著:《人论》，甘阳译，上海译文出版社 2003 年版。

4. [德] 马克斯·韦伯著:《论经济和社会中的法律》，张乃根译，中国大百科全书出版社 1998 年版。

5.［德］施密特 - 阿斯曼等著：《德国行政法读本》，于安等译，高等教育出版社 2006 年版。

6.［俄］萨塔罗夫主编：《反腐败政策》，郭家申译，社会科学文献出版社 2011 年版。

7.［法］布尔迪厄著：《实践理性：关于行为理论》，谭立德译，生活·读书·新知三联书店 2007 年版。

8.［法］古斯塔夫·勒庞著：《乌合之众：大众心理研究》，冯克利译，中央编译出版社 2004 年版。

9.［法］卢梭著：《社会契约论》，何兆武译，商务印书馆 2003 年版。

10.［古希腊］亚里士多德著：《尼各马可伦理学》，廖申白译，商务印书馆 2003 年版。

11.［美］C.H. 麦基文著：《宪政古今》，翟小波译，贵州人民出版社 2004 年版。

12.［美］昂格尔著：《现代社会中的法律》，吴玉章、周汉华译，译林出版社 2001 年版。

13.［美］伯尔曼著：《法律与宗教》，梁治平译，中国政法大学出版社 2003 年版。

14.［美］达玛什卡著：《司法和国家权力的多种面孔——比较视野中的法律程序》，郑戈译，中国政法大学出版社 2004 年版。

15.［美］道格拉斯·诺斯著：《制度、制度变迁与经济绩效》，杭行译，格致出版社、上海人民出版社、上海三联书店 2008 年版。

16.［美］霍姆斯著：《霍姆斯读本——论文与公共演讲选集》，刘思达译，上海三联书店 2009 年版。

17.［美］霍姆斯著：《普通法》，冉昊、姚中秋译，中国政法大学出版社 2006 年版。

18.［美］李侃如著：《治理中国：从革命到改革》，胡国成、赵梅译，中国社会科学出版社 2010 年版。

19.［美］理查德·B. 斯图尔特著：《美国行政法的重构》，沈岿译，商务印书馆 2002 年版。

20. [美] 罗伯特·达尔著:《美国宪法的民主批判》，佟德志译，东方出版社 2007 年版。

21. [美] 马国泉著:《行政伦理: 美国的理论与实践》，复旦大学出版社 2006 年版。

22. [美] 苏珊·罗斯·艾克曼著:《腐败与政府》，王江、程文浩译，新华出版社 2000 年版。

23.[美] 特里·L. 库珀著:《行政伦理学: 实现行政责任的途径》(第五版)，中国人民大学出版社 2010 年版。

24. [美] 约翰·克莱顿·托马斯著:《公共决策中的公民参与》，孙柏瑛等译，中国人民大学出版社 2010 年版。

25. [南非] 德斯蒙德·图图著:《没有宽恕就没有未来》，江红译，上海文艺出版社 2002 年版。

26. [英] 哈特著:《法律、自由与道德》，支振锋译，法律出版社 2006 年版。

27. [英] 哈耶克著:《通往奴役之路》，王明毅等译，中国社会科学出版社 1997 年版。

28.[英] 卡罗尔·哈洛、理查德·罗林斯著:《法律与行政》(上卷)，杨伟东等译，商务印书馆 2004 年版。

29. [英] 马丁·洛克林著:《公法与政治理论》，郑戈译，商务印书馆 2002 年版。

30. [英] 欧克肖特著:《政治中的理性主义》，张汝伦译，上海译文出版社 2004 年版。

31. [英] 休谟著:《人性论》，关文运译，商务印书馆 1980 年版。

32. [英] 以赛亚·伯林著:《自由及其背叛》，赵国新译，译林出版社 2005 年版。

三、学术论文

1. [尼日利亚] 艾罗·阿穆桂切齐:《财产申报与贪污的预防》，载《中国刑事法杂志》1996年第1期。

2.《八届全国人大常委会立法规划（共152件）》，载《人大工作通讯》1994年第5期。

3.《加强预防腐败工作深入推进反腐倡廉建设——中央纪委副书记、监察部部长、国家预防腐败局局长马馼答记者问》，载《国家行政学院学报》2007年第5期。

4.《中央纪委、中央组织部负责同志就〈关于领导干部报告个人有关事项的规定〉的颁布实施答记者问》，载《中国监察》2010年第5期。

5. 蔡宝刚:《经由政府道德法反腐败的法理求解——美国经验与中国借鉴》，载《政法论坛》2011年第4期。

6. 蔡定剑:《中国宪法实施的私法化之路》，载《中国社会科学》2004年第2期。

7. 曹志:《关于〈八届全国人大常委会立法规划（草稿）〉的说明》，载《人大工作通讯》1994年第5期。

8. 常怡:《完善被执行人财产申报制度——破解“执行难”的出口》，载《法治研究》2010年第8期。

9. 陈端洪:《人民必得出场——卢梭官民矛盾论的哲学图式与人民制宪权理论》，载《北大法律评论》（2010）第11卷第1辑。

10. 陈烽:《转型期干部阶层的地位变动和腐败的利益根源及治理》，载《社会学研究》1997年第5期。

11. 陈朋:《从廉洁到廉能：腐败治理的战略转向与建构路径》，载《南京社会科学》2017年第12期。

12. 陈兴良:《反腐败中的“三不主义”》，载宫本欣主编:《法学家茶座》第五辑，山东人民出版社2004年版。

13. 陈兴良:《腐败的成因及其抗制》,载《法律科学》1995 年第 6 期。

14. 陈兴良:《刑法教义学方法论》,载《法学研究》2005 年第 2 期。

15. 陈云生:《反贪污、反腐败与公众参与》,载《政治学研究》1997 年第 4 期。

16. 戴长征:《腐败与反腐败:变革之中的中国面临的严峻挑战》,载《中国行政管理》2004 年第 9 期。

17. 单勇、虞彪:《文化冲突视域下的中国腐败犯罪研究》,载《法制与社会发展》2010 年第 6 期。

18. 董建萍:《官员财产申报:改革趋势与制度建构》,载《中共浙江省委党校学报》2009 年第 3 期。

19. 都玉霞:《公务人员财产申报制度法制化的思考》,载《政法论丛》2009 年第 3 期。

20. 邓小兵、孙玉宛:《我国公职人员家庭财产申报的地方立法建议——以甘肃为例》,载《甘肃社会科学》2015 年第 5 期。

21. 范忠信:《"阳关法案"与台湾"廉政"问题——台湾"公职人员财产申报法"的特点、局限及其立法史》,载《台湾研究》1994 年第 1 期。

22. 方军:《制度伦理与制度创新》,载《中国社会科学》1997 年第 3 期。

23. 冯象:《腐败会不会成为权利?》,载《读书》2000 年第 8 期。

24. 傅江景:《集体腐败的博弈分析》,载《经济研究》2000 年第 12 期。

25. 干以胜:《建立我国财产申报制度的意义和步骤》,载《中国监察》1994 年第 12 期。

26. 公婷、吴木銮:《我国 2000—2009 年腐败案例研究报告——基于 2800 余个报道案例的分析》,载《社会学研究》2012 年第 4 期。

27. 龚蔚红、李虎:《民主与腐败治理:一个经验研究综述》,载《浙江社会科学》2012 年第 2 期。

28. 郭道晖:《对反权力腐败的法哲学启蒙——评林喆著〈权力腐败与权力制约〉》，载《法学研究》1998 年第 2 期。

29. 过勇:《经济转轨、制度与腐败——中国转轨期腐败蔓延原因的理论解释》，载《政治学研究》2006 年第 3 期。

30. 过勇:《经济转轨滋生腐败机会的微观机制研究——从 594 个腐败要案中得出的结论》，载《经济社会体制比较》2006 年第 5 期。

31. 过勇:《完善中国反腐败体制和机制的几点建议》，载《经济社会体制比较》2010 年第 4 期。

32. 过勇、贺海峰:《“不必腐”机制: 反腐败标本兼治的重要保障》，载《国家行政学院学报》2017 年第 6 期。

33. 杭行:《腐败现象的经济伦理学分析初探》，载《复旦学报》(社会科学版) 2004 年第 2 期。

34. 何家弘:《职务犯罪侦查的专业化》，载《中国法学》2007 年第 5 期。

35. 何家弘:《中国腐败犯罪的现状评估》，载《现代法学》2014 年第 6 期。

36. 何家弘:《反腐败的战略重心与官员财产公示》，载《法学》2014 年第 10 期。

37. 何家弘:《领导干部财产申报制度之改进》，载《理论视野》2016 年第 2 期。

38. 何家弘、徐月笛:《腐败利益链的成因与阻断——十八大后落马高官贪腐案的实证分析》，载《政法论坛》2016 年第 3 期。

39. 何向南:《建立国家工作人员财产申报制度的初步设想》，载《法治论丛》1994 年第 1 期。

40. 何勇:《党风廉政建设和反腐败斗争的回顾与思考》，载《国家行政学院学报》2002 年第 6 期。

41. 何远琼:《站在天平的两端——司法腐败的博弈分析》，载《中外法学》2007 年第 5 期。

42. 何增科:《国际社会反腐败的新进展:以〈联合国反腐败公约〉及其实施评估为视角(上)》,载《北京行政学院学报》2012 年第 1 期。

43. 何增科:《国际社会反腐败的新进展:以〈联合国反腐败公约〉及其实施评估为视角(下)》,载《北京行政学院学报》2012 年第 2 期。

44. 贺国强:《着力解决发生在群众身边的 10 个方面腐败问题　不断以反腐倡廉建设新成效取信于民造福于民》,载《求是》2012 年第 11 期。

45. 胡鞍钢、过勇:《公务员腐败成本—收益的经济学分析》,载《经济社会体制比较》2002 年第 4 期。

46. 胡鞍钢:《中国 90 年代后半期腐败造成的经济损失》,载《国际经济评论》2001 年第 Z3 期。

47. 胡伟:《腐败的文化透视——理论假说及对中国问题的探析》,载《浙江社会科学》2006 年第 3 期。

48. 郇天莹:《美国官员财产申报制度构建的路径分析与启示》,载《中国行政管理》2009 年第 2 期。

49. 黄百炼、杨小云:《西方国家预防腐败的程序和制度评析》,载《政治学研究》1996 年第 4 期。

50. 黄岩:《财产申报主体界定:原则与范围》,载《中州学刊》2010 年第 3 期。

51. 姬亚平:《建立国家公职人员财产申报制度的设想》,载《行政法学研究》1993 年第 4 期。

52. 姜明安:《公众参与与行政法治》,载《中国法学》2004 年第 2 期。

53. 姜明安:《民主形式和公共治理》,载《湖南社会科学》2008 年第 1 期。

54. 姜明安:《重视制度设计,保障〈公务员法〉立法目的的实现》,载《华东政法学院学报》2005 年第 2 期。

55. 解冰、康均心:《反腐败刑事政策中的民意考量》,载《管理世界》2010 年第 1 期。

56. 解冰、任生德、张俊飚:《新农村建设中的新型经济违纪与腐败及其治理》，载《经济研究》2008 年第 4 期。

57. 康凤英、李游:《完善惩治职务犯罪的刑事立法思考》，载《政法论坛》1996 年第 3 期。

58. 李昌道:《〈联合国反腐败公约〉解析》，载《复旦学报》(社会科学版) 2006 年第 4 期。

59. 李国能:《香港反腐败法律制度》，马进、刘信一等译，载《清华法律评论》第五卷第 1 辑。

60. 李辉:《当代中国腐败治理策略中的“清理”行动: 以 H 市纪检监察机构为个案 (1981—2004)》，载《公共行政评论》2010 年第 2 期。

61. 李辉、孟天广:《腐败经历与腐败感知: 基于调查实验与直接提问的双重检验》，载《社会》2017 年第 6 期。

62. 李景鹏:《论反腐败的系统工程》，载《国家行政学院学报》2000 年第 1 期。

63. 李先波、杨建成:《论言论自由与隐私权之协调》，载《中国法学》2003 年第 5 期。

64. 李响:《试解制定〈公务员财产申报法〉的三大难题》，载《法学杂志》2010 年第 12 期。

65. 李翔:《反腐败的中国社会语境探析——以我国市民社会阶层分化为视角》，载《华东政法大学学报》2013 年第 6 期。

66. 李秀峰:《民间组织与反腐败——理论背景和国际经验分析》，载《中国行政管理》2008 年第 1 期。

67. 李玉赋:《从源头预防和解决腐败问题》，载《国家行政学院学报》2003 年第 1 期。

68. 廖敏文:《国际视野中的腐败和反腐败对策》，载《国家行政学院学报》2004 年第 4 期。

69. 林华:《城市交通、公共治理和公众参与》，载姜明安主编:《行政法论丛》(第十四卷)，法律出版社 2012 年版。

70. 林华：《因参与、透明而进步：互联网时代下的公众参与和政府信息公开》，载《行政法学研究》2009 年第 2 期。

71. 林尚立：《以政党为中心：中国反腐败体系的建构及其基本框架》，载《中共中央党校学报》2009 年第 4 期。

72. 林喆：《当代中国官员财产申报制度建立的难点及对策》，载《中国党政干部论坛》2009 年第 9 期

73. 刘守芬、许道敏：《制度反腐败论》，载《北京大学学报》（哲学社会科学版）2000 年第 1 期。

74. 刘勇政、冯海波：《腐败、公共支出效率与长期经济增长》，载《经济研究》2011 年第 9 期。

75. 刘晓晓：《推进公职人员财产申报制度立法》，载《中国党政干部论坛》2017 年第 12 期。

76. 刘启君：《改革开放以来中国腐败状况实证分析》，载《政治学研究》2013 年第 6 期。

77. 卢晖：《腐败风险预警防范体系构建》，载《行政管理改革》2011 年第 10 期。

78. 卢乐云：《财产申报制度的法制化》，载《国家检察官学院学报》2007 年第 4 期。

79. 罗教讲：《信息公开、社会基础与社会心理》，载《武汉大学学报》（社会科学版）2003 年第 4 期。

80. 马德才：《〈联合国反腐败公约〉析论》，载《武汉大学学报》（哲学社会科学版）2007 年第 5 期。

81. 马怀德：《法治政府特征及建设途径》，载《国家行政学院学报》2008 年第 2 期。

82. 马怀德：《社会矛盾化解与行政诉讼制度》，载《中国党政干部论坛》2011 年第 9 期。

83. 马怀德：《行政程序法的价值及立法意义》，载《政法论坛》2004 年第 5 期。

84. 马怀德:《预防化解社会矛盾的治本之策:规范公权力》,载《中国法学》2012 年第 2 期。

85. 马怀德:《行政法治 30 年》,载《中国政法大学学报》2009 年第 3 期。

86. 马俊驹、梅夏英:《财产权制度的历史评析和现实思考》,载《中国社会科学》1999 年第 1 期。

87. 马馼:《努力提高预防腐败工作的能力和水平》,载《中国监察》2009 年第 18 期。

88. 马占稳:《釜底抽薪:韩国现代化中的后期反腐败——韩国现代化进程中反腐败问题研究之二》,载《北京行政学院学报》2004 年第 2 期。

89. 马占稳:《扬汤止沸:韩国现代化中的早期反腐败——韩国现代化进程中反腐败问题研究之一》,载《北京行政学院学报》2004 年第 1 期。

90. 倪星:《公共权力委托—代理视角下的官员腐败研究》,载《中山大学学报》(社会科学版)2009 年第 6 期。

91. 倪星:《中国廉政方略变迁及其效果分析》,载《政治学研究》2011 年第 5 期。

92. 倪星:《试论中国反腐败方略的系统设计》,载《政治学研究》2003 年第 4 期。

93. 蒲志强:《公职人员财产申报制度的行政伦理研究》,载《政治学研究》2010 年第 5 期。

94. 彭成义、张宇燕:《美国的官员财产申报与公示制度》,载《美国研究》2017 年第 6 期。

95. 强世功:《中国宪法中的不成文宪法——理解中国宪法的新视角》,载《开放时代》2009 年第 12 期。

96. 曲炜:《论〈联合国反腐败公约〉对我国审计法律制度的影响》,载《国家行政学院学报》2010 年第 2 期。

97. 任建明:《实施财产申报制度的几个问题》,载《理论视野》2009 年第 3 期。

98. 任铁缨:《反腐败与社会监督》，载《中共中央党校学报》2009年第4期。

99. 桑玉成、王川兰:《谈“财产申报”和“收入申报”》，载《探索与争鸣》2000年第8期。

100. 邵道生:《对腐败监督难、难监督的宏观思考》，载《哲学研究》1998年第8期。

101. 邵景均:《党的十八大以来反腐败的基本经验》，载《中国党政干部论坛》2018年第2期。

102. 沈瑞英:《财产申报制度的经验借鉴与有效构建》，载《探索与争鸣》2010年第4期。

103. 盛宇明:《腐败的经济学分析》，载《经济研究》2000年第5期。

104. 宋为、佘廉:《新时期我国腐败现象与网络反腐探讨》，载《政治学研究》2011年第2期。

105. 孙国祥:《财产申报制度建构中的相关问题》，载《江海学刊》2010年第2期。

106. 孙立平:《官员财产申报的关键词》，载《廉政瞭望》2010年第2期。

107. 孙谦、尹伊君:《国家工作人员职务犯罪论》，载《法学研究》1998年第4期。

108. 孙雁、迈克尔·约翰斯顿:《民主可以组织腐败吗？基于中国和印度的观察》，邵继红译，载《经济社会体制比较》2011年第4期。

109. 谭世贵、宗会霞:《论我国财产申报制度的建立与实施》，载《海南大学学报》(人文社会科学版)2009年第4期。

110. 陶菁:《浅论以〈公务员法〉为指导的公务员薪酬制度改革》，载《国家行政学院学报》2009年第2期。

111. 屠振宇:《财产申报制度中的隐私权保护》，载《法商研究》2011年第1期。

112. 万霞:《反腐败的国际立法浅析》，载《外交学院学报》2004年第1期。

113. 汪明亮：《人际关系视角中的腐败犯罪现象分析》，载《现代法学》2011年第2期。

114. 汪玉凯：《深化改革要敢于触动既得利益——建立官员财产申报制度的几点思考》，载《中共中央党校学报》2009年第2期。

115. 王传利：《1990年至1999年中国社会的腐败频度分析》，载《政治学研究》2001年第1期。

116. 王传利：《论西方腐败根源论在中国的译介与反响》，载《清华大学学报》（哲学社会科学版）2000年第1期。

117. 王和君：《财产申报制度的伦理考量》，载《伦理学研究》2009年第3期。

118. 王利明：《隐私权概念的再界定》，载《法学家》2012年第1期。

119. 王明高、胡祥勇：《中国家庭财产申报制的建立与健全》，载《湖南社会科学》2004年第1期。

120. 王萍：《从腐败现象看我国公务员薪酬制度设计缺陷》，载《中央财经大学学报》2009年第4期。

121. 王瑞娟：《官员财产申报：制度反腐的必然选择》，载《理论探索》2011年第2期。

122. 王士伟、王鸿鳞：《对我国〈财产申报法〉的构想》，载《法律科学》1998年第3期。

123. 王铁：《实施财产申报法前需要作的准备工作》，载《法学杂志》1995年第2期。

124. 王锡锌：《官员财产申报制度：立法、实践与制度完善》，载《中国法律》2010年第4期。

125. 王旭辉：《从抽象到具体：对科层组织运作动态的分析——以〈工业组织的科层制类型〉、〈科层组织的动态〉为线索》，载《社会学研究》2008年第3期。

126. 王亚新：《程序·制度·组织——基层法院日常的程序运作与

治理结构转型》，载《中国社会科学》2004 年第 3 期。

127. 王泽鉴：《人格权的具体化及其保护范围·隐私权篇（上）》，载《比较法研究》2008 年第 6 期。

128. 王泽鉴：《人格权的具体化及其保护范围·隐私权篇（中）》，载《比较法研究》2009 年第 1 期。

129. 尉健行：《以党的十五大精神为指导　加大工作力度深入反腐败斗争》，载《求是》1998 年第 5 期。

130. 魏昌东：《〈监察法〉与中国特色腐败治理体制更新的理论逻辑》，载《华东政法大学学报》2018 年第 3 期。

131. 翁国民、汪成红：《论隐私权与知情权的冲突》，载《浙江大学学报》（人文社会科学版）2002 年第 2 期。

132. 吴官正：《努力提高有效防治腐败的能力》，载《中国监察》2005 年第 10 期。

133. 吴汉钧、束栩：《“阳光法”正向我们走来——写在〈财产申报法〉出台之前》，载《中国行政管理》1997 年第 8 期。

134. 吴杰、言科、郑春平等：《阿勒泰官员财产申报背景详解》，载《政府法制》2009 年第 8 期。

135. 吴敬琏：《腐败与反腐败的经济学思考》，载《中国监察》2002 年第 17 期。

136. 吴一平、芮萌：《地区腐败、市场化与中国经济增长》，载《管理世界》2010 年第 11 期。

137. 肖金明：《论政治腐败及其控制——政治文明不能忽略的论题》，载《法学论坛》2004 年第 3 期。

138. 谢志平：《梯级寻租格局、法团主义结构与政治寻租型腐败的治理之道》，载《武汉大学学报》（哲学社会科学版）2011 年第 6 期。

139. 信春鹰：《反腐败之本：约束公共权力》，载《政治学研究》1997 年第 4 期。

140. 徐国栋：《共和晚期希腊哲学对罗马法之技术和内容的影响》，

载《中国社会科学》2003年第5期。

141. 许道敏、陈正云:《制度反腐败论》,载《法学家》1999年第6期。

142. 许道敏:《联合国及一些国际组织重视预防职务犯罪的立法》,载《中国监察》2002年第24期。

143. 薛刚:《"涉入"与"知情":集体腐败道路上分离的两点》,载《政治学研究》2010年第1期。

144. 薛伟宏:《制定我国财产申报法的思考》,载《国家检察官学院学报》1994年第1期。

145. 肖金明:《通过完善官员财产申报制度治理腐败——兼论利益冲突、财产申报、官员伦理的关联及其意义》,载《甘肃社会科学》2014年第5期。

146. 解志勇、马舒蕾:《公职人员财产信息申报与公开研究》,载《国家行政学院学报》2014年第3期。

147. 颜春龙:《公众人物的名誉权、隐私权与舆论监督权》,载《新闻界》2004年第3期。

148. 颜玉华:《"阳关法案":反腐利剑正出鞘——官员财产申报公示制度透视》,载《江淮法治》2010年第4期。

149. 杨泉明:《略论财产申报制度》,载《现代法学》1991年第4期。

150. 杨兴培:《建立国家工作人员财产申报制度》,载《政治与法律》2005年第5期。

151. 杨楹:《论政治制度伦理——从腐败谈起》,载《哲学研究》2002年第10期。

152. 叶晓辉:《初探我国财产申报制度与预防职务犯罪》,载《西部法学评论》2008年第1期。

153. 江正平、冯洁:《腐败的经济学分析与我国财产申报制度的法律完善》,载《甘肃社会科学》2010年第3期。

154. 应松年:《预防腐败,制度建设是关键》,载《行政法学研究》2008年第1期。

155. 余其营:《论我国反腐败法律体系的构建》,载《中央社会主义学院学报》2011 年第 4 期。

156. 袁峰:《公职人员财产申报信息公示机制探析》,载《江苏行政学院学报》2010 年第 3 期。

157. 曾润喜、徐晓林:《社会变迁中的互联网治理研究》,载《政治学研究》2010 年第 4 期。

158. 张凤阳:《共和传统的历史叙事》,载《中国社会科学》2008 年第 4 期。

159. 张建伟:《"变法" 模式与政治稳定性——中国经验及其法律经济学含义》,载《中国社会科学》2003 年第 1 期。

160. 张千帆:《"公共利益" 的构成——对行政法的目标以及 "平衡" 的意义之探讨》,载《比较法研究》2005 年第 5 期。

161. 张庆福、苗连营:《论政务公开在反腐败斗争中的作用及其实现机制》,载《政治学研究》1999 年第 3 期。

162. 张旭东:《对美国廉政文化 "三步运用法" 的现实思考——以美国财产申报制度的确立与实施为例》,载《中共中央党校学报》2010 年第 5 期。

163. 张延人、顾江:《官僚体制中的契约与激励机制——对转轨经济中官员腐败的一个新解释》,载《经济研究》2001 年第 10 期。

164. 赵秉志、赫兴旺:《论中国公职人员财产申报制度及其完善》,载《政法论坛》1995 年第 5 期。

165. 赵秉志、于志刚、孙勤:《论国家工作人员范围的界定》,载《法律科学》1999 年第 5 期。

166. 赵秉志:《完善我国公职人员财产申报制度》,载《政治与法律》1996 年第 2 期。

167. 赵秉志:《中国反腐败刑事法治的若干重大现实问题研究》,载《法学评论》2014 年第 3 期。

168. 赵登举:《论职务犯罪监督》,载《中外法学》1991 年第 5 期。

169. 赵秀玲：《中国古代腐败与反腐败的特点及其启示》，载《政治学研究》1997 年第 4 期。

170. 郑利平：《腐败成因的经济理性与预期效用的论析》，载《中国社会科学》2001 年第 1 期。

171. 郑尚元：《我国行政法实体法的突破与瞻望——评〈中华人民共和国公务员法〉》，载《行政法学研究》2005 年第 3 期。

172. 周其仁：《公有制企业的性质》，载《经济研究》2000 年第 11 期。

173. 周佑勇、刘艳红：《我国公职人员财产申报制度探讨》，载《社会科学研究》1997 年第 6 期。

174. 朱向东、杜文雅：《我国出台财产申报法势在必行》，载《行政论坛》2011 年第 4 期。

175. 朱孝清：《改革是遏制腐败的根本性措施》，载《法学》2000 年第 5 期。

176. 朱孝清：《职务犯罪侦查措施研究》，载《中国法学》2006 年第 1 期。

177. 庄德水：《公共权力腐败的利益冲突根源》，载《中共中央党校学报》2011 年第 4 期。

178. 资中筠：《反腐败：自我纠错能力的公式》，载《炎黄春秋》2009 年第 12 期。

179. 邹薇：《腐败问题的制度透视与经济学分析》，载《经济评论》2006 年第 3 期。

四、报纸资料

1. 曹林：《不能只有退休官员才支持财产申报》，载《东方早报》2008 年 3 月 5 日，第 A23 版。

2. 陈丽平：《财产申报法出台之路还有多远》，载《法制日报》2008 年 1 月 31 日，第 8 版。

3. 杜永明:《俄罗斯官员财产申报制度及启示》，载《检察日报》2009年7月28日，第7版。

4. 高斌:《把脉阿勒泰官员财产申报事件》，载《检察日报》2009年1月13日，第5版。

5. 郭振纲:《财产申报制：踏踏实实地做是最重要的》，载《工人日报》2009年12月16日，第3版。

6. 洪丹:《财产申报当以高级干部为突破口》，载《南方日报》2010年3月9日，第F02版。

7. 劳力:《“干部廉情公示”离财产申报更近一步》，载《检察日报》2009年1月14日，第6版。

8. 刘鹏:《财产申报“零投诉”别成了“零信任”》，载《中山日报》2012年4月6日，第F02版。

9. 吕品:《对官员财产申报制度几种误读的解析》，载《学习时报》2010年8月2日，第5版。

10. 罗静雯:《14名新任“一把手”齐“晒”家产》，载《重庆日报》2010年2月5日，第A07版。

11. 马怀德:《源头反腐尚需制定三部法律》，载《中国社会科学报》2012年12月12日，第A07版。

12. 南方日报评论员:《不公开的财产申报制度没有生命力》，载《南方日报》2011年9月16日，第F02版。

13. 南方日报评论员:《财产申报制度改革不能独立于政改之外》，载《南方日报》2010年7月8日，第F02版。

14. 乔新生:《财产申报是预防腐败的重要抓手》，载《东方早报》2007年9月14日，第A14版。

15. 孙立平:《财产申报如何才有可能》，载《经济观察报》2009年7月6日，第16版。

16. 孙艳敏:《财产申报：慈溪比阿勒泰“更进一步”》，载《检察日报》2009年1月20日，第5版。

17. 盛若蔚：《2015年全国领导干部个人有关事项报告抽查核实工作取得良好成效 3900多名干部因瞒报等问题被取消提拔资格》，载《人民日报》2016年1月26日，第1版。

18. 汤啸天：《把财产申报弄成财产公布，错！》，载《检察日报》2009年3月23日，第6版。

19. 汪仲启：《财产申报：加强内部监督的重要步伐》，载《社会科学报》2010年8月26日，第1版。

20. 王威：《财产申报"立法研究"一晃二十年了》，载《民主与法制时报》2007年10月22日，第A16版。

21. 王逸吟、赵达：《"财产申报制度建立，有赖配套制度支撑"——专家求解"阳光法案"难题》，载《光明日报》2010年4月28日，第9版。

22. 谢湘佑：《"财产申报制"是一剂反腐良药》，载《台州日报》2011年5月1日，第1版。

23. 颜智明：《财产申报是官员的紧箍咒更是护身符》，载《法制日报》2009年3月17日，第3版。

24. 叶石界：《从个人到家庭：广东扩展"一把手"财产申报制度》，载《21世纪经济报道》2010年7月7日，第7版。

25. 张兮兮、尹卫国、王廷连：《97%的官员反对"财产申报"说明了什么》，载《中国改革报》2009年3月19日，第3版。

26. 周斌：《财产申报制度是廉洁试金石》，载《法制日报》2009年11月19日，第6版。

27. 周崇华：《财产申报制度缺失工资外个税成"漏洞"》，载《法制日报》2008年3月21日，第7版。

五、学位论文

1. 陈秀萍：《论法律的伦理性——变革时期法律与道德的冲突问题研究》，吉林大学2006年博士学位论文。

2. 楚文凯:《社会转型期预防腐败问题研究》,中共中央党校 2007 年博士学位论文。

3. 郇天莹:《中国公务员财产申报制度的构建路径研究》,北京大学 2009 年博士学位论文。

4. 李光:《当代中国廉政制度的变迁与创新问题研究》,华中师范大学 2003 年博士学位论文。

5. 李季:《荀子行政伦理思想及其现代价值研究》,山东大学 2011 年博士学位论文。

6. 李义天:《当代美德伦理学研究:关于伦理多样性的论证与辩护》,清华大学 2006 年博士学位论文。

7. 姒鹭:《行政伦理法治化研究》,首都师范大学 2009 年博士学位论文。

8. 吴真文:《法律与道德的界限——哈特的法伦理思想研究》,湖南师范大学 2009 年博士学位论文。

六、国际条约和国际性文件

1.《欧洲委员会反腐败民法公约》。

2.《欧洲委员会反腐败刑法公约》。

3.《美洲国家组织反腐败公约》。

4.《联合国大会第 51/59 号决议 · 反腐败的行动》。

5.《联合国大会第 54/128 号决议 · 反贪污腐败行动》。

6.《联合国大会第 55/188 号决议 · 防止和打击贪污行为及非法转移资金并将这些资金返还来源国》。

7.《联合国大会第 55/61 号决议 · 一项有效的反贪污国际法律文书》。

8.《联合国公职人员国际行为守则》。

9.《联合国反腐败公约》。

七、其他国家和地区相关规定

1.《俄罗斯联邦反腐败法》。

2.《菲律宾反对受贿和贪污法》。

3.《菲律宾国家官员和雇员的行为守则和道德规范》。

4.《韩国公职人员伦理法》。

5.《美国伦理改革法》。

6.《美国政府伦理法》。

7.《南非共和国关于经济利益的行为准则》。

8.《日本国家公务员伦理法》。

9.《新加坡防止腐败法》。

10.《新加坡没收贪污贿赂利益法》。

11.《香港特别行政区立法会议事规则》

12. 澳门特别行政区《财产及利益申报法律制度》(第 1/2013 号法律)。

13. 澳门特别行政区《财产申报》(第 11/2003 号法律)。

14. 我国台湾地区“公职人员财产申报法”。

15. 我国台湾地区“公职人员财产申报法施行细则”。

16. 我国台湾地区“公职人员财产申报资料审核及查阅办法”。

17. 香港特别行政区《防止贿赂条例》。

18. 香港特别行政区《公务员事务规例》。

19. 香港特别行政区《公务员事务局通告第 8/2006 号》。

20. 香港特别行政区《公务员事务局通函第 14/2008 号》。

21. 香港特别行政区《政治委任制度官员守则》。

八、英文文献

1. ABA Committee on Government Standards, Keeping Faith:

Government Ethics & Government Ethics Regulation, Administrative Law Review, vol.45（1993）.

2. Archibald Cox, Ethics in Government: the Cornerstone of Public Trust, West Virginia Law Review, Vol.94, No.2（1991-1992）.

3. Beth Nolan, Regulating Government Ethics: When It's Not Enough to Just Say No, The George Washington Law Review, Vol. 58 No. 3（1990）.

4. C. Marshall Dann, Ethics in Government Act of 1978, Journal of the Patent Office Society, Vol. 62, No. 12（1980）.

5. Charles Fried, Privacy, The Yale Law Journal, Vol.77, No.3（1968）.

6. Cyrus Vance, Foreword: Legal Ethics and Government Integrity, Fordham Urban Law Journal, Vol.18（1990）.

7. Dennis F. Thompson, Paradoxes of Government Ethics, Public Administration Review, Vol.52, No.3（1992）.

8. Eric J. Murdock, Government Ethics as if People Mattered: Some Thoughts on the Ethics Reform Act of 1989, The George Washington Law Review, Vol. 58 No. 3（1990）.

9. Eric Talley, Disclosure Norms, University of Pennsylvania Law Review, Vol.149, No.6（2001）.

10. Felix Frankfurter, John Marshall and the Judicial Function, Harvard Law Review, Vol. 69, No. 2（1955）.

11. Heather M. Clark, The Supreme Court's Indecent Proposal: Repealing the Honoraria Prohibition of the Ethics in Government Act of 197, Cornell Law Review, Vol.87（2002）.

12. Hubert G. Locke, Ethics in American Government: A Look Backward, Annals of the American Academy of Political and Social Science, Vol.537（1995）.

13. J. Jackson Walter, The Ethics in Government Act, Conflict of Interest Laws and Presidential Recruiting, Public Administration Review,

Vol.41，No.6（1981）.

14. James M. Lager，Overcoming Cultures of Compliance to Reduce Corruption and Achieve Ethics in Government，McGeorge Law Review，Vol. 41（2009）.

15. Jana Kunicova，Susan Rose-Ackerman，Electoral Rules and Constitutional Structures as Constraints on Corruption，British Journal of Political Science，Vol.35，No.4（2005）.

16. Jerry L. Mashaw，Prodelegation：Why Administrators Should Make Political Decisions，Journal of Law，Economics，& Organization，Vol. 1，No. 1（1985）.

17. Jonathan Riley，Utilitarian Ethics and Democratic Government，Ethics，Vol.100，No.2（1990）.

18. Joseph I. Hochman，Post-Employment Lobbying Restrictions on the Legislative Branch of Government：A Minimalist Approach to Regulating Ethics in Government，Washington Law Review，Vol.65（1990）.

19. Kathleen Clark，Do We Have Enough Ethics in Government Yet？University of Illinois Law Review，Vol.1996，No.1（1996）.

20. Lon L. Fuller，Positivism and Fidelity to Law：A Reply to Professor Hart，Harvard Law Review，Vol. 71，No. 4（1958）.

21. Louis Bernard Jack，Constitutional Aspects of Financial Disclosure under the Ethics in Government Act，Catholic University Law Review，Vol.30（1981）.

22. Nicole Elsasser Watson，Government Ethics and Bailouts：The Past，Present，and Future，Minnesota Law Review，Vol.95（2011）.

23. Oliver W. Holmes，Ideals and Doubts，Illinois Law Review，Vol.10，No.1（1915）.

24. Oliver W. Holmes，Law in Science and Science in Law，Harvard Law Review，Vol.12，No.7（1899）.

25. Oliver W. Holmes，Natural Law，Harvard Law Review，Vol.32，No.1（1918）.

26. Richard W. Painter，President Obama’s Progress in Government Ethics，Constitutional Commentary，Vol.26（2009-2010）.

27. Robert A. Kagan，Adversarial Legalism and American Government，Journal of Policy Analysis and Management，Vol.10，No.3（1991）.

28. Robert C. Wood，Ethics in Government as a Problem in Executive Management，Public Administration Review，Vol.15，No.1（1955）.

29. Samuel D.Warren，Louis D.Brandeis，The right to Privacy，Harvard Law Review，Vol.4，No.5（1890）.

30. Silvia Colazingari，Susan Rose-Ackerman，Corruption in a Paternalistic Democracy：Lessons from Italy for Latin America，Political Science Quarterly，Vol.113. No.3（1998）.

31. Simeon Djankov，Rafael La Porta，Florencio Lopez-de-Silanes，Andrei Shleifer，Disclosure by Politicians，American Economic Journal：Applied Economics，Vol.2，No.2（2010）.

32. Stuart C. Gilman，Carol W. Lewis，Public Service Ethics，A Global Dialogue，Public Administration Review，Vol.56，No.6（1996）.

33. Susan Rose-Ackerman，Corruption and Democracy，Proceeding of the Annual Meeting（American Society of International Law），Vol.90（1996）.

34. Susan Rose-Ackerman，Ideals versus Dollars，Charity Managers，and Government Grants，Journal of Political Economy，Vol.95，No.4（1987）.

35. Ting Gong，More Than Mere Words，Less Than Hard Law：A Rhetorical Analysis of China’s Anti-corruption Policy，Public Administration Quarterly，Vol.27，No.1/2（2003）.

36. Vincent R. Johnson，America’s Preoccupation with Ethics in Government，ST. Mary’s Law Journal，Vol.30（1999）.

37. Vincent R. Johnson，Ethics in Government at the Local Level，Seton Hall Law Review，Vol.36（2006）.

38. Warren Francke，The Evolving Watchdogs：The Media's Role in Government Ethics，Annals of the American Academy of Political and Social Science，Vol.537（1995）.

39. Wendy J. Johnson，Samuel E. Sears，Daniel J. Rice，Oregon Government Ethics Law Reform，Willamette Law Review，Vol.44（2007）.

40. Wilbur M. Fridell，Government Ethics Textbooks in Late Meiji Japan，The Journal of Asian Studies，Vol.29，No.4（1970）.

九、工具书

1.［英］戴维·M. 沃克著:《牛津法律大词典》，李双元等译，法律出版社 2003 年版。

2.［英］霍恩比著:《牛津高阶英汉双解词典》，李北达译，商务印书馆 1997 年版。

3. 外交部条约法律司编译:《联合国反腐败公约及相关法律文件》，法律出版社 2004 年版。

4. 薛波主编:《元照英美法词典》，法律出版社 2003 年版。

5. 中国社会科学院语言研究所词典编辑室编:《现代汉语词典》(第五版)，商务印书馆 2005 年版。

6. 中央纪委法规室、监察部法规司编译:《国外反腐败·廉政法律法规选编》，中国方正出版社 2002 年版。

7. 中央纪委法规室、监察部法规司编译:《国外防止腐败与公职人员财产申报法律选编》，中国方正出版社 2012 年版。

后 记

本书是在博士论文的基础上修改完成的，原文字数较多，此次先将其中的理论部分结集出版，至于制度建构的内容则期望留待他日继续深入思考与完善。

仿佛转瞬之间，博士毕业已近六年，此篇后记也可视为对三年博士生活的一个补注。犹记得，当初写作博士论文时，腐败蔓延之势似乎没有停歇的节奏，如今敲下这些文字时，我国腐败治理业已取得举世瞩目的成就。六年，在历史的长河中虽只是弹指一挥间，但岁月的留声机依然在记录着个体的成长，政党的成长和民族的成长。

此书的主题是宏观的、抽象的、国家取向的，写书的过程却是微观的、具体的、私人体验的。博士毕业之后，一路前行，经历颇多，感悟不少。素来想，“大道至简”，真正的感恩需付诸行动，基于言辞的谢意则在于朴素与简单。在此，也用最朴素的文字表达我最诚挚的谢意与感恩：感谢恩师的教诲与栽培，感谢师友们的鼓励与帮助，感谢家人的支持与付出！同时，也对编辑的辛劳一并表示感谢。

林　华

2019 年 2 月 17 日于法大

图书在版编目（CIP）数据

公职人员财产申报法的理论展开 / 林华著．—北京：中国法制出版社，2019.5

ISBN 978-7-5216-0235-7

Ⅰ．①公… Ⅱ．①林… Ⅲ．①国家机关工作人员—家庭财产—登记制度—法律—研究—中国 Ⅳ．① D922.110.4

中国版本图书馆 CIP 数据核字（2019）第 086829 号

责任编辑：王雯汀　　封面设计：杨泽江

公职人员财产申报法的理论展开

GONGZHI RENYUAN CAICHAN SHENBAOFA DE LILUN ZHANKAI

著者 / 林华

经销 / 新华书店

印刷 / 三河市国英印务有限公司

开本 / 710 毫米 ×1000 毫米　16 开　　印张 / 21　字数 / 281 千

版次 / 2019 年 5 月第 1 版　　2019 年 5 月第 1 次印刷

中国法制出版社出版

书号 ISBN 978-7-5216-0235-7　　定价：79.00 元

北京西单横二条 2 号　邮政编码 100031　　传真：010-66031119

网址：http://www.zgfzs.com　　**编辑部电话：010-66060794**

市场营销部电话：010-66033393　　**邮购部电话：010-66033288**

（如有印装质量问题，请与本社印务部联系调换。电话：010-66032926）